한국어로 내려온
New Bible

새로운
성 경

제94권 6부 | 총10부

하얀마음

하나님 말씀 중에서

1. 사랑의 하나님

- 세상을 창조하신 하나님은 모두를 사랑하신다. 인간만 특별히 더 사랑하지 않고, 우주 만물을 다 똑같이 사랑하신다. 그러니 하나님이 창조하신 천지 만물과 화친하고, 미물까지도 소중히 대하라.

- 하나님은 특정 종파나 민족만을 더 사랑하지 않으신다. 자기 자신만 구원받겠다는 욕심을 버리고, 자기 종파만 구원받는다는 편협한 교리에서 벗어나야 한다. 종파를 초월해서, 모두를 사랑하라.

- 원수까지 사랑하라 했으니, 이 세상에 사랑하지 못할 자가 누가 있겠는가? 종파가 다르다고 해서 부모 형제와 원수처럼 지내는 자는 인간의 근본을 모르는 자다. 가장 가까운 가족부터 사랑할 때 남도 진심으로 사랑할 수 있다.

- 한 사람을 원수같이 생각하던 마음에서 사랑하는 마음으로 돌리면, 자기 자신의 마음이 가장 기쁘고 행복하다. 하나님께서는 인간의 마음속에 무거움이 없이 기쁘고 행복한 삶을 살기를 바라신다.

- 이웃을 "내 몸처럼" 사랑하라 했으니, 마지막 한 장 남은 천국의 티켓도 이웃에게 양보하라. 자기 중심적인 신앙에서 벗어나서 남을 위해 살아야 한다.

- 독초도, 약초도, 이단도 사탄도 천사도 다 필요하기에 존재한다. 독초일지라도 극소량을 사용해서 생명을 살릴 수 있고, 약초라 하더라도 남용하면 생명을 잃을 수 있다.

- 세상 모든 것을 명약으로 활용하는 것은 인간의 지혜에 달렸다. 어떤 것이든 어떤 사람이든 적재적소에 꼭 필요한 명약으로 승화시키라.

- 사탄도 이단도 천사도 모두 하나님의 주관하에 존재한다. 진정한 하나님의 백성은 사탄과 마귀까지도 감화시켜서 천사로 거듭나게 한다.

2. 기도

- 하나님은 인간의 생각까지 모두를 다 알고 계신다. 우리의 소원도 이미 알고 계시기에, 소원의 기도를 할 필요가 없다. 우리가 받을 자격이 되면 내려 주신다.

- 죄를 짓고 아무리 회개를 해도 용서받지 못한다. 도둑질한 자는 용서해 달라고 기도하고, 도둑맞은 자는 도둑을 잡게 해 달라고 기도하면, 공의의 하나님은 누구의 편에 서시겠는가?

- 자기가 잘못한 것은 그 사람에게 직접 갚고 용서를 구하라. 그가 용서하면 하나님도 용서하신다. 땅에서 매면 하늘에서도 매이고, 땅에서 풀리면 하늘에서도 풀리는 이치다.

- "회당에서 기도하지 말고 골방에서 기도하라" 했다. 눈에 보이는 골방이 아니라, 골방과 같이 고요한 마음이다. 잡념을 버리고 하나님을 향해 마음을 집중하며, 사랑하고 용서하는 아름다운 생각만 나오도록 하라.

- "두드리면 열릴 것이다." 하는 것은 육의 소원을 위해 두드리라는 것이 아니라, 진리의 깨달음을 얻기 위해 두드리라는 것이다.

- 기도하는 방법: 생활 속에서 수시로 기도하는 삶을 살아야 한다.

- "저의 죄를 용서하여 주옵소서." 하는 회개의 기도를 하라.
- 범사에 "하나님! 감사합니다." 하라. 현재 가진 것에 감사하며, 과욕하지 말라. 자기 노력 이상의 것을 더 갖고자 기도하는 것은 도둑놈심보다. 공의의 하나님은 각자 노력한 만큼 주신다.
- "하나님 뜻대로 살아가겠나이다." 하며 마음의 각오를 다지라.

- 기도는 하나님의 말씀을 받아서 "행하는 것"이다. 하나님이 계심을 굳건히 믿고, 하늘을 향하여 한 점 부끄럼 없이 사는 삶 자체가 가장 위대한 기도이며, 삶이 곧 예배다.

3. 지도자

- 똑같이 사랑한다는 말을 해도, 순수하게 하는 말은 천사의 말이지만, 사기 쳐서 재산을 가로채려고 하는 말은 사탄의 말이다.

- 종교 지도자가 아무리 훌륭한 설교를 해도, 신도의 재물을 거둬서 더 큰 교회를 짓고 자기의 부귀영화를 바라며 설교하면 사탄의 가르침이 된다.

- "저희 교회는 만원사례요, 믿음은 다 같으니 이웃의 개척 교회에 가서 예배를 드리시오." 하며, 이웃 교회의 부흥을 먼저 생각하여 제 신도를 보내는 종교 지도자가 있다면 그를 따르라. 그가 하나님의 사랑을 실천하는 자다.

- "부자가 천국에 들어가는 것은 낙타가 바늘구멍을 통과하는 것보다 더 힘들다" 하였거늘, 지금의 교회에서는 부자가 되기만을 기도하고 소원하니, 이는 곧 천국을 포기하고 지옥 행 열차의 티켓을 사는 것과 같다.

- 예수는 빈손이었다. 종교 지도자가 예수보다 더 호화롭고 편안하게 살아간다면 잘못된 것이다. 부귀영화와 명예를 바라는 자는 절대로 갈 수 없는 좁고 협착한 길이 종교 지도자의 길이다.

- 종교 지도자는 유리로 비춰 봐 한 점의 부끄러움이 없이 살아야 한다. 의식주도 직접 일해서 해결하고, 예수의 가르침과 행함을 그대로 따라야 한다.

- 종말은 없다. 지금의 잘못 가는 종교 집단에게만 종말이 있다. 보이지 않는 하나님은 보이는 육의 종말은 관여하지 않으신다. 환경 파괴로 인간이 스스로 멸망을 자초하는 것이다. 종파끼리 싸우기 전에, 무너진 인성을 바로잡고 지구의 몸살을 해결하는 데 뜻을 모으는 게 급선무다.

4. 성전이란

- 이 세상 자체가 하나님께서 만드신 성전이다. 자연보다 더 아름다운 성전이 있는가? 보이는 건물이 성전이 아니라, 성스러운 마음가짐이 성전이다.

- 반석 위에 교회를 지으라 했다. 지상의 단단한 돌은 인간이 쪼갤 수 있으나, 마음속의 굳은 결의는 세상 무엇으로도 쪼갤 수 없다. 바르고 굳건한 믿음으로 성경의 가르침을 실천하는 것이 마음의 반석 위에 교회를 짓는 것이다.

- 손으로 지은 건물의 교회에 모여서 복음을 전하는 것이 아니라, 교회를 개인과 가정에 심어 주어야 한다. 무너지고 부서지는 건물을 짓지 말고, 마음속에 영원히 불변하는 참진리의 교회를 지으라.

5. 십계명

- 십계명은 인간이 죽어서 반드시 통과해야만 하는 열 개의 관문이다.

- 부모를 공경하지 아니한 자는 "네 부모를 공경하라." 하는 제5계명의 관문이 열리지 않으니 구원받을 수 없다.
- 살인, 간음, 거짓, 우상 등의 나머지 계명도 마찬가지다.

- 십계명은 하나님의 친필이다. 모기소리만 한 하나님의 음성이라도 들어 보겠다고 여기저기 찾아 헤매지 말고, 십계명부터 암송하고 지키라.

- 십계명은 영혼을 구원하는 양식이며, 십계명을 지키는 것이 구원을 받는 길이다. 인간이기에 지키고자 노력하고 또 노력한다면 지킬 수 있다.

- 십계명을 지키고 천사처럼 아름답게 살아가는 그 마음 하나면 세상에 이루어지지 않는 것이 없다.

6. 보물

- 하나님은 재물이 아니라 우리의 마음을 받으신다. 사랑을 실천하며 천사처럼 변하는 마음이 하나님께 바치는 보물이다.

- 보이지 않는 하나님께 재물을 바치려 하지 말고, 너희를 길러 준 부모에게 용돈 드리고, 찾아뵙고, 효성을 다하라. 그것이 하나님께 효도하는 것이다.

- 하늘에는 선과 악의 창고가 있다. 자기 창고에 선이 많으면 천국으로 구원을 받고, 악이 많으면 심판받아 지옥으로 간다. 그것이 바로 "선한 일을 행한 자는 생명의 부활로, 악한 일을 행한 자는 심판의 부활로" 나오는 것이다.

- "선악과를 따먹지 말라"는 것은 양심을 지키라는 것이다. 선과 악을 구분할 수 있는 양심을 최초에 인간에게 주셨다. 선한 열매는 취하고, 악한 열매는 버리며, 양심에 비추어 부끄럼 없는 삶을 살아가라.

- 가장 작은 거짓말을 하지 않고, 가장 작은 죄를 짓지 않으며, 가장 작은 선행을 하고, 가장 작은 악행을 멀리하는 것이 율법의 일점 일획도 빠뜨리지 말고 다 지키는 삶을 사는 것이다.

7. 우상

- 박물관에 있는 불상은 하나의 예술품이다. 그 조각품에 대고 제 소원을 빌 때 우상숭배가 된다. 십자가라 하여도 그 앞에서 소원을 빈다면 우상숭배하는 것이며, 하나님께 소원을 빈다면 하나님을 우상으로 전락시키는 것이다.

- 지금 기복신앙에 젖어 있는 모든 사람이 우상 앞에 절을 하고 있다. 조각품을 우상이라며 파괴하지 말고, 네 마음속에 있는 욕심의 우상을 무너트리라.

- 생수를 약초가 먹으면 약을 만들고 독사가 먹으면 독을 만든다. 같은 성경을 봐도 선한 지도자는 신도를 천사로 만드는 데 활용한다. 그러나 욕심이 가득한 지도자는 재물을 거두어들여 제가 부귀영화를 누리는 데 악용한다. 그가 바로 성경을 우상숭배의 도구로 전락시키는 거짓 선지자다.

- 성경을 한 획도 빼거나 더하지 말라는 것은, 그 가르침을 빠트리지 말고 온전히 지키라는 것이다. 성경 속에서 자기에게 유리한 구절만 보는 것은, 자기에게 불리한 구절들을 빼 버리는 것이다. 믿음이 제일이요, 행함은 구원과는 관계없다는 것은 자신에게 유리한 쪽으로 성경을 악용하는 것이다.

- 진정한 종교 지도자는 종파에 관계없이 어떤 종파든 어떤 책이든 접하고 보고 깨우쳐 견문을 넓히도록 인도한다. 참진리를 모르고 자신이 없는 자가 남을 이단이라며 배척하고, 신도들의 눈과 귀를 가린다.

8. 예수

- 예수의 재림은 없다. 예수가 다시 온다 해도, 과연 누가 그를 예수라고 믿겠는가? 예수와 같은 삶의 행함이 곧 예수의 재림이다. 각자 모두가 “재림 예수”가 되는, 차원 높은 믿음으로 가야 한다.

- 예수는 “주여 주여 하지 말고, 아버지의 뜻대로 행하라”고 했다. 예수가 전한 하나님의 뜻이 곧 “길이요, 진리요, 생명”이며, 그 가르침이 예수의 보혈처럼 소중한 것이다. 예수를 믿는 것은, 예수의 가르침을 믿고 따르는 것이다.

- 예수는 낮은 자로서 만백성을 섬기고자 했다. 만나는 모든 사람을 다 하나님이라 생각하라. 돈을 벌수록 겸손하고, 높은 지위를 얻을수록 낮아지라.

- ▪ 예수는 종파를 만들지 않았다. 인간이 만든 종교와 인간의 교리를 따르지 말고, 예수를 통해 전한 하나님의 참진리를 연구하고 따르라.

- ▪ 예수가 2천 년 전에 만백성을 위해 죽었으니, 지금 이 땅에는 예수의 가르침대로 사는 천사만 존재해야 한다. 예수가 죽어 가면서 바란 것은 만백성이 천사가 되어 예수의 자리를 채워 주는 것이지, 지금과 같이 재물을 바치면서 중언부언 제 소원만을 비는 백성들을 바란 것이 아니다.

9. 구원

- ▪ 천사가 사는 천국에는 천사만 갈 수 있으니, 천사 같은 마음을 길러야 한다.

- "천국 열쇠를 네게 주리니 땅에서 무엇이든지 매면 하늘에서도 매일 것이라" 했다. 땅에서 천사같이 사는 자가 하늘에서도 천사가 되어 천국에 들어간다. 모든 사람에게 천사같다는 말을 듣는 삶을 살아야 한다.

- ▪ 천사의 곱고 아름다운 마음은 부모를 공경하고 어른을 어른으로 대접하는 데에서 출발한다. 효도하는 자는 형제와 화목하게 지내기에 가정이 화목해지고, 이웃과 화목해지고, 국가가 화목해지고, 온 인류가 화목해진다.

- 그러므로 지상의 아름다운 소왕국은 가정에서부터 이루어야 한다.

- ▪ 선택된 14만 명만 구원받는 것이 아니라, 천사처럼 변하고자 하는 14만 명을 기초로 온 인류가 천사처럼 거듭나는 영적인 개혁이 시작되는 것이다.

- ▪ 천 년에 걸쳐서 하늘에서 이루어진 것같이 이 세상을 낙원으로 만들어, 만백성이 지상의 천국에서 살다가 죽어서 그대로 하늘의 천국으로 들어가는, 영원한 지상 낙원을 건설하는 것이 하나님의 계획이다.

- **이것이 구약과 신약에 이어 "새로운 성경"으로 역사하시는 하나님의 창조의 완성이다.**

- ▪ 지금의 믿음으로 구원받을 수 있다면 그 길을 가라. 그러나 자신이 없다면 하나님께서 직접 내리신 160권의 "새로운 성경"을 읽고 구원의 길을 보라!

하나님 머리말씀

이 새로운 성경을 읽는 너희 모두는
이 율법에 따라 행하면 영원히 구원받을 것이니라.

너희 인간이 수년, 수십 년, 평생
성서를 공부하고 기도하는 것은
하늘나라 나의 곁으로 오고 싶은 소망일진대,

몇천 년 전의 너희 인성과 생각이
지금의 너희와는 판이하게 다르니,

꺾여 가고 병들어 가는 너희를 고칠 수 있는 길은,
오늘 내가 선지자에게 내리는 새로운 성경과 같이
너희가 변화되는 것뿐이니라.

나의 예수가 태어난 것처럼
내가 아들 선지자를 선택하여
나의 새로운 성경을 온 세계에 전하고자 하니,

묵은 것은 버리고 새로운 것은 취하여,
너희 모두는
'여호와 하나님! 저의 죄를 용서하여 주옵소서.'
하는 기도문으로 기도하고, 죄를 뉘우치라.

이 새로운 성경은
수천 년간 내려온 성서를 요약한 것이니,
너희는 이 책을 정독하여 쉽게 깨달음을 얻고,
이대로 실천하여 하늘에 오르라.

대역자 머리말

■ 하나님의 율법을 지키는 선지자로 선택을 받도다.

저는 남들처럼 그저 열심히 살아온 평범한 사람이었습니다. 그러나 50대 중반에 사업에 실패하여 많은 부채에 시달렸으며, 건강도 악화되어 눈이 잘 안 보이고, 걷기도 어렵고, 두통이 심해서 잠을 이룰 수 없는 고통의 나날을 보냈습니다. 그때 제가 선택할 수 있는 것은 육의 삶을 끝내는 길뿐이었습니다.

죽기 직전에 그동안에 죄를 지은 이들에게 용서를 빌고 인생을 끝내기로 작정하였습니다. 어려서부터 지은 죄를 빌고 빌다 보니 끝이 없었고, 죽음으로도 그 많은 죄를 용서받을 길이 없다는 생각에 하염없이 눈물이 흘렀습니다. 그 순간 '재래식 화장실의 구더기는 죄를 짓지 않는데, 나는 인간으로서 구더기만도 못한 삶을 살았구나.' 하는 생각이 들면서 괴로움에 몸부림칠 때, 갑자기 하나님의 음성이 들렸습니다.

"나는 여호와 하나님이니라. 너는 십계명을 암송하고 내가 내려 주는 메시지를 받아 책으로 만들어 만백성을 구하라." 하시며, 제 눈을 손으로 문지르게 하시고, 아픈 머리와 다리를 손으로 두드리게 하셨습니다. 그러고 나니 눈도 잘 보이고 걸을 수 있었으며 머리의 통증도 말끔히 낫게 되었습니다. 그때부터 십계명을 암송하고 나면 들려주시는 말씀을 기록하였고, 1999년 8월부터 2004년 7월까지 권당 288쪽, 총 160권을 받아서 "새로운 성경"이라는 책으로 펴내게 되었습니다.

그러한 저에게 죽기보다도 힘든 길이 시작되었습니다. 모든 교인들이 저에게 사탄이요, 이단이요, 악마요, 마지막 시대에 온 거짓 선지자라 하면서 공격하였고, 저를 짐승을 보듯이 대하는가 하면, 편협한 종교 지도자들의 선동으로 신도들이 이 책을 직접 읽어보고 평가할 기회마저 막아 버렸습니다. 그래서 하나님의 말씀을 세상에 내는 데 많은 어려움을 겪으며, 피를 토하는 심정으로 책을 전하고 있습니다.

그러나 아무리 인간의 힘으로 막으려 해도, 하나님의 뜻이 세상에 전해지는 위대한 역사는 계속될 것입니다. 책으로 전해지는 "하나님의 말씀"은 세상 끝날까지 항상 우리와 함께하실 것입니다. 사람은 죽어도, 책에 기록된 말씀은 영원히 남으니까요.

■ 따뜻한 실천

하나님께서는 어려운 사람들에게 삶의 터전을 마련해 주고, 미래를 열어 주는 것을 기뻐하십니다. 어려운 이웃이 스스로 자립할 수 있도록 이끌어 주는 것이 진정으로 이웃을 돕는 것이라고 말씀하셨습니다. 그래서 일자리가 없는 제자들에게 작은 사업장을 만들어 주는 "달란트 사업"을 하고 있습니다. 식당, 반찬 가게 등을 차려 주고, 기존의 어려운 사업장이 자립할 수 있도록 돕고 있습니다(커피숍, 미용실, 의상실 등).

하나님께서는 교회에 나와서 모든 시간과 재물을 쏟기를 원하지 않으시고, 그 시간과 재물을 교육에 투자하여 스스로 미래를 열어 가기를 원하십니다. 그래서 제때 공부하지 못한 제자들에게 학업을 이어 가도록 하였습니다. 중화요리 주방장을 하며 초등학교 검정고시부터 공부하여 2012년에 방통대를 졸업한 36세 남성, 만학도들의 2년제 중학교에 입학해서 2007년에 명지대학을 졸업한 38세 여성, 중학교 검정고시를 시작으로 숭의여자대학을 졸업한 47세 여성 등이 있습니다. 그밖에도 많은 제자들에게 나이를 초월하여 배우고 깨우쳐서 사회 속의 당당한 일원이 되도록 인도하고 있습니다.

학자금 대출로 힘겨워하는 젊은이들을 위해 "따뜻한 바람 장학회"를 발족하여(2016년 12월) 대출받은 학자금 전액을 매월 갚아 주고 있습니다. 또한, 다문화 가정을 위해 "다문화 가족 랜드"를 조성하여, 각종 시설을 무료로 활용하도록 하고 있습니다.

이러한 따뜻한 실천이 아직은 미약합니다. 그러나 책의 수입이 늘고, 저와 뜻을 같이하는 분들이 늘어나면 계속 확대할 것입니다. 지도자로서 신도의 재물을 헌금으로 거둬들여 착복하는 것이 아니라, 하나님께서 기뻐하시는 일에 사용하도록 중매 역할만 하며 살아가고자 합니다. 이런 제가 과연 사탄이고 이단인가요? 하나님께서 기뻐하시는 일이라면, 저에게 사탄이라 하든 거짓 선지자라 하든 굽히지 않고 실천해 나갈 것입니다.

끝으로, 일상의 삶 속에서 "지금 내가 하는 행동이 과연 하나님께서 기뻐하실까, 슬퍼하실까?" 생각하고, 매사에 하나님께서 기뻐하시는 길을 택하기 바랍니다. 교회에 모여서 집단적으로 예배 드리는 것이 아니라, 개인이나 가정 단위로 새로운 성경을 읽어 스스로 깨우치고 그대로 행하면 충분합니다. 그것이 마음속에 성전을 짓고, 신령과 진정으로 예배 드리는 길입니다. 그러면 천국의 문에 들어서게 됩니다.

2017. 2. 1.

하나님 말씀 대역자 김용철

차 례

십 계 명

이 책은 십계명을 암송하고 나면 내려 주시는 "하나님의 음성"을 듣고 그대로 받아쓴 기록입니다. 하나님께서 십계명을 모세에게 내려 주셨지만, 그것은 만백성에게 내려 주신 것입니다. 마찬가지로 이 책의 모든 말씀도 저에게 내려 주셨지만, 만백성 각자에게 들려주시는 말씀입니다. 여러분도 이 책을 접할 때마다 십계명을 암송하고 나서 정독해 주시기 바랍니다.

제일은, 너는 나 외에는 다른 신들을 네게 있게 말지니라.

제이는, 너를 위하여 새긴 우상을 만들지 말고, 또 위로 하늘에 있는 것이나, 아래로 땅에 있는 것이나, 땅 아래 물 속에 있는 것의 아무 형상이든지 만들지 말며, 그것들에게 절하지 말며, 그것들을 섬기지 말라.

제삼은, 너는 너의 하나님 여호와의 이름을 망령되이 일컫지 말라.

제사는, 안식일을 기억하여 거룩히 지키라.

제오는, 네 부모를 공경하라.

제육은, 살인하지 말지니라.

제칠은, 간음하지 말지니라.

제팔은, 도적질하지 말지니라.

제구는, 네 이웃에 대하여 거짓 증거하지 말지니라.

제십은, 네 이웃의 집을 탐내지 말지니라.

나 여호와가 존재함을 믿는 그 자체가 구원의 길에 들어서는 기본이요, 근본이며, 나의 새로운 성경을 가슴에 안고 정독하는 자, 반석 위에 서서 하늘에 오르는 찬란한 빛을 보게 되는 영광을 얻게 됨이니라. 진정 나를 따르고 믿는 자는 감히 사탄이나 마귀도 근접하지 못하느니라.

〈하나님 말씀〉

2003년 7월

6,820 번째 하나님 말씀

2003년 7월 21일 21시 28분

1 사랑하는 나의 아들아!
2 "네, 아버님! 말씀하옵소서."
3 나 여호와가 누구든지 어떠한 백성이
든, 그가 어떠한 믿음의 길을 가든, 어
떠한 행동을 하든 나 여호와가 쓰고자
하면 내가 그를 불러서 쓸 수 있다 그
리 말하지 아니하였던가?
4 그러니 이 세상에 너희가 나의 아들
딸로서 태어나는 것이 소중하며, 어떠
한 종파에 종사하며 어떠한 종파를 가
든, 미신을 믿든, 너희가 이단이요, 사
탄이라 그리 말하는 그 모두를 시시비
비하지 말라 내가 그리 엄히 다스렸
건만,
5 지금 믿음의 길을 간다는 백성, 나 여
호와를 경배한다는 백성 너희는 어찌
살아가고 있는가?
6 너희는 내가 불러서 쓸 수 있는 어떠
한 백성도 내가 선택해 쓸 수 있다는
그것을 모르고, 어찌하여 너희는 종파
가 다르다 하여 그 백성을 적대시하
며 그를 사탄이요, 이단이라 그리 말
한단 말이던가?
7 어찌하여 너희가 그들을 그리 평할
수 있단 말이던가?
8 내가 쓰고자 하면 그 누구도 내가 불
러 쓸 수 있는 것이거늘, 감히 너 자신
을 모르면서 어찌하여 나의 백성을
그리 너희가 평가한단 말이냐?
9 내가 악으로써 쓰는 것이라 너희는
그리 말함이니라.
10 나의 아들이 나의 법전에 기록하여 너
희에게 전하기를, 이 세상에 어떠한
종파요, 돼지 머리를 놓고 절하는 자
요, 고깔을 쓰고 춤을 추는 자요, 서낭
당에 가 기도하는 자요, 촛불 켜 놓고
하늘을 향하여 기도하는 자요, 그 모
두는 다 무엇이라 말하였느냐?
11 내가 쓰고자 하면 그리 쓸 수 있다 그
리 내가 기록하여 전했음이니, 너희는
뭐라 말하느냐?
12 너희는 그 모두는 악으로써 쓰기 위
해 악으로써 태어난 자들이요, 악으로
써 존재하는 자들이지, 정녕 나 여호
와의 뜻에 살아가는 자들이 아니니,
그는 사탄이요, 사악한 무리라 그리
말하느니라.
13 그러니 너희가 얼마나 어리석고 사악
한 자들이냐?
14 너희는 여기서 깨달아야 할 것이니라.
15 악으로써 탄생하며 악의 길을 가는
것, 또 선한 곳에 쓰이는 백성이요, 선
한 길을 가는 그 백성도 악으로 가는
것, 선으로 가는 것, 그 모두는 내가
쓰고자 하여 쓰이는 것이며, 내가 다
명하여 그들이 그 자리를 지키고 가고
있다는 것을 너희는 어찌하여 모른다
말이던가?
16 이 세상의 모두는 다 내가 주관하여
만들었으며 내 뜻에 따라 존재한다는
것을 내가 수천 번 너희에게 일깨워

주었거늘,
17 이제 나의 아들을 따르는 제자들이요,
그리고 나의 법전을 읽은 백성 너희는
알아야 할 것이니라.
18 어떠한 악이라 해도 그것이 영원히 악
으로써 존재하는 것이 아니요, 그가
사탄이요, 이단이요, 사악한 자가 아
니라는 것을 너희는 알라.
19 너희가 말하는 악이라 하는 것, 악으
로써 가는 자, 이단이요, 사탄이라는
그 백성도 내가 주관하는 것이며, 내
가 그것을 쓰고자 하면 쓰는 것이며,
그들은 나로 인하여 다 존재하고 살아
간다는 것을 알라.
20 너희가 말하는 선한 것이라 하는 자,
악한 자를 선한 자라 말하는 것, 너희
만이 그와 같이 가는 것이 아니요, 너
희가 선한 길이요, 나의 길에 가는 것
이요, 나의 뜻에 살아가는 백성이라는
너희도 또한 나의 주관하에 모두가
존재하며 다 쓰인다는 것을 너희는
알아야 할 것이니라.
21 어찌하여 너희는 내가 일찍이 가르쳤
듯이, 너희가 만든 형상이요, 너희가
깎아 놓은 것이요, 너희가 그림으로
붙여 놓은 것은 그것이 다 우상을 섬
기는 것이 아니라 말하는가?
22 촛불 켜 놓고 기도하는 자, 두 손 모아
소원을 비는 자는 우상이요, 잘못이라
하며, 성당이요, 그와 같은 곳에 촛불
켜 놓고 그곳에 가 기도하며 거기에
다 소원하는 그것은 어찌하여 우상을
섬기는 것이 아니라 그리 말하는가?
23 너희가 촛불을 켜 놓으면 영광이요,
은혜가 있다 하여 스스로 대금을 내어
그 촛불을 걸어 놓고 거기 와서 기도
하고 묵상하고 기도하는 자들은 어찌
하여 그것이 우상이 아니고 사악한 것
이 아니고,
24 그저 아무것도 모르는 나의 백성이
촛불을 켜 놓고 그가 믿는 신에게 기
도하고 소원을 비는 것은 이단이요,
사탄이요, 사악한 자요, 그들은 영원
한 악마이니, 나에게 쓰임을 받을 수
없다 그리 말하는가?
25 너희는 성당이요, 교회라는 곳에 과연
촛불을 켜 놓고 빌고 원하지 않는가?
26 벌건 대낮에도 나로부터 받은 그 물자
로 촛불을 켜 놓고 수없이 재물을 사
들여 놓고 각자 이름을 붙여 놓고 그
앞에 서서 묵념하고 기도하며 소원을
비는 것은 사탄이요, 악마의 짓이 아
니고,
27 어찌하여 보통 백성이 하는 짓은 사
탄이요, 악마요, 이단이라 말하는가?
28 정녕 너희 스스로 가슴에 손을 얹고
생각해 보라.
29 과연 성당이요, 기독교요, 믿음의 길
을 가는 자 너희는 과연 우상 앞에 기
도하지 않는가?
30 너희는 촛불을 밝혀 놓고 그 앞에 고
개 숙이고 경배하지 않는가?
31 벌건 대낮에 성당의 뒤뜰이라는 곳에
촛불을 밝히고 소원을 비는 것은 이단
이요, 사탄이요, 사악한 짓이 아니며,
기독교에서 하는 그 모든 온갖 우상이
요, 그림이요, 형틀을 만들어 놓고 기
도하고 경배하는 그것은 과연 우상이
아닌가?
32 너희보다 더 악한 자들이 없으며 사악

한 자가 없음이니라.
33 그와 같은 자들이 이단이요, 사탄이라
말하지 말라.
34 너희가 이단이요, 사탄이라 말하는 그
악한 자들도 다 나의 주관하에 내가
역사하며, 내가 다 그들을 관장하며,
내가 쓰고자 하여 그 자리에 위치해
있다는 그 방대하고 넓은 뜻을 너희가
알아야 할 것이니라.
35 어찌하여 너희가 나의 뜻을 안다고 그
리 악을 쓰고 있는가?
36 그리고 너희는 나의 뜻을 안다 하여
나의 뜻대로 살아가는 자요, 그리고
너희만이 나의 뜻에 따라 살아가는
자요, 나로부터 신택된 백성이라 하여
악을 쓰고 있으며 모든 백성을 경멸
하며 그들은 인간이 아니라 그리 말하
고 있음이니,
37 너희 자신이 그 착각에서 깨어나야 할
것이며, 너희 자신이 깨어나는 자로서
다시 태어나는 그와 같은 삶의 빛을
보지 아니한다면 너희처럼 어리석고
불쌍한 백성이 없다는 것을 알라.
38 너희 중에서 내가 쓸 백성이 없으며
내가 구원하여 다스릴 백성이 없음을
알라.
39 너희는 우상을 섬기는 대표자들이니,
너희야말로 나로부터 구원받기를 원
하지 않는 자들이 아니던가?
40 그와 같이 우상을 섬기는 자는 나로부
터 구원을 받을 수 없으며, 영원히 악
의 씨요, 악으로써 남아 너희는 나에
게 대적하는 자요, 사탄의 자식이라
말함이니라.
41 촛불 켜 놓고 소원을 비는 자, 우상을
깎아 놓고 그림을 그려 놓고 기도하고
경배하는 자, 십자가를 깎아 붙여 놓
고 기도하고 경배하는 자는 그와 같은
자이니, 그것이 바로 가장 잘못된 자
들이요,
42 너희가 악의 근원이요, 악의 뿌리를
내리고 있음이니,
43 너희 자신을 구원해 쓰지 말고 나 여
호와에게 다 버려 지옥으로 갈 수 있
도록 너희를 놓아 보내 달라 그리 기
도하는 것이요, 너희가 아우성치며 악
을 쓰는 것이 그와 같은 형국으로 나
에게 받아들여짐이니 그리 알라.

6,821 번째 하나님 말씀

2003년 7월 21일 21시 39분

1 사랑하는 나의 아들아!
2 "네, 아버님! 말씀하옵소서."
3 믿음의 길을 가는 지도자요, 그 믿음
의 길을 가는 백성이 두 가지 마음을
갖고 있다면 진정한 길을 갈 수 없으
며 진정한 길을 볼 수도 없다고 내가
그리 너희에게 누차 가르쳤음이니라.
4 그러니 너희가 교회요, 성전이요, 회
당이요, 법당이라는 것을 궁궐같이 지
어 놓으며 그걸 운영하고자 한다면,
과연 거기에 필요한 것이 무엇이더냐?
5 너희가 그걸 운영하려면 두 가지의
마음을 먹지 않고는 갈 수가 없는 것
이 너희가 처해 있는 그와 같은 실정
과 현실이 아니던가?
6 그걸 운영하기 위해서는 거기에 따른
재물이 필요할 것이며 운영하는 데 모
든 준비가 필요할 것이니라.

7 너희는 믿음보다도 재물을 거둬들이
는 거기에 더 연연하는 그와 같은 믿
음이요, 깨달음이요, 진리를 연구한다
며 나의 백성을 끌고 가고 있음이니,
그러니 거기에 진리라는 것이 어디 있
다 내가 말하였더냐?
8 그러니 그곳에서는 나의 진리요, 나의
뜻을 정녕 찾을 수 없다고 내가 그리
말하지 아니하였던가?
9 너희가 섬기는 교회요, 성전이요, 그
곳에 나의 성령을 모시고 있다 하며
나의 성령이 임하는 곳이라 그리 말하
나, 나 여호와의 성령은 그곳에 절대
없음을 너희가 알아야 할 것이니라.
10 너희가 섬기는 것은 나의 성령이 아
님이니라.
11 지금 너희는 나 여호와의 성령이 임
하며 나의 휴식처라 하나, 너희가 가
르치는 그 교회요, 회당이요, 성당이
요, 그와 같은 곳에는 나 여호와의 성
령이 전혀 없으며, 나의 성령은 그 근
처에도 임하지 아니하였으며, 나는 관
계도 없다는 것을 너희는 알아야 할
것이니라.
12 그곳이야말로 나의 성령이 임하는 곳
이 아니요, 나의 사랑하는 피조물 만
백성들을 지옥으로 이끌어 가는 가장
많은 사탄들이 득실거리는 곳이며 사
탄들의 온상이며,
13 사탄들의 안주를 위하여, 그들의 휴식
처를 위하여 그들이 존재하도록 만들
어 놓은 곳이라는 것을 너희는 알아
야 할 것이니라.
14 너희가 지금 제왕적인 노릇을 하고 있
는 곳, 그리고 그를 벗어나지 못하는
지도자들, 그곳에는 성령이 임한 곳이
아니라는 것, 사탄의 소굴이라는 것을
너희는 알아야 할 것이며,
15 거기에는 구원의 길이 아니요, 멸망의
길로 가고 있다는 것을 알아야 할 것
이니라.
16 지금 나 여호와가 바라보는 죄의 온상
인 교회요, 성당이요, 너희가 지어 놓
은 회당에서 어떠한 일이 이루어지는
가?
17 너희는 지옥으로 가고자 하는 재물을
바치며 순서를 먼저 달라 아우성을 침
이니,
18 지옥으로 가는 백성을 사탄들이 선별
하여 보내야 하는 웃지 못할 형국이
되어 있다면 너희는 알겠는가?
19 너희가 재물을 바치는 것, 그리고 노
동력을 바치는 것, 각종 헌금을 다 바
쳐 앞에 가고자 아우성치는 것은 바로
지옥으로 먼저 보내 달라 아우성치는
것이니,
20 사탄들이 즐거운 미소 속에서 즐거운
아우성을 들으며 그들이 지옥으로 가
는 자까지도 선별하여 보내는 그와 같
은 형국이 이뤄지고 있다면, 얼마나
웃지 못할 일인지 알겠는가?
21 그를 보는 나 여호와의 마음이 과연
얼마나 미어지고 아픈 것인 줄을 알겠
느냐?
22 이제 사탄의 소굴이요, 지옥행 안에
너희가 있다는 것을 알았다면, 그곳에
서 곧 뛰쳐나오는 그와 같은 용기 있
는 백성으로 변화되지 아니하면 나에
게 오를 수 없다는 것을 알아야 할 것
이니라.

23 이제 너희 자신을 들여다봐야 할 것
이니라.
24 너희가 가고 있는 그 믿음이요, 깨우
치는 것이 어떤 것인가, 지금까지 배
우고 깨우쳤던 그 성서의 비유의 뜻이
무엇인가 너희는 그걸 알아야 할 것
이니라.
25 그걸 알려 주고 깨우쳐 주기 위해 내
가 나의 법전을 만들어 나의 선택된
백성이요, 나의 아들을 따르는 그 제
자들로 하여금 너희를 깨우치고자 이
역사를 이루고 있지 아니한가?
26 이를 너희가 접하지 아니하면 아니
될 것이니,
27 더욱이 너희가 이를 사탄이요, 이단이
요, 악마가 만든 것이라 하여 찢어 버
리고 태우는 그와 같은 우를 범하는
자는, 천금보다도 더 소중한 것이며,
이 세상을 모두 다 주어도, 네 목숨을
다 주어도, 열 번, 백 번 네 목숨을 내
놓아도 구할 수 없는 그 소중하고 귀
한 것을 너희가 태워 버리고 찢어 버
리는 그와 같은 방자한 행동을 하고
있다는 것을 잊지 말라.
28 너희 마음속에 있는 우상의 뿌리요,
욕심의 뿌리요, 그것을 모두 버리지
아니하고 지금과 같은 믿음으로 간다
면, 너희는 결코 나와는 아무런 관계
도 없다고 내가 수천수만 번 전함을
알라.
29 너희가 나에게 오르고자 하는 백성으
로서 거듭나려면 욕심과 탐심을 버려
야 할 것이며, 우상을 섬기면서도 우
상이 무엇인지를 모르는 그 착각에서
깨달음을 얻어야 할 것이니라.
30 너희가 진리요, 성령을 영접하여 나의
아들딸로서 다시 태어나는 그 역사를
이루지 않고는 너희는 나와 영원히
인연이 없는 그와 같은 관계로서 이루
어진다는 것을 잊지 말라.
31 내가 모든 것을 역사하여 모두를 다
태워 내가 나의 아들을 통하여 160권
이라는 이 대장정의 법전이요, 하늘에
오르는 길을 내려보내는 것은 내가
너희를 얼마나 소중히 아끼며 사랑하
며,
32 내 집에 돌아오기를 바라는 부모의 마
음보다도 천배 만배 더한 나의 심정이
라는 것을, 어찌하여 그것 하나 깨우
치지도 못하고 그와 같은 길에서 돌아
서지 못한단 말이더냐?
33 너희가 나의 법전을 보고 읽고 깨우쳐
과연 잘못된 것이 있으며 사악한 삶을
살라 그리 전하는 것이 있다면 이를
보지 아니하여도 될 것이니라.
34 내가 성서에 기록되어 있는 그 내용을
법전에 기록하여 너희에게 얼마나 간
곡히 전하였더냐?
35 여행을 하는 자가 도둑을 맞아 죽어
갈 때 대제사장이요, 믿음의 길을 가
는 그 백성이 그를 몰라라 하고 지나
갔을 때,
36 아무것도 모르는 이방인이 그를 둘러
업고 가 그를 안식해 주며 그를 치료
해 주며 그가 여행할 수 있는 준비를
해 주는 것과 같이,
37 너희가 나에게 오르고자 하면 바로 그
이방인이 한 것처럼 그리하라는 것이
무엇이더냐?
38 행동이니라.

39 그가 둘러업고 왔으며 그가 재물을 주
었으며 그 생명을 치료해 주도록 했으
며 그가 여행할 수 있도록 준비해 준
것이 무엇이더냐?
40 그게 사랑이요, 그게 육으로써 실천하
는 것이며, 그게 하늘에 오르는 길이
거늘,
41 그걸 내가 성경에 기록하여 너희에게
정확히 가르쳤으며 읽은 자는 다 알
수 있도록 그리하였거늘,
42 그 행함이 아무런 가치가 없으며, 믿
음에 도움이 되지 아니하며, 내가 기
억하지 아니하며,
43 내가 그걸로 선과 악의 점수를 매길
때 그건 아무것에도 쓸모없는 그저
버려진 고물이요, 그저 버려진 나무
조각만도 못하다고 그리 가르치고 있
음이니,
44 이를 보고도 너희가 깨우치지 못한단
말이더냐?
45 이제 내가 성경에서 깨우치지 못하는
불쌍하고 사랑하는 나의 백성을 위하
여 법전에 이 내용을 기록하고 또 기
록하여 이리 전함이니, 이를 접하는
백성 너희는 이를 깨우쳐야 할 것이
니라.
46 이제 잠에서 깨어나야 할 것이니라.
47 너희가 정신을 차리지 아니하면 아니
됨이니라.
48 너희 말에 있지 않으냐, '호랑이 등에
업혀 가는 자도 정신을 차리면 살 길
이 있다' 하듯이,
49 너희는 지금 호랑이 등에 업혀 그 굴
로 가는 자들이니, 거기서 정신을 차
리지 아니하고 뛰어내리지 아니하며,
위험을 무릅쓰고 거기서부터 뛰어 탈
피하지 못하는 자는 그 밥이 되게 되
어 있음이니,
50 지금 사탄이 끌고 가는 지옥 열차에
타고 가는 자 너희는 호랑이 등에 타
고 가는 자보다도 더 위험한 지경에
있다는 것을 어찌 모르느냐?
51 거기에서 위험을 무릅쓰고 뛰쳐나오
는 백성만이 구원을 받을 것이니,
52 내가 육의 삶에서 행하고 행동하는 것
이 얼마나 중요한 것인가를 애절하게
성경에 기록하여 전했으나, 그걸 보고
너희가 깨우치지 못하기에,
53 160권의 법전 속에 그 내용을 다시 한
번 상세히 기록하여 그저 글자를 알고
문자를 아는 자는 읽으면 알 수 있도
록 이리 전하는 나 여호와의 이 찢어
지는 듯한 아픔이요, 이 터질 것 같은
분노한 마음을, 과연 너희는 나를 위
로하고 달래 줄 수 있는 그 깨달음이
요, 그 길을 정녕 갈 수 없단 말이던가?

6,822 번째 하나님 말씀

2003년 7월 21일 21시 56분

1 사랑하는 나의 아들아!
2 "네, 아버님! 말씀하옵소서."
3 너희를 구원하고자 나 여호와가 어떠
한 역사를 이루었더냐?
4 모세를 보내어 너희를 구원하고자 그
많은 역사를 이루었으며 또 내가 어떠
한 것을 너희에게 던져 주었던가?
5 나의 아들 예수의 생명을 지불하지 아
니하였던가?
6 나의 아들의 생명을 지불해 가면서까

지 너희를 깨우쳐 하늘에 오르는 길
로 인도하고자 너희에게 깨달음을 주
고자 했던 것이 나 여호와가 아니던가?
7 그와 같은 나 여호와에게 어떠한 희생
이요, 어떠한 고통이요, 어떠한 아픔
을 더 감수해야만 너희가 하늘에 오
르는 길이요, 나의 뜻에 따라가는 백
성이요, 나에게 오를 수 있는 천사와
같은 마음으로 가는 삶을 살아갈 수
있단 말이던가?
8 나 여호와가 사랑하는 나의 아들의 생
명을 너희에게 지불하지 아니했던가?
9 그것이 무엇이더냐?
10 너희가 바로 서고 깨달음을 얻어 나
여호와의 품에 올 수 있도록 그리했건
만,
11 너희가 지금 이루는 것, 행하는 것, 하
고 있는 것은 과연 무엇이더냐?
12 너희는 지금 어떠한 길을 가고 있으며
어떠한 것으로써 역사하고 있다고 생
각하는가?
13 나의 백성이 지옥으로 떨어지는 것을
바라봐야 하는 나의 이 고통이요, 이
아픈 가슴을 나는 지금도 견디고 가야
하는 그것밖에는 남은 것이 없음이니,
14 너희가 과연 이것으로써 나에게 은혜
를 보답했으며 나의 아들의 생명을 지
불해 가면서 너희를 구원하고자 했던
그 은혜에 감사하는 삶을 살고 있는
것이 지금의 이와 같은 형국이라 말할
수 있더냐?
15 나의 백성이 지옥으로 수없이 떨어지
는 오늘의 그 살아가는 삶을 바라보는
나의 마음이 얼마나 아프고 저린지
너희는 알겠는가?
16 또한, 나의 아들 예수요, 당사자인 본
인의 마음은 어떠하겠는가?
17 그 형제들이요, 너희를 구원하고자 생
명을 던져 지불했던 나의 아들 예수가
지옥으로 떨어지는 것을 바라보는 그
마음이 과연 얼마나 아픈가를 너희는
생각해 보았는가?
18 이것조차도 생각하지 못하는 너희니
라.
19 그리하면서 너희는 예수의 보혈로써
구원을 받았다 말하느니라.
20 나의 아들이 생명을 던져 너희를 구원
하고자 했으며, 나의 아들은 그 소중
한 자기의 생명을 던져 너희를 구원
하는 그 대가로 그 목숨을 지불하여
던졌건만,
21 오늘의 너희는 나의 뜻을 거역하며 지
옥 불로 떨어지는 그와 같은 길을 가
는 것이 나에게 오르는 길이라 하며
그리 가려 하는 그 형제를 바라보는
예수의 마음이 얼마나 아프며 아들딸
을 바라보는 나 여호와의 가슴은 얼마
나 아프고 저려 오는지 너희는 과연
생각해 보았느냐?
22 너희가 성령의 삶으로 돌아올 때, 예
수요, 그리고 나 여호와요, 창조주인
내가 지금 겪는 고통스러운 이 아픔
이 거두어지는 길이라면 너희는 어떠
한 길을 선택하겠는가?
23 그와 같이 내가 너희에게 애원하건만,
나의 이 고통이요, 나의 아들 예수의
그 고통스러움을 거둬 주는 것은 너희
가 나에게 오는 길이요, 성령에 의한
삶이요, 천사와 같은 삶으로 살아가는
것이 너희가 나의 고통이요, 이 찢어

지는 아픔을 달래 주는 길이라 내가
그리 하소연하건만, 정녕 너희는 그와
같은 길로 살 수 없단 말이더냐?
24 나 여호와에게 계속 고통을 안겨 주는
그와 같은 삶을 살아가고자 하며 그
길을 위하여 달려가는 것이 지금의 모
든 종교 집단이요, 지도자요, 믿음을
구하는 백성이 가고 있는 그러한 길
이라면, 너희는 그래도 그 길을 계속
가겠단 말이더냐?
25 그리하여 너희가 나에게 와 심판을
받을 때, 어찌 내 앞에 고개를 들 것이
며 나에게 변명할 수 있는 여지가 있
겠는가?
26 너희는 나의 고통을 덜어 줄 수 있는
그와 같은 삶을 살 수 없겠는가?
27 이는 내가 너희에게 물어보고자 함이
니라.
28 이제 나의 아들을 통하여 나의 법전에
기록하여 내가 너희에게 이 애절한
뜻을 물어봄이니, 너희 스스로 이 대
목을 읽고 깨우치도록 그리하라.
29 내가 너희에게 물어보고자 질문을 던
지는 것도 육신을 가진 나의 아들을
통하여 내가 나의 법전이요, 새로운
성경에 기록하여 너희 자신에게 답을
묻는 그 길밖에 없기에,
30 내가 160권의 법전 속에 이와 같은 간
절한 나의 뜻을 너희에게 전하여 묻
노라.
31 너희가 나의 아들과 나에게 고통을 계
속 안겨 주는 삶을 살겠는가, 나의 터
질 것 같은 이 고통을 달래 주는 길로
써 가야 할 것인가?
32 그것은 너희의 선택함에 달렸다는 것
을 절대 잊지 말아야 할 것이니라.
33 사랑하는 나의 아들딸들아!
34 나 여호와가 피눈물을 흘리고 있다면
너희는 믿겠느냐?
35 너희가 지옥 불로 가는 것을 바라보는
나 여호와의 마음이 이리도 아픔을 너
희는 알겠는가?
36 나 여호와가 사랑과 기다림으로 너희
가 나에게 돌아오는 그날을 위하여
내가 기다리고 있다는 것을 잊지 말라.
37 내가 사랑하는 마음이 있기에 너희가
깨우쳐 나에게 돌아오는 그와 같은 삶
을 살아갈 수 있도록 육의 세상에서
다시 태어나는 삶으로 살아가는 것을
바라보는 것이니,
38 너희 한 백성이 변하는 것, 다시 태어
나는 거듭나는 삶으로 살아가는 나의
백성이 한 사람이 나올 때 나의 그 기
쁨은 이루 말할 수 없음이니라.
39 그리하여 내가 나의 아들을 따르는 선
택된 그 제자들이요, 나의 법전을 읽
고 깨우쳐 나로부터 부름을 받은 백성
이 존재함이 나 여호와가 이리 기쁘며
영광이요,
40 나의 분노함을 너희가 있기에 참고
인내하고 간다 함을 너희는 들어야
할 것이니 그리 알라.
41 나 여호와가 분노함을 참지 못하며 내
가 인내하지 못할 때, 이 세상은 재앙
으로써 모두 다스려질 것이거늘, 어찌
하여 너희는 그 무섭고 두려움을 모
른단 말이던가?
42 수십억 인구 중에 몇백만 명이라도 구
한다면, 과연 나 여호와를 위하여 이
길을 자진해서 갈 수 있는 백성이 과

연 없단 말이더냐?
43 나 여호와의 애절한 마음을 들어 너희 스스로 나의 법전을 읽고 깨우쳐 이 길을 따라오는 백성이 되도록 그리하라.

6,823 번째 하나님 말씀

2003년 7월 22일 08시 52분

1 사랑하는 나의 아들아!
2 "네, 아버님! 말씀하옵소서."
3 내가 너에게 뭐라 가르쳤느냐?
4 극한 상황에서 선을 선택하며 어렵고 긴박한 상황에서 나 여호와를 믿고 경배하는 마음이요,
5 그리고 고통과 시련 속에서 나를 버리지 아니하며 끝까지 믿고 가는 그와 같은 백성이 나에게 선택된 백성이요, 나에게 오를 수 있는 백성이라 내가 그리 말하지 아니하였던가?
6 나의 아들 예수도 육을 가져 세상에 나갔음이니, 그가 그 고통을 다 견디고 이길 수 있었던 것은 무엇이던가?
7 그가 나를 믿으며 나에 대한 믿음이 흔들리지 아니하는 거기에 갔기 때문에 그 역사를 할 수 있었음이니라.
8 그 제자들은 또한 어떠했던가?
9 그들도 그와 같이 육을 가지고 온 백성으로서 그들은 등을 돌렸으며 그들은 고개를 떨어트리며 나의 아들 예수를 배신하고 그를 팔았음이니라.
10 그것이 무엇인 줄 알겠느냐?
11 그들의 마음 한 자락에 믿지 못하는 마음이요, 의심하는 마음이요, 의혹하는 마음이 있었기 때문이니라.
12 그러니 모든 것을 따르며 나의 뜻을 역사하는 것은 오로지 굳건한 그 믿음이니, 그 믿음의 마음은 어디에서 자리를 잡는가?
13 너희 욕심이요, 가지고 있는 가장 버리지 못하는 악습의 공간을 밀어냈을 때, 그 믿음의 그릇으로서 그리 채워질 수 있다는 것을 알아야 할 것이니라.
14 너희가 변화되는 것도 너희 스스로 외형적으로 역사하는 것, 생활하는 모습이 변화되는 것은 누구든지 변화될 수 있으며,
15 스승으로부터 가르침을 받고 또 사람들이 써 준 책을 보고 글귀를 보고 너희가 변할 수 있는 것이 외형적인 지금 일반의 생활 양식이니라.
16 그러나 근본적인 그 양심이요, 인간의 한계를 초월하여 그 욕심을 버리는 것, 그것을 버리지 못했을 때 너희는 진정한 믿음의 길을 갈 수 없는 것이니라.
17 인간은 욕심으로 하여금 모든 게 다 이루어지느니라.
18 너희가 욕심이라는 근원을 다 버리고 나면, 세상의 아름다움을 볼 수 있으며, 나 여호와와 대화할 수 있다 하였지 아니했던가?
19 너희가 욕심을 버리지 못하기에 가장 큰 악습이요, 버려야 하는 것을 버리지 못하며 그 뿌리를 뽑지 못함이니라.
20 그 악습의 뿌리를 놔두고는 정녕 믿음의 길을 갈 수 없으며 모두를 역사할 수 없음이니라.
21 욕심의 근원의 뿌리는 욕심으로써 눈

을 멀게 하는 것뿐만 아니라, 매사에
계산법을 쓰게 되며 계산을 하게 되며
손익 계산을 해 보며 이해득실을 따지
도록 하는 것이 바로 그 욕심의 뿌리
이기 때문에,
22 손익을 따지며 이해관계를 버리지 못
하는 그와 같은 마음을 갖고서는 너희
는 정녕 그 믿음의 길을 갈 수 없음이
니라.
23 예수가 믿음 때문에 목숨을 다 던지며
모두를 다 바쳐 그는 하나의 웃음으로
써 그 길을 선택해 갈 수 있는 그와 같
은 마음은 곧 무엇이더냐?
24 나를 믿음이니라.
25 긴박한 상황에서 너희 목숨을 좌우하
는 그 순간에서 믿음이라는 것이 확고
한 자는 흔들리지 아니하며 나의 뜻에
따라서 하늘에 오를 수 있는 것이니라.
26 너희 인간 세상에서 살아가면서 절개
를 지키며 또한 군신 간에 그 충절을
지키며 배신하지 아니하며 등을 돌리
지 않는 그 마음은 오로지 그 믿음의
마음이니라.
27 서로 믿음을 신뢰하기에 부하가 저희
왕을 위하여, 또는 군신 간에 생명을
던질 수 있는 그와 같은 역사를 이룰
수 있는 것이니, 그 신뢰와 믿음이 그
와 같이 무서운 것이니라.
28 과연 나에게 오르는 길이요, 너의 제
자들이라는 백성은 그 믿음이 과연 얼
마만큼 신뢰를 하고 있으며 믿고 있느
냐가 가장 중요하니,
29 그 마음을 역사하는 것은 욕심을 버리
는 자만이 그를 얻을 수 있음을 너희
는 알아야 할 것이니라.
30 군신 간에 목숨을 바쳐 이를 지키며
배신하지 아니하고 등을 돌리지 않는
것이 무엇이더냐?
31 욕심을 두고 계산이 있으면 그는 그
길을 갈 수 없음이니라.
32 생명에 대한 애착이 있으며 생명에 대
한 욕심이 있어서 계산한다면 그는 갈
수 없으며, 모든 인간 세상의 삶의 고
리를 계산으로 할 때 그들은 절대 그
길을 갈 수 없음이니,
33 이제 이 아래 이 대목을 읽는 너의 제
자는 스스로 마음속에 믿음이요, 욕심
의 뿌리를 거둬 성령으로써 그득히 차
는 새로 태어난 길을 가도록 그리 가
르쳐 줘야 할 것이니 그리 알라.

6,824 번째 하나님 말씀

2003년 7월 22일 08시 59분

1 사랑하는 나의 아들아!
2 "네, 아버님! 말씀하옵소서."
3 믿음의 길을 가는 그 백성이요, 지금
신앙생활을 하는 그 백성이 과연 어
찌 살아가는가?
4 너희야말로 진정한 믿음이요, 사랑을
베풀고 사는 백성이라면, 자기의 고통
이요, 자기의 힘들고 어려운 것보다도
남의 고통을 생각하며 남을 이해하는
그와 같은 마음으로 살아가는 것이 신
앙생활이요, 믿음의 길을 가는 자요,
나 여호와를 찾는 자들이 아니던가?
5 나 여호와가 너희에게 원하는 것이 무
엇이더냐?
6 사랑이요, 베풂이요, 나눔이라는 것이
내가 너희에게 하여야 할 길이라 가르

쳤거늘,
7 그러나 너희는 남의 고통을 과연 얼
마나 이해하고 얼마나 그를 들여다보
며 그를 사랑으로써 보살피는 삶을 살
고 있는가?
8 너희는 한번 자신을 들여다봐야 함을
알아야 할 것이니라.
9 정녕 믿음의 길을 가는 자요, 사랑을
베푼다는 자들이 너희가 말하는 이방
인이라는 보통 나를 찾지 아니하고 경
배하지 않는 백성보다도 남을 배려할
줄 모르는 것이니라.
10 오로지 너희 집단이요, 너희만 구원을
받는 것이요, 너희만 사랑하는 것, 너
희만 이해하며 형제 자매요 하는 그
와 같은 마음의 문을 열지 못하고 사
는 것이 너희니,
11 사랑을 베풀며 만백성을 구원한다는
자들이 너희만이라는 그 문을 닫고
모든 역사를 한다면, 그 문을 개방하
지 아니하고 네 가슴을 열지 아니하고
어찌 만백성을 사랑하며 믿음이요, 구
원의 길을 갈 수 있는 백성이라 그리
말할 수 있느냐?
12 너희만 아는 백성이요, 너희만 구원의
백성이요, 너희만 사랑할 줄 아는 그
와 같은 자들이니,
13 너희야말로 사람들을 구분하며 한계
를 지으며 '너와 나'를 구분시키며, 그
와 같이 믿는 자, 믿지 아니하는 자라
하여 그 선을 긋고 사는 자들이니라.
14 그리하여 믿는 자 앞에 마음을 여는
듯하나 그 또한 진심을 엶이 아니요,
서로 시기하고 질투하며 갑론을박하
며 살아가는 것이 아니던가?
15 이해관계 앞에 형제라는 자들이 다투
고 또 불화를 가지고 이루며 사는 것
이 너희니,
16 그리하여 지금 믿음의 길을 가는 자들
이 사탄의 후예라 내가 그리 말하였으
며, 너희는 나에게 오를 자가 한 명도
없는 자라 그리 말하였음이니라.
17 사랑이 있다면 어찌하여 너희 집단만
이요, 너 자신만을 생각하는 감히 상
상할 수 없는 그와 같은 자세로써 세
상을 살아간다 말인가?
18 너희 삶이 그러하니라.
19 너희는 남의 고통을 함부로 말할 수
있는 자들이며 남의 고통을 들춰내며
남의 허물을 함부로 말하느니라.
20 수없이 간음하는 자가 남의 간음함을
흉보며, 그는 사탄이요, 이단이라 하
며,
21 제가 간음하는 것은 이단이요, 사탄이
요, 그리고 사악한 행위라 생각지 않
는 것이 너희라면 과연 너희는 이해
가 가겠는가?
22 그러하기에 우상을 만들며 형상을 만
들어 놓고도 너희가 만지고 장식품으
로 정리해 놓고 소중히 간직하는 그와
같은 형물이요, 그것은 모두 우상이
아니요, 남이 하는 행위만이 우상이라
공공연히 말할 수 있으며,
23 그리하여 사악한 자식이요, 사탄의 자
식이라며 나 여호와의 자식인 그 백성
을 욕하고 탓함이니라.
24 그러면서 그들은 영원히 악한 짓을 하
는 자요, 영원히 사탄의 짓을 하는 자
요, 돌이킬 수 없는 자라 그리 말함이
니,

25 내가 너희에게 뭐라 말하였느냐?
26 인간 세상에 살아가는 너희 형제요,
자식도 한때는 잘못 가는 자가 있으
나, 그가 효도할 수 있으며 그가 사람
으로서 바로 설 수 있다 하였지 않았
던가?
27 그게 깨우침이요, 변함이니,
28 그 모두는 내가 그와 같이 너희를 쓸
수 있다는 것이니, 종파나 종교의 교
리요, 그것을 놓고 갑론을박하지 말라.
29 그 모두를 다 넘어서 세상을 바라보지
못한다면, 너희는 후세의 세상이요,
구원의 세상을 볼 수 없으니,
30 앞에 보이는 것만을 가지고 있다 없다
결론짓고, 앞에 있는 것만 귀하고 소
중하다는 그와 같은 어리석은 삶을 사
는 것이 너희니라.
31 남의 고통을 함부로 말하며 시시비비
하며 반목하고 불화하게 하는 것, 형
제 간에 불화하며 부모를 공경하지 않
는 것, 믿지 않는 부모요, 형제에게 등
돌릴 수 있는 그와 같은 행위를 할 수
있는 것이 지금의 믿음의 길을 가는
백성이요, 저만 구원을 받았다 말하는
그 백성이니라.
32 너희는 믿음의 길을 가는 자요, 사랑
을 베풀고 간다는 자들이 믿음이 같지
아니하다 하여 형제와 부모에게도 등
을 돌리는 자들이며 이웃에게도 등을
돌리는 그와 같은 삶을 살아갈 수 있
는 자들이니라.
33 이방인이라 하는 백성도 절대 그와
같이 살아가는 백성은 없으며 그와 같
이 행동하는 백성이 없으니, 너희가
얼마나 사악하고 간악한 자들인가?
34 그리하여 내가 너희를 기억하지 아니
하며, 너희가 몸부림치며 울고불고 기
도하는 것, 네 욕심을 위하여 기복 신
앙의 대표자인 너희 기도 소리는 파
도 소리요, 개구리 울음소리만큼도 내
가 듣지 아니한다는 뜻이 여기 있음을
알라.

6,825 번째 하나님 말씀

2003년 7월 22일 09시 05분

1 사랑하는 나의 아들아!
2 "네, 아버님! 말씀하옵소서."
3 지금의 믿음의 길을 가는 그 백성이
요, 수천 년 동안 전통과 역사 속에서
행사하고 지켜 오는 그 믿음의 길을
가는 백성, 그 신앙생활을 하는 백성
너희는 과연 나를 믿으며 나의 아들
예수를 믿으며 정통인 참진리의 신앙
생활을 하고 있다고 그리 생각하고 있
으나,
4 너희야말로 나의 뜻을 거역하며 나를
능멸하며 나와는 관계없는 신앙생활
을 하고 있음이니, 그것이 곧 무엇이
더냐?
5 사탄의 자식으로서 성장해 가고 있음
을 너희는 알아야 할 것이니라.
6 너희가 영원히 죽지 않는 내 생명수로
써 살아가는 것이 아니요, 독소가 들
어 있는 그 물을 마심이니 너희는 곧
죽을 것이요, 그 죽음이 바로 지옥으
로 떨어지는 것이니라.
7 그러니 너희만 참진리요, 정통의 믿음
이요, 신앙생활을 하고 있다는 그 착
각에서 깨어나는 자, 그리고 너희 자

신을 들여다보는 자, 지금의 종교 집
단이요, 지도자들이 너희를 이끌어 가
고 있는 그와 같은 형국을 돌이켜 봐
야 할 것이니라.
8 남들이 가는 종교 집단은 사이비요,
이단이요, 사탄의 짓이라 하여 핍박하
고 가나, 너희 내부를 한번 들여다보
라.
9 너희는 그보다 더 추하고 더러운 모습
으로 썩어져 있음을 알게 될 것이니라.
10 너희가 하고 있는 그 행위를 하나하나
낱낱이 밝혀 세상에 전한다면, 과연
누가 사탄이요, 사이비인가 하는 것을
나의 백성은 평가할 것이니라.
11 그러나 너희 것은 감춰 놓고 밝혀내
지 아니하며, 그저 약하고 어려운 종
교 집단의 그 행위를 과대평가하여
세상에 비쳐 놓고 너희는 그를 심판
하여 이단이요, 사탄이라 그리 말함이
니라.
12 그와 같은 행위를 이제는 나의 백성이
구분할 때가 머지않았음을 너희는 알
아야 할 것이니라.
13 지금 모든 종교 집단이요, 지도자들이
가는 것이 무엇이던가?
14 한 자도 빼고 더하지 말라는 그 성서
는 이미 너희 조상으로부터 가감된
부분이 수없이 많으며, 그 비유의 뜻
으로 가르치는 것을 깨닫는 지도자들
이 없음이니,
15 천사와 같은 자요, 예수와 같은 삶을
살지 않으면, 성서의 진리의 뜻을 알
수 없는 자들이 나의 백성을 인도한
다고 하고 있으며, 그들을 깨우쳐 하
늘에 오르는 길이라 끌고 가고 있음이
니,
16 거기에 너희가 이제는 참진리의 역사
를 위하는 그와 같은 믿음의 길을 가
는 것이 아니요, 직업인 종교 지도자
들에게 지금 맡기고 살아가며, 그들은
그 직업의식에 젖어 있어 그것이 구원
의 길이라 말함이니,
17 그들은 직업의식에 젖어 있는 자이기
때문에 나를 경배함이 아니요, 저희의
이해관계요, 물질 관계에 의하여 모든
것을 연연하여 나의 백성을 현혹하여
끌고 가니 곧 그것이 무엇이냐?
18 사탄을 섬기는 지도자로 되어 있기 때
문에 너희를 구원의 길로 인도할 수
없다 함이니라.
19 지금의 교회와 성전과 회당이 다 귀신
과 사탄의 처소로 변했다면 너희는
알겠는가?
20 나의 성령으로 그득히 차 있어야 할
그와 같은 곳이 바로 죄의 온상이요,
사탄의 은신처요, 사탄의 안식처로서
너희가 그들을 영접하며 그들의 지시
에 따라 지금 나의 피조물 만백성들을
지옥으로 이끌어 가고 있다는 그 무서
운 사실을 내가 나의 법전에 기록하여
전함이니,
21 이를 보고 깨우쳐 바로 서는 삶을 살
지 아니하면 아니 됨을 너희는 알아
야 할 것이니라.
22 너희가 하는 말이 있느니라.
23 너희를 잘못했다 가르치는 자는 너희
스승이요, 너희를 잘했다 하는 자는
도적이라는 말이 있지 않더냐?
24 너희를 칭찬하며 '옳소, 옳소!' 하는
그와 같은 백성은 무너지는 교회로

가는 것을 박수로 환영하며 다 같이
가기를 환영하는 자들이요,
25 너희가 가고 있는 믿음이 잘못되었다
말하며 그 근본을 고쳐야 한다 말하는
자는 너희 스승이니라.
26 너희를 지옥에서 천국으로 구원하고
자 하는 그 가르침의 쓴 말을 들으려
하지 아니하려 함이니,
27 그 쓴 말을 귀를 열어 듣는 그와 같은
자만이 하늘에 오르는 길을 볼 수 있
으며 나에게 오를 수 있는 영광을 얻
을 수 있다는 것을 절대 잊지 말라, 사
랑하는 나의 아들딸들아!

6,826 번째 하나님 말씀

2003년 7월 22일 11시 38분

1 사랑하는 나의 아들아!
2 "네, 아버님! 말씀하옵소서."
3 이 세상이 다 썩어졌으며 병들어졌다
내가 그리 말하였음이니라.
4 그리하여 내가 이를 바로잡기 위하여
너를 통하여 160권의 법전을 세상에
내려보낸다 하였으며, 지금 기초의 열
여섯 권의 법전을 세상에 내려보냈으
니,
5 너희가 오늘 160권의 그 기초인 16권
의 책을 읽고 정독하는 그 자체도 그
인내함을 내가 가상히 여기며 너희를
사랑함을 너희는 잊지 말아야 할 것
이니라.
6 이제 너희가 오늘 이 역사를 마치는
것은 세상의 변화의 기틀이 될 것이
며, 세상이 변하는 그와 같은 역사가
이루어질 것이니라.
7 너희가 열여섯 권의 그 마지막 장을
오늘 넘겼음이니, 그와 같은 자들이
세상에 있을 것이며,
8 너희가 살아가면서 생업에 종사하면
서 너희가 열여섯 권의 법전을 오늘
마친 그것은 모든 백성의 귀감이 될
것이며, 그들로 하여금 이 소중함을
알게 될 것이니라.
9 그러니 너희의 오늘의 노고를 나 여호
와가 높이 사랑하는 것이요, 내 뜻을
너희에게 전함을 알아야 할 것이니라.
10 너희는 이와 같이 오늘의 만남의 그
시간을 버리지 말 것이며, 이 길을 영
원히 지켜 갈 수 있도록 그리하며, 의
논하며 토론하는 그와 같은 장소와 시
간으로써 유지해 나가야 함을 잊지 말
라.
11 그것을 근거로 하여 모든 자가 갑론
을박하는 그와 같은 것에 시간을 만들
어 줄 수 있으며, 그 갑론을박하는 자
들에게 깨달음을 줄 수 있는 그와 같
은 기초요, 뿌리가 됨을 알아야 할 것
이니라.
12 너희가 열여섯 권의 나의 법전을 오늘
마침으로써 그것이 끝나는 것이 아니
요, 크나큰 제방도 무너질 때 작은 물
이 샘으로써 이루어지듯이,
13 너희가 오늘 이와 같은 시간을 버리지
말며 지켜 가는 그와 같은 삶을 살 때,
바로 작은 구멍으로써 제방이 무너지
듯이 너희가 시작하는 역사를 만백성
이 보고 너희에게 깨달음을 얻는 그와
같은 계기가 될 것이니,
14 오늘과 같이 공부하는 그 시간을 버리
지 말며 지워서는 아니 될 것이니라.

15 영원히 지속하는 그와 같은 시간으로 잡아 가고 육성해 가야 함을 잊어서는 아니 될 것이니 그리 알라.

16 거기에서 이뤄지는 그 역사가 바로 모든 역사를 이루는 기초요, 근본으로써 시작될 것이니, 그리 알며 행함을 잊지 말라.

17 이제는 열여섯 권의 법전을 너희가 정독하며 읽었으며, 그리고 그 읽은 속에서 너희는 깨달음이 있을 것이니라.

18 그러나 너희는 여기서 주저앉아서는 아니 될 것이니라.

19 열여섯 권의 법전을 공부하고 깨우쳤다 하나, 그 열여섯 권 중에 단 한 권도 너희가 완벽하게 암송하는 것이 없으며, 그 내용을 완벽하게 아는 자가 없음이니라.

20 너희가 책이라는 것은 읽고 깨우쳤을 때 무엇이 소중하던가?

21 그저 읽고 지나가면서 책장을 덮으면서 지워 버리는 것은 공부가 아니요, 득이 되는 것이 없음이니라.

22 그 짧은 순간에 무엇을 깨닫고 얻는 것으로써 그 책을 읽는다는 것은 그 의미요, 가치가 없지 않은가?

23 읽은 자는 그것을 지우지 아니하며 영원히 기억하며 너희 것으로써 만든 그와 같은 삶을 살아가야 할 것이니,

24 너희가 열여섯 권 중에서 나의 법전 한 권도 제대로 그 뜻을 알며 거기에 숨어 있는 의미를 알지 못함이니,

25 너희는 계속 토론하고 연구하며 나의 아들의 강론을 들어 너희 스스로 변해 가는 그와 같은 삶을 살아가는 데 게을리해서는 아니 됨을 너희는 알아야 할 것이니라.

6,827 번째 하나님 말씀

2003년 7월 22일 12시 19분

1 사랑하는 나의 아들아!

2 **"네, 아버님! 말씀하옵소서."**

3 '나의 법전을 가슴에 안고 정독하는 자, 반석 위에 서서 하늘에 오르는 찬란한 빛을 보게 되는 영광을 얻게 된다.' 내가 그리 말하였으며,

4 또한 그와 같이 영광을 얻기 전에 너희 자신이 나 여호와가 존재하는 그 믿음을 굳건히 갖는 것, 그것이 얼마나 위대한 것인지를 다시 한 번 깊이 생각해 봐야 할 것이니라.

5 이제 너를 따르는 제자들이요, 나의 법전을 읽고 깨우친 백성 너희는 알고 가야 할 것이 있음을 알라.

6 너희가 모든 걸 역사하는 것은 작은 것을 만들어 낼 때, 또 무엇인가 이룰 때, 노력 없이 이루어지는 것은 하나도 없지 않더냐?

7 너희 손끝으로써 노력했을 때, 너희가 육체적인 그 노력을 했을 때, 너희가 팔다리를 움직여서 역사했을 때, 그와 같이 노력하고 이루는 것이 이 세상에서 그 결과가 나오며 그로 인하여 그 결과를 얻는 것이 아니더냐?

8 그러니 너를 따르는 제자들은 그를 명심하여 살아가도록 그리 전하라.

9 너희가 무엇을 하나 만드는 것도 손끝의 노력이요, 그 수고로움이 없이는 이루어지는 것이 없으며, 노력하지 아

니하는 것은 이루어지지 않는 것이 이
세상에 살아가는 근본이요, 기초가 아
니더냐?
10 아낙네들이 만든 그 음식 또한 너희가
뭐라 그러더냐?
11 그 손끝에서 이루어지는 것이요, 그
손끝에 의하여 모두 다 이뤄지며 수고
로움에 대해서 이루어지는 것이며,
12 너희가 아름답게 입고 다니는 의상을
하나 만드는 것, 그 모두는 다 무엇이
더냐?
13 너희 노력이요, 손끝의 재주에서 모두
가 이루어지는 것이며,
14 모든 기계요, 방대한 기계들이 역사하
는 것, 첨단 과학이 역사하는 것도 손
끝으로써 결국은 모두가 이루어지는
것이 아니더냐?
15 그와 같이 너희 육신의 움직임이 없
이는 얻어지는 것이 없다는 것을 알라.
16 그러니 너희가 말로써 구원을 받으며
말로써 모두 역사하는 것처럼, 그리고
말로써 구원하는 것처럼 그와 같은 믿
음이요, 그와 같은 행동으로써는 절대
가지 말라 그리 이르라.
17 너희는 노력하지 아니하고 거두려 생
각하지 말며, 노력한 만큼 얻어지는
그 대가에서 취하고 얻는 것으로써 그
리 생각하는 마음으로 살라.
18 너희 육신의 노력함이 없이 얻어지는
것을 생각하지 말며, 그리 무엇이 이
루어지는 것을 생각하지 말라 전하라.
19 너희는 오로지 노력한 만큼, 역사한
만큼 그 대가를 얻는 그와 같은 바른
삶을 살도록 먼저 마음 자세를 다스려
가라 그리 이르라.
20 노력한 만큼 얻어진다는 그 이상을 바
라지도 말며, 노력하지 아니하고 얻으
려는 생각도 하지 말라.
21 너희 마음 자세를 그리 다스리라 그리
하라.
22 그것이 너희가 가야 할 길이며 나의
백성으로서 선택된 자들이 행하여야
할 길이니라.
23 말로써 구하는 것이 아니요, 두드리면
열릴 것이요, 구하라 그러면 얻을 것
이라 이와 같은 허황된 이치에 휘말
리지 말라.
24 말로써 달라, 말로써 이루어 달라, 소
리 지르고 울고불고하면 이루어진다
생각하나,
25 육의 세상에서도 너희 손끝이 움직이
는 것만큼 거기에서 얻어지는 것이 있
듯이 그 결과에 대해서 너희가 얻을
수 있는 것이니라.
26 더구나 믿음이 무엇이더냐?
27 영원히 사는 하늘나라에 오르는 것이
요, 너희가 심판을 받아 영원히 사는
천국의 문을 들어오는 것이냐 지옥으
로 가는 것이냐 이와 같은 갈림길의
심판의 기준으로 하는 것이
28 너희가 노력하지 아니하며 역사하지
않는 그 대가로 이루어진다고 절대 생
각하지 말라.
29 육의 세상에서도 작은 것이든 큰 것이
든 노력하는 만큼 얻어지는 것이거늘,
30 어찌하여 하늘에 오르는 길을 노력하
지 아니하며 말로써 모두를 얻는다고
그리 말하는가?
31 육의 세상에서 거둬들이는 것은 육의
행함이요,

32 하늘에 오르는 구원을 받고 못 받는
것은 너희 마음의 다스림이요,
33 너희의 악한 마음이요, 사악한 마음이
요, 욕심의 뿌리를 얼마만큼 뽑아내느
냐 그것이 중요함이니,
34 그것이 바로 너희가 얼마만큼 노력했
느냐에 따라 지상에서 얻는 것처럼 너
희의 그 변화에 따라서 하늘에 오르고
못 오르는 그 영광을 얻고 잃음이 거
기에 달렸거늘,
35 어찌하여 노력하지 아니하고 말로써
모두를 이룰 수 있다는 그 말에 현혹
되어 나의 사랑하는 백성 너희가 지
옥 불로 그리 떨어져 가는가?
36 그러니 너의 제자들에게 가르치라.
37 너의 제자들은 노력한 만큼 거둬들인
다는 것을 생각하며, 노력하는 것 그
이상을 바라는 것은 욕심이요, 그 이
상의 무엇을 얻고자 하는 것은 도둑과
같은 자이니,
38 너희의 악한 마음을 버리며 악습을 버
리는 것, 그리고 욕심이라는 그 우상
을 도려내고 깎아 내는 것만큼 너희가
나에게 와 축복과 영광이 있다는 것
을, 그 노력 없이는 절대로 이룰 수 없
다는 것을 알라.
39 너희 마음속에 깊이 뿌리내리고 있는
그 욕심이라는 것을 도려내고 깎아
낼 때 뼈를 깎는 아픔보다 더하나,
40 그걸 깎아 내는 것만큼 너희가 나에
게 상을 받을 수 있으며 나에게 가까
이 올 수 있으니,
41 그를 깎아 내지 아니하고 말로써 그
모두를 두드리면 열릴 것이며, 구하면
얻을 것이라는 그와 같은 생각을 하지
말라.
42 모두 너희의 노력의 대가로 얻어진다
는 것을 절대 잊지 말라 너의 제자들
에게 그리 전하라.
43 너희가 육의 세상에서 노력하지 아니
하고 얻으려 하는 자는 강도요, 도둑
질하는 자와 같으니, 노력하지 아니하
면 얻을 수 없는 것처럼
44 너희 마음의 욕심의 그 사악한 뿌리를
뽑아내는 데 최선의 노력을 다하지 않
으면 아무것도 얻을 수 없으며 구할
수 없으며,
45 그와 같이 말로써 얻을 수 있다고 생
각하는 건 지옥으로 가는 길이요, 너
희가 노력으로써 고통 속에 이루어서
깎아 내고 다듬어 변하는 마음이 천국
에 오르는 길이니,
46 그 노력 없이는 아무것도 이루어질 수
없다는 것을 너의 제자들의 가슴에 깊
이 심어 주도록 그리하여 그를 잊지
말고 살라 그리 전하라.

6,828 번째 하나님 말씀

2003년 7월 22일 12시 27분

1 사랑하는 나의 아들아!
2 "네, 아버님! 말씀하옵소서."
3 믿음 속에 오는 나의 피조물 만백성들
이요, 또한 너희가 이방인이라는 그
일반 백성이 살아가는 마음의 형태가
어떠하던가?
4 너희는 수천 년 동안 믿음의 길을 왔
으며 나에게 오고자 하는 그 신앙의
길을 온 백성이니, 이방인이라는 그
백성과 차별화가 돼야 할 것이며,

5 어렵고 힘들 때 정녕 나를 믿음으로써
모든 것을 극복하는 그와 같은 모습으
로써 행해야 할 것이며, 살아가는 것
이 믿음의 길을 가는 백성이 아니던가?
6 그러나 지금 믿음 속에 온 너희는 어
떠한가?
7 믿음으로써 구원을 받았다 하는 백성,
또 지도자라는 그 백성까지도 재물을
소유하며 부귀와 영화를 누리며 남부
럽지 않은 편안한 삶을 살 때는 나에
게 감사하다며 경배하며,
8 그리고 항상 내가 존재한다는 그와 같
은 마음을 가지고 살아가는 자들이라
는 것을 나 여호와는 알고 있음이니라.
9 그러나 너희가 정녕 살아가다 고난에
부딪치고 힘들며 역경에 부딪쳐 힘들
고 어려울 때, 과연 너희는 어찌 말하
는가?
10 나에게 감사했던 그 마음이 180도로
돌변하여, 나를 원망하며 나에 대한
불평과 불만이 그득 찬 백성으로서 돌
변하는 것이 너희가 가지고 있는 오
늘의 신앙이요, 믿음의 길을 가는 길
이 아니던가?
11 정녕 그렇지 아니하다 나에게 말할 수
있는가?
12 나는 너희에게 모두를 다 내려 주었
음이니라.
13 그러나 그 역사하는 모든 것이 나의
뜻에 이루어진다는 것을 너희는 생각
지도 못하는 자들이기 때문이니라.
14 너희가 부귀영화요, 재물을 가지고 사
는 것도 나의 뜻이요, 너희가 고통과
시련의 길로써 무너지는 것 또한 무엇
이더냐?
15 그것도 모두 나의 뜻에 따라 관리되고
거두어지고 이루어진다는 것을 어찌
하여 그와 같은 기초적인 믿음도 없단
말이냐?
16 그와 같은 기초적인 믿음이 있다 하면
너희는 평화로울 때, 그리고 행복할
때 나에게 감사드리며, 어렵고 힘들
때 나에게 등을 돌리는 그와 같은 백
성은 되지 아니하였을 것이니라.
17 내가 너희에게 내려 주는 것도, 베푸
는 것도 나의 뜻이요, 너희로부터 거
둬들이는 것도 나의 뜻에 따라 내가
주관하는 것임을 너희는 어찌 생각하
지 못하며 그 믿음조차도 없단 말이던
가?
18 그 믿음 자체도 기초가 되어 있지 아
니하며 그 믿음 자체도 흔들리는 너희
가 과연 나에게 경배하고 기도하는 것
은 무엇이더냐?
19 눈에 보이는 이해관계요, 너희가 추구
하는 것을 위해 소원하는 것을 이루기
위한 가시적인 믿음이요, 시한부 믿음
이라는 것을 말하지 아니하여도
20 너희가 그와 같은 믿음으로 가고 있는
것이 수천 년 동안 믿음의 길을 오는
백성 너희가 하고 있는 길이며 가고
있는 신앙의 길이라는 것을 알아야 할
것이니라.
21 너희는 경배하는 마음, 변하는 마음이
없이 꾸준히 한 길로써 어떠한 고통과
시련이 온다 하여도 그 모두는 나 여
호와의 주관이요, 나의 뜻에 따라 한
다 하여 가졌을 때도 감사하며, 무너
져 갈 때도 감사하는 마음으로써 나의
뜻이라 하여 그와 같은 마음을 가지고

살아가는 진정한 믿음의 길을 가는 백
성이 과연 얼마나 있던가?
22 너희는 그러하니라. 내가 너희가 하는
그 불평과 불만을 수없이 듣고 있으며
그 오염된 말로 하늘을 덮음이니, 너
희 믿음의 길을 가는 자들이 얼마나
추한 자들인지 알겠는가?
23 수십 년 동안 나를 찾으며 믿음의 길
을 갔다는 그 백성 너희가 정녕 고통
과 시련이 닥쳤을 때 나를 대놓고 뭐
라 하는가?
24 '하늘에 여호와 하나님이 있기는 뭐가
있느냐?' 하고 입으로 그와 같이 말하
는 자가 수없이 있으며 그를 간단히
내뱉음이니,
25 너희가 어떠한 마음 자세로써 그와 같
은 말을 할 수 있으며 믿음의 길을 가
는 백성이란 말이더냐?
26 그러니 너희를 낳아 주고 길러 준 부
모의 은혜에 감사함을 모르며, 구원을
받는다는 그 표를 사기 위하여 지금
손으로 지은 죄의 온상인 그 교회요,
성막이요, 그와 같은 곳에 나오는 대
표적인 너희의 자세가 아니더냐?
27 그와 같이 무섭게 돌변하는 마음을 가
지고 있는 자들이니, 과연 거기에 믿
음이 어디 있으며, 진리가 어디 있으
며,
28 나 여호와의 은혜요, 보혈로써 구원을
받았으며, 참진리의 길을 간다는 자
들, 나에게 감사하다며 울고불고하는
자들이 어렵고 힘들 때, 나 여호와가
어디 있으며 하늘나라에 하나님이 어
디 있느냐고 불평을 하며 그와 같이
소리 지르는 자들이 있다 하면,
29 과연 그와 같은 백성을 육성시킨 것은
누가 가르쳤으며 어떠한 백성이 인도
하였기에 그와 같이 하루아침에 돌변
하는 마음을 가지고 있도록 육성했단
말이더냐?
30 그러니 종교 집단이요, 지도자 그들이
얼마나 잘못 가르쳤으며 잘못 인도했
으면 오늘과 같은 그와 같은 말을 하
늘에 대고 함부로 할 수 있는 백성이
있단 말이던가?
31 그러니 너희는 다 물질에 눈이 어두
워 두 마음을 가지고 가는 자들이요,
참진리의 나의 뜻은 접어 두며 오로지
육의 삶에 보이는 가시적인 행복과 그
행복의 추구를 위하여 모두 살아가는
것이니,
32 종교 지도자가 장사꾼이요, 품삯을 받
고 재물을 위해서 일하는 그와 같은
자들로 전락하여 있음이니,
33 품삯에만 눈이 어두워 있으며 품삯을
더 받고 못 받는 것, 받지 못할까 받을
까 하는 고민과 걱정을 하는 그와 같
은 자들이 어찌 진리를 가르치며, 불
안한 속에서 나의 뜻을 가르칠 수 있
으며, 내가 내리는 성서의 그 깊은 비
유의 뜻을 알 수 있단 말이던가?
34 성서의 그 비유의 뜻을 알며 나의 법
전에 기록하여 내리는 그 내용을 그대
로 이해하고 받아들이는 것은 예수와
같은 삶을 살지 아니하면 그를 받아들
일 수 없다 하였거늘,
35 너희가 가시적인 것에 마음을 두며 가
시적인 것에 모두를 다 바치는 그와
같은 자들이 오늘날 나의 피조물 만백
성을 하늘로 인도한다 하였기에,

36 어렵고 힘들 때 하늘을 향하여 감히
나 여호와가 어디 있으며 하나님이 어
디 있으며 다 쓸데없는 짓이라 하며,
37 몇십 년 동안 믿음을 가진 자들이 하
루아침에 그리 돌변할 수 있는 그와
같은 자들이니라.
38 그것이 오늘날 너희 믿음의 현실이라
내가 말함이니, 그것이 아니라면 너희
가 죽어 와 나에게 한번 그 답을 제시
해 보라.

6,829 번째 하나님 말씀

2003년 7월 22일 23시 40분

1 사랑하는 나의 아들아!
2 "네, 아버님! 말씀하옵소서."
3 네가 무엇이라 그리 말하였으며, 네가
가고자 하는 길이 무엇이라 말하였더
냐?
4 "네, 아버님!
5 이 세상의 모든 종교 집단이요, 지도
자요, 모든 백성 중에 가장 으뜸인 자
요, 가장 깨끗한 자요, 가장 청빈한 자
요, 그리고 남에게 부끄럼이 없는 삶
을 살아가는 그와 같은 사람이 되고자
하였사오며,
6 모든 종교 집단이요, 지도자요, 그 속
에서 실망했던 하나님의 백성이 제
앞에 와 저와 대화하며 제 강론을 들
으며 저의 진실한 그 소리가 그들의
가슴을 울려 주어,
7 그들이 실망했던 마음을 달랠 수 있는
그와 같은 사람이 되고 싶사오며, 그
와 같은 길을 가고 싶다 그리 말씀드
렸사옵나이다."
8 그와 같은 말을 하며 그와 같은 생각
을 하는 너의 마음은 과연 지금 어떠
하다 생각하는가?
9 "네, 아버님!
10 제 마음은 백사장에 소낙비가 쏟아진
것보다도 더 얼룩져 있으며, 그보다도
더 상처나 있으며, 그보다도 더 혼란
하고 복잡한 마음 자세로써 제가 오늘
에 서 있사옵나이다.
11 모든 종교 집단이요, 지도자들로부터
실망한 백성이 와서 삶의 기쁨을 얻으
며 참진리를 깨우쳐 주기 전에, 저를
보고 그들이 등을 돌리고 돌아가며,
그리고 아버님의 법전을 욕되게 하는
그와 같이 저 자신이 변화되지 못하
고 있음을 저는 알고 있사오며 저 자
신이 그렇사옵나이다.
12 정녕 저는 이곳에서 더 이상 갈 수 없
으며 정녕 벗어날 수 없는 그 길인지,
저 자신이 너무나 고통스럽고 가슴이
미어지옵나이다.
13 넓고 넓은 백사장에 억수 같은 소낙
비가 쏟아져 그 소낙비의 자국이 남아
있는 것처럼, 그보다도 더한 제 마음
의 모든 파장이요, 모든 작고 큰 일들
이 그와 같이 굴곡을 이루고 있사오며,
14 평온한 호수 같은 마음자리요, 그와
같이 저 자신을 다스리지 못하고 있
으니,
15 저 자신이라 하여 지탱하기가 가슴이
아픈 삶으로써 하루하루의 삶을 살아
가고 있사옵나이다.
16 정녕 저는 어찌하여야 되겠사옵나이
까?"
17 네가 말한 대로 행하면 될 것이니라.

18 네가 말한 대로 행하고자 하여 네가
그 길을 간다면, 과연 네가 어떠한 길
을 가며 어떠한 삶을 살아야 할 것인
지는 네가 알 것이니라.
19 그 누구도 이루어 줄 수 없으며 역사
할 수 없다 그리 말하지 아니하였던가?
20 너희가 바라는 것, 잘못 가는 것을 나
여호와에게 기도하며 그걸 잡아 달라
하소연하며, 고쳐 달라 울고불고 기도
하는 짓을 하지 말라 내가 그리 말하
지 아니하였던가?
21 그 모두는 너희가 행동으로써 행함으
로써 스스로 다스려 나가며 싸워 이기
는 그 역사 외에는 어떤 것도 이룰 수
없으며 행할 수 없다 내가 일찌이 너
에게 그리 전하였음이니, 그 모든 것
또한 네가 그리 가면 될 것이니라.
22 네가 그와 같이 다스려 나가면 될 것
이니, 백사장에 소낙비가 쏟아져 그
자국과 같이 네 마음이 얼룩졌다 하
면, 그 마음을 쓸고 다스리는 것 또한
너 자신 외에 그 누구도 해 줄 수가 없
으며 역사할 수 없다는 것을 너는 알
아야 할 것이니라.
23 이것이 네가 가야 할 길이며 행하여야
할 길이니라.
24 정녕 네가 아름다운 백설과 같은 마음
으로 변하지 아니한다면, 너는 존재할
가치가 없으며 나의 법전은 빛을 볼
수 없음이니,
25 네가 너를 그리 평가했듯이, 백사장에
소낙비가 쏟아져 그 많은 자국처럼 네
마음이 그리 검어져 있으며 그리 다스
려지지 못했으며,
26 하루에도 일어나는 그 많은 일을 네
가 아름답게 처리하지 못하며 너 자신
을 다스리지 못하며,
27 때로는 네 마음속에 용납할 수 없는
그와 같은 아직도 네 마음에 흔들리는
그 뿌리요, 네 육의 생활이요,
28 정녕 참진리요, 아름다움이요, 사랑을
베풀며 살아가는 그 고비를 넘지 못하
는 네 마음을 그리 나 여호와에게 표
현함이니,
29 나 또한 네 마음을 알고 있느니라.
30 모든 백성이 스스로 일어서야 하며
스스로 다스려 나가는 것이 모든 백성
이 가야 할 길이니,
31 너 또한 너 스스로 그를 다스려 이겨
나가며 바로 서야 함을 잊어서는 아니
될 것이니라.
32 네가 바라보는 네 마음을 알고 있으
며, 네가 가는 길을 나 여호와가 알고
있음이니라.
33 너는 어쨌든 그 길을 가는 것이며, 네
가 모든 백성이 너에게 와 실망하지
않고 가는 지도자가 된다 하였음이니
네가 그리 가면 될 것이며, 이는 누구
도 이루어 줄 수 없으며 누구도 역사
해 줄 수 없음이니라.
34 다만, 네가 시소에 서 있을 때 발을 어
느 쪽으로 힘을 더 주느냐에 따라서
악으로 가고 천국으로 간다 그리 말했
듯이,
35 너는 항상 시소의 중간에 서 있음이
니, 발을 어느 쪽으로 놓아 어느 쪽으
로 기우는가는 네가 할 일이며 네 몫
이라는 것을 알아야 할 것이니,
36 네가 알아서 행하도록 그리하라, 사랑
하는 나의 아들아!

37 그 길밖에 없음이니라.

6,830 번째 하나님 말씀

2003년 7월 22일 23시 48분

1 사랑하는 나의 아들아!
2 "네, 아버님! 말씀하옵소서."
3 노아가 밝은 낮에 방주를 만들며 그
많은 시간을 낭비하며 만들고 역사했
던 것은 무엇이더냐?
4 순종이요, 그 순종하는 믿음의 바탕에
서 그 모두가 이루어졌음이니라.
5 욥과 같은 그 시험과 그 독한 훈련 속
에서 견디고 이기는 그와 같은 것은
다 어떠한 것이더냐?
6 그것 또한 진정한 믿음이요, 나 여호
와가 존재함을 믿고 있기에 그가 그와
같은 길을 갈 수 있었던 것이 아니더
냐?
7 그러니 나의 피조물 만백성 너희가
나에게 오르는 길이요, 구원의 길이란
바로 무엇이던가?
8 너희가 지키고 사는 것, 그리고 그와
같은 믿음의 길로 가는 것만이 구원의
길에 들어설 수 있는 것이니,
9 그와 같은 삶을 살아가고자 하는 것이
기본이요, 근본임을 알아야 할 것이니
라.
10 지금 나의 피조물 만백성 너희가 살
아가면서 어떠한 형태로써 어찌 살아
가는 마음인지 알겠는가?
11 너희는 서로 인간관계로 살아가면서
그리하느니라.
12 '나 자신은 의리요, 신의를 버리지 아
니하며 버린 사람이 아니요, 그를 저
버리는 자도 아니요, 또한 나라는 사
람은 신의요, 의리를 버린다면 시체와
같은 자요, 사람이 아니라' 그리 말하
며 의리와 신의에 산다고 말하는 자들
이 있음이니라.
13 그와 같이 말하는 나의 백성이 과연
그걸 얼마나 지키고 행하는 백성이기
에 함부로 그리 약속을 하는가?
14 그와 같이 말로 약속한 백성 그들은
의리요, 신의를 말하는 그들은 저희가
어렵고 힘든 일이 도래했을 때는 이
해관계에 따라서 힘 있는 쪽으로 등
돌리고 돌아서는 것이 다반사며 거기
에서 의리를 지키는 백성이 없음이니,
15 이게 인간 너희가 가지고 있는 마음
이니라.
16 과연 생각이요, 높은 지혜를 가진 너
희가 그와 같이 한 말을 지키지 못하
고 산다면, 과연 너희는 어떠한 사람
이요, 어떠한 인간이라 평을 받아야
하겠는가?
17 너희는 여기서 깨우쳐야 할 것이니라.
18 너희가 높은 지혜요, 생각할 수 있는
것은 아름답게 살라 내가 준 것이거늘,
19 내가 너희에게서 생각하는 지혜요, 판
단력을 다 뽑아 버리고 너희 육신만
서 있다면, 너희는 과연 어떠한 능력
이 있는가?
20 너희는 들개에게도 너희 육신이 먹히
는 그와 같은 무능한 자로 존재할 것
이니라.
21 내가 너희의 생각과 지혜를 빼 버리
면 너희는 아무것도 할 수 없는 그와
같은 자들이니,
22 내가 그 높은 지혜를 준 은혜에 감사

함을 생각한다면,
23 그 지혜로 판단할 수 있는 그 언어요,
행동이요, 역사하는 모든 것에 책임을
지는 그와 같은 삶을 사는 것이 너희
에게 높은 지혜를 준 창조주 나 여호
와의 은혜에 감사하며, 내가 너희에게
내려 준 그 지혜의 높음에 감사하는
마음으로 살아가는 것이요, 거기에 대
해 보답을 하는 길이 아니던가?
24 내가 지혜라는 것을 다 빼 버리고 너
희가 생각할 수 있는 판단력이 없으
면, 너희는 들개에게도 먹히는 그와
같은 고깃덩어리와 같은 자라 그리 말
하였거늘,
25 거기에 내가 높은 지혜요, 생각할 수
있는 판단력을 주고 그 모두를 주었으
며 살아가는 것, 모든 역사를 할 수 있
으며 모두를 다 다스릴 수 있는 그와
같은 능력을 주었거늘,
26 어찌하여 그와 같은 은혜요, 능력을
나로부터 받은 백성 너희가 나의 뜻
에 살지 아니하는가?
27 너희 말로 의리를 지키지 못하는 것은
너희 자신이 시체라 하면서도 그걸 들
어없는 그와 같은 자니, 바로 너희가
시체와 같은 삶을 사는 자들이 아니던
가?
28 너희는 인간의 삶이 아니요, 시체가
살아가는 그와 같은 모습이니, 과연
믿음의 길을 가는 백성은 또한 어떻
던가?
29 믿음의 길을 가는 백성 너희 또한 평
소 장담하기를, '나는 진정한 신앙의
길이요, 나는 믿음의 길이요, 나는 정
통의 그 믿음을 가기에 나는 창조주인
아버지를 위하여 그 길을 위하여 순교
자가 될 수 있는 것이라'며,
30 순교자가 될 수 있는 그와 같은 자신
과 그것이 너희 모든 사는 꿈이라며,
그와 같은 임무에 부닥칠 때 그걸 행
하고 순교자의 길도 마다하지 아니하
고 갈 수 있는 너희라 그리 말하나,
31 너희는 과연 고난과 시련이 닥칠 때
그때도 너희가 무너지지 않고 그와 같
은 길을 갈 수 있는가?
32 너희는 백이면 백, 천이면 천 모두 다
무너지는 백성이니라.
33 너희가 무너지지 않는 백성이라면 들
어야 할 것이니라.
34 나의 아들 예수를 따랐으며 나의 아들
예수의 수제자인 그 베드로는 과연 어
떠했는가?
35 베드로는 그리 말하였음이니라.
36 나의 아들 예수가 가는 길이 어떠한
험난한 길이라도, 죽음의 길이라도 그
는 나의 아들 예수를 따라가 같이 죽
겠다 약속했으며, 그와 같이 제가 수
없이 마음으로 다지며 나의 아들 예수
에게 호언장담했던 자이니라.
37 그러나 그 베드로가 어찌하였던가?
38 작은 사람들이 묻는 그 말에 작은 시
험에도 무너졌으며, 훈련이 되지 못한
그 백성이 아니었던가?
39 그를 보며 예수와 동행한 자라 말할
때, 그는 뭐라 했는가?
40 나약한 여인이 그와 같이 말할 때 그
나약한 여인 앞에서 '나는 아니라'며
고개를 흔들었음이니,
41 그와 같은 작은 것도 견디지 못하며
그 작은 시험도 견디지 못하고 세 번

씌이나 등을 돌린 그와 같은 것이 베
드로가 역사했던 것이요, 그가 행했던
것이 아니냐?
42 그러니 너희가 그보다 더한 믿음이요,
더 굳은 결의로써 가는 백성이라 말
할 수 있는가?
43 지금 믿음의 길을 가는 백성 자체가
오만이요, 자만에 젖어 있는 것이요,
너희 스스로 네 마음이 흥분에 젖어
있음이니라.
44 너희가 구원을 받는다는 것, 그리고
하늘에 오를 수 있다는 것에 너희 자
신이 지금 그 길만을 위하여 달려가고
또 달려감이니,
45 지금 너희는 모두 지쳐 있으며, 이제
너희는 거기서 벗어나면 정녕 살 수
없으며 견딜 수 없게 너희 마음까지
도 다 무너져 있으며,
46 오로지 너희 손으로 지은 그 교회요,
그곳에 와 매달리고 붙잡는 것만이
살아갈 길이며 너희가 존재할 길이라
그리 세뇌되어 지금 너희 마음이 다
쓰러져 가고 있으니,
47 그와 같은 오늘의 믿음으로써 과연
너희가 노아요, 욥과 같은 진정한 믿
음이요, 순종하는 마음으로 갈 수 있
는가?
48 그것이 나에게 오르는 길이라면 너희
는 갈 수 없음이니라.
49 나의 아들 예수를 따랐던 베드로도 그
역사를 하지 못했듯이, 지금의 믿음의
길을 가는 모든 백성 너희는 그와 같
은 역사를 이룰 수 없는 자들이며,
50 너희는 순교자가 된다고 말은 그리하
나, 정녕 그 명이 떨어졌을 때 그걸 행
하고 지킬 수 있는 백성이 없는 것이
지금 믿음의 길을 가는 백성 너희니,
51 그곳이 구원의 길이요, 하늘에 오르는
그 믿음이라는 착각 속에서 벗어나지
아니하면 아니 됨을 알아야 할 것이
니라.

6,831 번째 하나님 말씀

2003년 7월 22일 23시 56분

1 사랑하는 나의 아들아!
2 "네, 아버님! 말씀하옵소서."
3 나의 아들 예수의 제자들이 정녕 인간
으로서 얼마나 불쌍하고 가련한 삶을
살았는가?
4 그들처럼 불행하고 비참한 백성은 없
었을 것이니라.
5 모든 기적의 역사를 다 접한 예수를
따른 그 제자들이 인간의 본성을 너희
에게 보여 주었음이니,
6 그들로 인하여 너희는 인간의 본성이
어떠한 것인지 깨우쳐야 할 것이니라.
7 그리 따르던 제자들이 어찌하였는가?
8 저희 선생과 더불어 죽음을 같이하겠
다는 그 제자들이 은 30냥에 나의 아
들 예수를 팔아넘기는 가룟 유다와
같은 백성이 있었음이니라.
9 또한, 그와 같은 자들이 제자로 따르
고 있었음이니, 과연 지금의 너희 백
성 중에는 그러한 가룟 유다와 같은
백성이 없다고 장담하며 말할 수 있는
가?
10 지금 믿음의 길을 가는 백성은 과연
그와 같은 행위를 하는 백성이 없단
말이던가?

11 나 여호와가 보는 지금의 믿음의 길을
가는 백성 너희는 그 백성보다도 더
사악해졌으며, 정이 없으며, 나눔이
없는 그와 같은 형국이 되어 있는 것
이 오늘의 너희의 삶이라는 것을 나
여호와가 알고 있으며 보고 있음이니
라.
12 그러니 그를 바라보는 내 마음이 어떠
한 것이며,
13 너희가 믿음이요, 하늘에 오르는 길이
진정 정통의 믿음의 길을 가고 있다
그리 자부하는 백성 너희는 유다가
은 30냥에 파는 것보다도 더한 백성
이며, 그보다 더 사악한 짓을 할 수 있
는 것이 오늘의 너희라면 과연 너희
는 이 말을 믿겠는가?
14 나 여호와가 보는 믿음의 길을 가는
백성 너희는 그보다 더 사악하며 간
악한 백성임을 알아야 할 것이니라.
15 너희는 여기서 가룟 유다는 과연 누
가 유혹했으며, 그와 같이 제 스승을
팔아먹는 험악한 일을 할 수 있으며
그와 같은 행위를 했는가 다시 한 번
상기하고 넘어가야 할 것이니라.
16 가룟 유다가 은 30냥에 그 선생이요,
제가 따랐던 나의 아들 예수를 그리
팔아넘길 수 있도록 유혹한 것은 무엇
이더냐?
17 그 당시 나를 따르며 나의 뜻에 살아
간다는 대제사장들이 그를 유혹하였
으며, 그 대제사장들에게 가룟 유다는
유혹당했음을 너희는 알아야 할 것이
니라.
18 그러니 그와 같이 왔던 그 백성, 수천
년 동안 믿음의 길을 오면서 그 후예
들이 지금의 믿음의 길을 가고 있으니,
19 너희는 과연 어떠한 집단이요, 어떠한
가르침으로 지금 가고 있으며, 어떠한
길로 나의 피조물 만백성들을 인도하
고 가는 것인지를 너희 자체에서 분석
하며 너희 자신을 들여다보는 그와 같
은 대변화의 역사를 이루지 아니하면
아니 됨을 알아야 할 것이니라.
20 내가 너희에게 그와 같은 것을 탓하기
전에, 나 여호와가 오늘 나의 아들을
따르는 제자들이요, 나로부터 선택된
나의 백성 너희에게 말하노니,
21 모든 백성이 그 어떠한 유혹에도 넘
어가지 아니하고 뿌리칠 수 있는 강인
한 나의 백성으로서 성장하지 아니하
면 너희도 그와 같은 제자요, 그와 같
은 백성으로서 전락할 수 있음이니,
22 그리하여 내가 강하고 굳은 백성으로
내가 선택한 백성을 훈련을 시키고
있음이니,
23 이것이 오늘의 나 여호와가 너희를
훈련하는 의미이며, 너희가 오늘 어렵
고 힘든 길을 가고 있음을 알아야 할
것이니라.
24 너희가 강하고 어려운 훈련을 받지 아
니하며 하나로써 이루어지지 아니할
때 또한 너희도 그와 같은 자가 될 것
이니라.
25 너희가 하나가 되었을 때만이 베드로
처럼 등 돌리지 아니하며, 가룟 유다
처럼 나의 아들을 파는 그와 같은 백
성이 없을 것이며,
26 그와 같은 백성이 지금 또다시 세상에
존재한다면, 이는 내가 마지막 시대
나의 아들을 통하여 너희를 구원하고

자 내리는 나의 법전 160권이 그와 같
이 너희에 의해 팔릴 것이며, 나의 아
들 또한 그리 팔릴 것이며,
27 그리하여 그 모두가 이 세상에 존재치
못하는 데 너의 제자요, 너를 따르는
자들이 앞장서서 그 모두를 들춰내며
그 모두를 다 그들에게 넘겨주는 그와
같은 역사가 없다 누가 장담하겠는가?
28 그리하여 내가 서서히 가라 하는 것이
며, 나의 160권의 법전이 세상에 나올
때 너희가 조심조심 한 발짝 한 발짝
전진하는 그와 같은 삶으로써 모두를
역사하라 함이니라.
29 지금 모두 이루어지기 전에 세상에 너
희가 떠들어지며 존재함을 알며, 나의
성령이 내려옴을 알며, 나의 아들이
나로부터 역사하여 너희가 지금까지
온 모든 종교 집단을 다시 뽑아 버리
며, 새로운 성령으로써 새 시대를 열
어 가고자 한다면, 정녕 이는 존재할
수 없을 것이니라.
30 그 기적의 역사를 보였던 나의 아들
예수에게 등을 돌렸으며 세 번씩 배신
하며 그를 팔았던 그 제자들이 있듯이,
31 지금의 네 제자 속에 너를 따르는 백
성 중에 그와 같은 백성이 없으라는
법이 없을 것이니,
32 그리하여 내가 너희에게 강한 훈련으
로써 강한 나의 백성으로서, 너희가
등 돌리지 않으며, 나의 아들과 더불
어 내가 이루고자 하는 그 역사를 이
룰 수 있도록 하고자 내가 오늘 너희
를 훈련을 거듭하고 있음을 알아야
할 것이니,
33 오늘의 고통과 시련에 좌절하지 말며
고통스러워하며 울지 말라.

6,832 번째 하나님 말씀

2003년 7월 23일 0시 05분

1 사랑하는 나의 아들아!
2 "네, 아버님! 말씀하옵소서.
3 이방인이라 하는 나의 사랑하는 아들
딸이요, 나의 백성보다 종교 집단이
요, 그 속에 있는 백성, 그리고 믿음의
길을 가는 백성은 그들보다 하나를
더 버려야 하는 것이 있음을 알아야
할 것이니라.
4 나의 피조물 만백성 너희는 욕심이라
는 것을 버리며 그 뿌리를 뽑고 산다
면 하늘에 오르는 길을 보고 오를 수
있으나,
5 지금 종교 집단이요, 믿음의 길을 가
며 구원을 받았다 말하는 그 백성은
저희 자신이 오만하고 교만하며 자만
하는 욕심을 먼저 뽑아내지 아니하면
정녕 그들은 나에게 올 수 없는 백성
이니라.
6 너희가 말하는 이방인이요, 못난 나의
백성은 욕심이라는 그 뿌리 하나만 뽑
으면 되나,
7 너희는 그 욕심의 뿌리를 뽑기 전에
그와 같은 오만무도한 뿌리부터 먼저
뽑지 아니하면 결코 나에게 올 수 없
는 그와 같은 자들이 지금의 믿음의
길을 가는 그 백성이라는 것을 알아
야 할 것이니라.
8 너희는 교리에 의하여 살며 성경 말씀
에 의하여 살며 나 여호와의 뜻에 따
라 살아가는 백성이며, 그리고 한 치

도 잘못됨이 없으며, 진정한 진리요,
나 여호와의 말씀이라는 하나님의 말
씀에 의하여 살아가는 자며,
9 어쨌든 누구보다도 재물을 가지고 또
봉사도 많이 하며 많은 재물을 바쳤기
에 너희가 구원을 받지 못한다면 이
세상 그 누구도 구원을 받을 수 없다
는 그와 같은 생각을 하는 백성이 지
금 믿음의 길을 가고 있는 그 백성이
니,
10 그와 같이 오만과 자만의 착각 속에
지금 젖어 있는 것이 믿음을 가고 있
는 백성 너희임을 알아야 할 것이니
라.
11 너희는 나의 아들 예수의 보혈로써 구
원을 받았다고 그리 말하며, 너희보다
참진리의 정통파의 믿음의 길을 가는
자가 없으며,
12 때로는 재물이요, 시간이요, 그 모두
를 봉사하고 살아가며, 나누며 살아가
는 것을 너희만큼 행하는 백성이 없
다는 착각을 하며,
13 그리하여 너희는 구원을 받았으며, 너
희가 구원을 받지 못할 때 어떠한 백
성도 구원을 받을 수 없다는 오만한
백성으로 겸손을 모르기 때문에,
14 너희야말로 하늘에 오르는 길이요, 하
늘의 반석 위에 서서 참진리의 길을
알아 그 빛을 따라 하늘에 오를 수 있
는 그 길조차도 알지 못하며, 진리의
뜻을 알지 못하며, 내가 역사하고자
하는 것도 전혀 알지 못하는 그와 같
은 백성이 너희임을 알아야 할 것이
니라.
15 나 여호와가 성경에 기록하여 너희에
게 일찍이 어찌 깨우쳤는가?
16 너희는 이 대목을 수없이 읽고 읽어
깨우쳤을 것이니라.
17 교만은 패망의 길이요, 지옥으로 가는
길이라는 것, 너희는 '교만이 곧 패망
이니, 그 패망은 지옥으로 가는 선봉
장이 되어 지금 나의 피조물 만백성들
을 이끌어 가는 그와 같은 삶을 사는
자들이라' 성서에 기록되어 있는 그
내용을 알고 있을 것이니라.
18 그러면서도 어찌하여 너희는 그 오만
과 자만함을, 그리고 교만함을 버리지
못하고 산단 말이던가?
19 그 자만과 교만에 사로잡혀 있는 백성
너희는 절대 자신을 알지 못하는 자
며, 자기가 존재해 있는 이치도 모르
는 자요, 저 자신의 사리 분별도 못하
는 백성이니,
20 그와 같이 무능력한 백성은 세상에 다
시없음을 너희는 알아야 할 것이니라.
21 이제 너희는 교만과 자만에 빠진 자
신을 들여다보며 반성하고 깨우치는
그와 같은 삶의 길을 역사하지 아니한
다면 너희는 정녕 나에게 오를 수 없
는 백성이라는 것을 알아야 할 것이
니라.
22 너희야말로 갈 길이 너무나 멀고 멂을
알아야 할 것이니라.
23 나의 평범한 백성은 욕심이라는 그것
하나를 버리고 그들이 바로 섰을 때
천사와 같은 마음으로 변할 수 있는
그 길이 있으나,
24 너희는 오만과 교활함과 자만함이라
는 그것부터 먼저 뽑아내지 아니하면
너희는 그 욕심의 뿌리를 또한 뽑아낼

수 없는 것이니,
25 그 오만과 자만함을 먼저 뽑아 버리고
욕심의 사탄의 뿌리를 뽑아야 할 것
이니,
26 이와 같은 길을 가야 하는 것이 지금
의 믿음의 길을 가는 백성이요,
27 너희가 말한 어리석고 불쌍한 구원을
받을 수 없는 이방인이라는 자보다 너
희가 배는 더 노력하며 곱절은 더 피
나는 노력을 하지 아니하면 나에게 올
수 없는 백성이니, 너희가 이미 그리
무너져 있음을 알아야 할 것이니라.
28 너희는 교만함을 뽑아내는 그 과제가
너희에게 더 급선무라는 것을 내가 나
의 아들을 통하여 깨우쳐 줌이니,
29 이를 보고도 너 자신의 오만과 자만
이요, 그 교활함을 버리지 못한다면,
너희는 정녕 영원히 나에게 오를 수
없으며, 반석 위에 설 수도 없으며, 반
석 위에 서서 하늘에 오르는 빛도 볼
수 없는 것이 너희라 함을 잊지 말라.

6,833 번째 하나님 말씀

2003년 7월 23일 0시 12분

1 사랑하는 나의 아들아!
2 "네, 아버님! 말씀하옵소서."
3 너를 따르는 제자들이요, 선택된 나의
백성 그들에게 너는 하늘의 이치요,
하늘의 뜻을 가르쳐 주며 그들의 눈을
뜨도록 그리해 줘야 할 것이니라.
4 너희가 이 세상에 살아가는 삶이요,
그와 같이 행하여지는 것, 네 제자들
의 오늘의 삶이 힘들며 개인이 역사하
기 힘든 그 고통과 어려움 속에서 살
아가는 것, 그 모두는 다 너희 탓이라
는 것을 잊지 말라 그리 말하라.
5 이 세상에 이루어지는 그 모두는 어떠
한 결과든 그는 나 여호와가 상과 벌
에 의하여 행하여지며 모든 게 이루어
지며 너희 삶의 계획이 그 길을 가게
되어 있으며, 너희가 사는 그 현주소
라는 것을 그들에게 깨우쳐 주라.
6 너희가 어렵고 힘들게 살아가는 그 모
두는 다 나 여호와가 너희에게 내리는
상과 벌에 의하여 그 모든 너희의 삶
을 사는 것이니,
7 너희가 오늘의 힘들고 어려운 길은
벌에 대한 그 모두를 다 갚고 가며 정
리하고 가는 길이라는 것을 너희는
알아야 할 것이니라.
8 어떠한 형태로 너희가 살아가든, 오늘
의 힘들고 어려운 고통의 길을 가든
모두는 다 원인이 없이 이루어지는 것
은 하나도 없으며, 이유가 없이 나 여
호와가 너희에게 내려 주는 것이 없음
을 너희는 알아야 할 것이니라.
9 나 여호와로부터 너희가 살아감에 있
어 어렵고 힘든 훈련과 고통과 또 너
희가 그 부귀영화요, 행복한 삶을 살
아가는 그것은 모두 다 누구의 탓도
아니요,
10 너희가 지금까지 살아온 삶이요, 너희
가 받고 버리는 그 죄와 벌에 대하여
그 원칙에 의하여 행해지고 이루어진
다는 것을 잊어서는 절대로 아니 됨을
깨우치라.
11 이 뜻을 너희는 알아야 할 것이니라.
12 그러하니 너희는 어떠한 결과에 대해
서도 승복하는 백성이 되어야 할 것이

며, 나의 뜻에 따라 그 모두가 역사함
을 알며 순종하는 그와 같은 백성으로
살아가야 하는 것이 근본임을 너희는
알아야 할 것이니라.
13 너희는 어렵고 힘들 때는 나 여호와를
원망하며, 부귀영화를 누릴 때는 나에
게 감사하는 그와 같은 흔들리는 마음
으로 살아감이니, 그 모두가 다 어디
에서 이루어지는 것인지 알겠는가?
14 너희에게 내가 내리는 상과 벌에 따라
서 그 모두가 이루어짐이니,
15 너희가 그와 같이 살아가며 너희가
처해 있는 그 삶의 생활은 다 원인과
이유가 있기에 그 길을 살아간다는 것
을 명심하도록 너의 제자들에게 그리
가르쳐 주라.
16 나의 아들이 깨우치지 못해 너희가
고생을 하는 것이 아니요, 나의 아들
이 역사를 보이지 아니하여 너희가
그러는 것이 아니요, 나 여호와가 너
희에게 무엇을 역사하지 아니하여서
그러는 것이 아니라,
17 너희가 살아가는 그 모두는 너희 손
으로써 이루어진 그 원인이 있으며 이
유가 있음이니라.
18 그리하여 너희는 나 여호와의 상과
벌에 의하여 나의 계획에 의하여 행하
여지는 것이며, 그 모든 원인은 너희
가 제공한 그 대가라는 것을 알라.
19 이제 너를 따르는 제자들이요, 그리고
나의 법전을 읽고 깨우친 백성 너희가
지나가다 넘어져 손발을 다치든, 불행
한 일을 당하든, 행복한 일을 당하든,
너희가 어떠한 역사를 이루든 그 모든
것을 너희가 그 대가를 치르며 역사
하는 원인과 모든 이유는 너희가 제공
했다는 것을 알아야 할 것이니라.
20 너희가 살아온 그 뜻에 따라 이루어
지는 것이요,
21 나 여호와가 원인이요, 증거와 이유
없이 너희에게 부귀영화의 격차를 두
며 빈부의 차이를 두며, 고통 속에 가
는 자, 신음 속에 살아가는 자, 이와
같은 너희 삶의 역사가 이루어지지 아
니한다는 이 간단한 이치요, 하늘의
순리를 안다면,
22 너희 스스로 원망이요, 불평이요, 나
여호와를 원망하는 마음이요, 하늘을
보고 너희가 한숨을 짓는 그와 같은
일은 없을 것이니라.
23 모두는 다 너희가 받을 상과 너희가
받을 벌에 의하여 그 뜻에 따라서 정
해진 규칙에 따라 너희가 가진 손으
로 역사한 그 모든 대가에 따라서 이
루어진다는 그 의미를 깨우쳐 주도록
그리하라.

6,834 번째 하나님 말씀

2003년 7월 23일 01시 20분

1 사랑하는 나의 아들아!
2 **"네, 아버님! 말씀하옵소서."**
3 나의 피조물 만백성 그들이 정녕 진정
한 믿음이요, 순교자의 길을 가고자
한다고 그리 말을 하나, 과연 그들의
마음이요, 믿음의 형태가 어떤지 아는
가?
4 그들이 진실한 믿음이요, 아름다운 믿
음이요, 진정 어렵고 힘든 길을 가는
자는 별로 없다 하였음이니, 너의 제

자들 또한 그러함을 너는 알아야 할
것이니라.
5 너는 너의 제자들이 나의 법전이요,
나의 성령을 너를 통하여 160권의 대
장정의 법전을 역사하는 것을 아느니
라.
6 내가 십계명에다 한 줄을 뭐라 더 붙
였느냐?
7 너희가 '나 여호와가 존재함을 믿는
그 자체가 구원의 길에 들어서는 기본
이요, 근본이며, 나의 법전을 가슴에
안고 정독하는 자 반석 위에 서서 하
늘에 오르는 찬란한 빛을 본다'고 그
리하지 않았던가?
8 너희가 구원의 길을 위하여 오늘의 길
을 가고 있으며, 구원을 그리 갈구하
는 자, 나의 법전을 가슴에 안고 정독
하면 하늘에 오르는 빛을 본다 하였거
늘,
9 너의 제자들이 믿음을 몇십 년 동안
온 자들이요, 구원을 위하여 그 모두
를 바친 그 제자들이 네 앞에 와 고개
숙여 지금 나의 법전을 듣고 강론을
듣는 자,
10 나의 법전을 가슴에 안고 정독하는
것, 그것이 반석 위에 서서 하늘에 오
르는 찬란한 빛을 보는 영광의 길이라
그리하였거늘,
11 그들이 과연 나의 법전을 얼마나 가슴
에 안고 정독했으며 몇 번을 읽었는가
한번 그들에게 물어보라.
12 나의 법전 열여섯 권을 그들이 정녕
몇 번을 읽었는가?
13 내가 3회 이상 읽으라 그리 말하였으
며, 나의 법전을 가슴에 안고 정독하
고 정독할 때 너희가 하늘에 오르는
찬란한 빛을 보는 그 영광을 얻는다
그리하였거늘,
14 이 세상 모두를 다 준다 해도 반석 위
에 서서 하늘에 오르는 찬란한 빛이
요, 그것을 보는 영광보다 더 큰 것이
없거늘,
15 그와 같이 내가 너희에게 명했으며
그들은 나의 법전이 나의 성령의 뜻이
라 아는 백성이요, 너를 따르는 제자
들이니라.
16 그리고 나의 성전에 와 법전을 읽고
강론을 들은 그 백성이 얼마나 저희
가슴에 나의 법전을 안고 정독하는 그
와 같은 정열이요, 그와 같은 경건한
마음이요, 그와 같이 조심스러운 마음
이요, 그와 같이 두려운 마음으로써
얼마나 나의 법전을 열심히 봤으며 과
연 정확히 몇 번을 정독했는가 그들에
게 물어보라.
17 그러니 그와 같은 믿음의 길을 가는
백성이니, 과연 지금 나의 피조물 만
백성들이 저희가 구원을 받았다 말하
는 것, 재물을 바침으로써 그걸 하늘
에 많이 쌓아 놓음으로써 구원을 받으
며, 죄를 지은 것을 용서를 빌면 용서
를 받는다는 그 백성이 과연 그 어렵
고 힘든 믿음의 길을 얼마나 갔겠는가?
18 너를 따르는 제자들이요, 나의 법전을
읽고 깨우친 백성은 행함이 중요하며
말로써 믿음이 아니라, 너희가 행하는
것이 구원을 받고 못 받는 가장 중요
한 심판의 기준이 된다 하였으며, 나
의 법전을 가슴에 안고 정독하라 그리
내가 너희에게 전했거늘,

19 그들이 과연 얼마만큼 정확히 나의 법
전을 가슴에 안고 정독하고 읽었는가?
20 그러니 그들이 나의 법전을 정독하지
못하며 하지 아니한다면, 모든 백성이
과연 믿으며 하늘에 오르는 길이요,
저희가 순교자가 되는 자요, 그리고
저희는 진정한 믿음이요, 나 여호와를
위하는 삶을 살며, 한 점의 부끄럼이
없는 깨끗한 삶을 산다 말하는 자, 그
리고 어떠한 기도든 믿음을 위하여 저
희 모두를 바치겠다 말하는 자,
21 그들이 다 허상이며, 그 말을 믿을 수
있다고 생각하는가?
22 그러니 내가 그를 믿지 아니함이니,
너희 마음이 또한 그를 믿지 못하도록
그리 흘러감이니라.
23 이제 너의 제자들이요, 나의 법전을
읽고 깨우친 백성에게 마지막 내가
내려 준 계명을 어찌 공부해야 하는가
를 깨우쳐 주는 것이 아니던가?
24 '나 여호와가 존재함을 믿는 그 자체
가 구원의 길에 들어선 기본이요, 근
본이며, 나의 법전을 가슴에 안고 정
독하는 자 반석 위에 서서 하늘에 오
르는 찬란한 빛을 보게 된다' 하였으
며 그 빛을 따라오면 하늘에 오르는
길이라 하였거늘,
25 나의 법전을 읽고 정독함으로 깨우치
고 얻는 것이 거기에 모두가 있어 너
희가 하늘에 오르는 빛을 볼 수 있다
하였거늘, 그 법전을 얼마나 읽었는가
물어보라.
26 3회를 읽지 않는 자, 가슴에 안고 나
의 뜻대로 정독하지 않는 백성은 언
젠가는 여기를 떠나게 되어 있으며,
그들은 흘러가는 물처럼 여기를 지나
가는 백성이라는 것을 잊지 말라.
27 너의 제자들에게 이 소중하고 귀한 한
구절을 더 넣은 그 의미의 뜻을 알라
그리 전하라.

6,835 번째 하나님 말씀

2003년 7월 23일 01시 27분

1 사랑하는 나의 아들아!
2 "네, 아버님! 말씀하옵소서."
3 너희가 인간 세속에 육을 가지고 이
세상에서 살아가는 것은 무엇을 기준
으로 하여 산다 그리했던가?
4 너희는 원인과 이유가 있음이니, 나
여호와로부터 상과 벌에 의하여 그 길
을 가며, 그 길이 너희가 살아가는 삶
이라 내가 그리 말하지 아니하였던가?
5 너희는 그 상과 벌에 의하여 살게 되
어 있으며, 너희는 그곳에서 더 이상
벗어날 수도 없으며 그 한계를 벗어나
지 못하는 속에서 너희가 그와 같은
상과 벌에 따라 살아가는 것이니라.
6 그리고 너희가 죽어 나에게 와 심판을
받을 때 또한 어떻게 되는가?
7 너희가 지금의 삶을 어찌 행하였는가
하는 행함의 기준에 의하여 너희가
심판을 받게 됨을 알아야 할 것이니
라.
8 그러니 너희가 살아가는 그 삶이 얼마
나 소중하고 귀한 것인지를 다시 한
번 깊이 가슴에 새겨야 함을 잊어서는
절대 아니 됨이니라.
9 너희가 영혼의 세상에서 심판을 받는
그것은 무엇이더냐?

10 나의 십계명대로 너희가 어찌 살았는
가 하는 것이며, 나의 법전대로 너희
가 어찌 지키고 살았느냐에 따라서
너희가 영혼의 심판을 받게 된다는 것
을 잊어서는 아니 될 것이니 그리 알
라.
11 지금의 모든 종교 집단에 속해 있는
신도 너희는 어떤 믿음을 가고 있는
가?
12 너희 자신의 그 믿음 생활은 과연 어
떠한 생활로써 어찌 가고 있는 것인지
알겠는가?
13 그저 나 여호와를 경배하며 나의 아들
예수를 찾으며, 그리고 나의 이름을
부르며 나에게 축복과 영광을 내려 달
라 하며, 나에게 올 수 있는 은혜를 달
라 하며, 경배하며 그와 같이 기도하
는 것이 너희의 신앙이 아니던가?
14 아무리 너희가 철저한 신앙생활을 한
다고 하며 철저한 믿음 생활을 한다고
해도, 정녕 남으로부터 가히 따라갈
수 없는 그와 같은 믿음의 길이요, 그
와 같은 신앙생활을 가고 있다 해도,
15 너희가 어떠한 바라는 것이 있으며,
요구하는 것이 있으며, 생각하는 마음
이 있어서 너희가 얻고자 하는 그와
같은 계산된 믿음은 절대 나로부터 구
원을 받을 수 없으며,
16 그것은 내가 원하는 것이 아니요, 기
복 신앙의 기초라 내가 너희에게 말
하였음이니, 너희는 이 깊은 뜻을 알
아야 할 것이니라.
17 나를 찾고 경배하며 너희가 철저한
신앙생활을 하여 남으로부터 모범이
되며 한 점의 부끄럼이 없는 삶을 사
는 자요, 성서대로 산다고 그리 말하
는 자도 바라고 또 원하는 것이 있다
면,
18 이것은 절대로 나로부터 상을 받을 수
없다는 것을 너희는 깊이 새겨야 할
것이니라.
19 구원을 받고자, 천국에 오고자, 죄에
대한 용서를 받고자 하며, 또 너희가
하늘에 와 상급을 받기 위하여 그와
같은 욕심의 생각에서 가는 믿음은 나
와는 관계없으며, 그런 믿음은 절대
구원을 받을 수 없으며, 나와는 관계
없는 길로 간다는 것을 알아야 할 것
이니라.
20 너희가 무엇을 바라는 마음으로써 믿
음의 길을 가는 것, 하늘에 와서 상급
을 받기 위하여, 너희가 죄지은 것을
사면받기 위하여, 그리고 천국에 들어
오기 위해서 그러한 생각을 하고 믿음
의 길을 가는 것은 나의 뜻이 아니요,
사탄의 뜻에 따르는 자들이니,
21 너희는 오늘의 그 믿음이 하늘에 오르
는 길이 아니요, 사탄의 자식으로서
사탄의 어버이에게 가고자 하는 그와
같은 믿음의 길을 가는 자들이라는 것
을 너희는 잊어서는 아니 될 것이니라.
22 너희가 사탄을 따라서 지옥에 가고자
하는 그와 같은 삶의 믿음이지, 나 여
호와의 뜻이 아님을 알아야 할 것이
니라.
23 이를 만백성에게 전하도록 하라, 사랑
하는 나의 아들아!
24 재물을 바치고 하늘에 재물을 많이 쌓
아 놓음으로써 상급을 받는다는 그와
같은 생각을 하고 사는 자는 이웃을

도와주며, 신앙생활 하면서 불쌍한 자
를 도와주며 복음을 전파하며 만백성
을 구하는 그 역사를 한다 해도,
25 그와 같이 이루는 모든 역사에서 나로
부터 하늘에 와 상급을 받고자 하는
것은 절대로 아니 된다는 것, 그건 나
와 관계없다는 것을 그들에게 깊이 꼭
심어 줘야 하는 가장 중요한 대목임을
너희는 알아야 할 것이니라.

6,836 번째 하나님 말씀

2003년 7월 23일 01시 40분

1 사랑하는 나의 아들아!
2 "네, 아버님! 말씀하옵소서."
3 나의 아들 예수의 생명을 너희에게
주어 구원의 길을 인도하고자 그리 나
의 아들의 생명을 버렸건만,
4 지금의 모든 종파요, 지도자요, 집단
들이 정녕 나 여호와의 뜻에 따라 2천
년이라는 그 역사가 흘러온 것이 아니
요,
5 너희는 오만에 젖어 있으며 방자하기
가 하늘에 닿을 것 같은 그와 같은 형
국으로써 지금 자만이요, 오만에 빠진
백성이라면 너희는 알겠는가?
6 그리하여 너희가 사랑하는 백성이요,
너희 이웃까지도 너희와 같이 가지
않는 백성을 경멸하며 인간으로서 대
화하는 것까지도 잃고 살아가는 것이
아니던가?
7 지금의 믿음의 길을 가는 그 백성이
과연 어떠한 형국으로 가고 있는지 알
겠는가?
8 자신의 집단들이 자기 자신을 지옥으
로 보내고 안내하는 것이 지금의 믿
음의 집단들이 하는 행위라면, 과연
너희는 뭐라 말하겠는가?
9 자신들의 집단에서 저희 형제라는 그
백성을 지옥으로 보내는 그와 같은 역
사를 하고 있음을 너희는 알아야 할
것이니라.
10 사탄의 자식을 너희 스스로 양성하며,
그리하여 하늘에 오르지 못하도록 그
길을 막고 있으며, 그들을 지옥으로
보내기 위하여 사탄의 자식으로서 육
성하여 지옥의 벼랑으로 밀어 넣는
그와 같은 오늘의 종교 집단이요, 형
태임을 너희는 알아야 할 것이니라.
11 그와 같이 자신이 자신을 지옥으로 밀
어 넣는 그와 같은 사악한 행위를 하
는 너희를 더 이상 내가 볼 수 없기에,
12 오늘의 그 모든 교회요, 성전이요, 성
막이요, 너희가 가지고 있는 종파들을
다 파멸토록 하여, 사랑하는 나의 피
조물 백성이 다시 태어나도록 역사하
고자 함이니,
13 나의 법전을 이 세상에 내려보내고자
하는 그 뜻이 거기에 있음을 알아야
할 것이니라.
14 모든 종교 집단 너희가 다시 태어나
도록 역사하고자 하는 것이 나의 뜻임
을 잊지 말라.
15 그 모두는 역사할 것이며, 그와 같이
변화되어 하늘에서 이루어진 것같이
이 지상이 아름답게 이루어짐을 알아
야 할 것이니라.
16 지금의 모든 종교 집단 지도자 너희가
지금 어찌하고 있는가?
17 너희는 사탄들과 합작 되어서 합작품

이 되어 있으며, 너희는 동업자의 관
계요, 동맹의 관계로써 지금 이 세상
에 있는 모든 백성을 그와 같이 너희
가 이끌어 가고 있는 것임을 알아야
할 것이니라.
18 나 여호와가 지상의 천국을 이루고자
하는 것을 거역하는 길을 너희가 지
금 가고 있음이니라.
19 그리하여 사탄과 합작한 자들, 그리고
사탄과 동업자가 된 자, 그리고 사탄
과 동맹의 관계를 맺은 종교 집단 너
희가 나의 이 아름다운 지상을 다 다
스리고자 하는 것이 너희 뜻이며, 너
희가 지금 행하고자 하는 최종의 목
표이며,
20 지금 그걸 위하여 모든 악랄한 방법을
다 동원하여 가고 있는 것임을 나 여
호와는 알고 있음을 알아야 할 것이
니라.
21 나의 아들딸이 다시 태어나지 못하도
록 너희가 지금 모든 동맹 관계요, 동
업자요, 합작으로서 지금 오늘 이와
같은 험악한 세상을 만들어 가고 있으
니, 바로 너희가 지금 역사하고 있는
것이니라.
22 나의 아들 예수의 죽음이요, 나의 아
들 예수가 부활하는 모든 역사를 다
저버렸으며, 그와 같은 은혜요, 역사
함을 다 뒷전으로 밀어붙였으며,
23 감히 그를 누가 역사하고자 그 길을
찾고자 나의 아들 예수가 전하고자 하
는, 그 참진리의 뜻을 만백성에게 전
하고자 하는 그와 같은 역사를 이루는
자를 지탱하지 못하고 존재하지 못하
도록, 너희는 그것마저도 다 뭉개 버
리는 사악한 행위를 하고 있음을 알아
야 할 것이니라.
24 모든 종교 집단이요, 지도자들이야말
로 사탄과 동맹 관계요, 사탄과 동업
자의 관계요, 사탄과 합작의 작품으로
서 지금 가고 있다는 것을 너희는 잊
어서는 아니 될 것이며,
25 지금 잘못된 종교 지도자들 그 밑에
가서 구원을 받겠다 부르짖는 백성 너
희가 사탄과 동맹 맺은 자들의 가르침
에서 길을 막고 뛰쳐나오는 그와 같은
용기를 갖지 못하는 백성은 영영 구원
을 볼 수 없음을 알아야 할 것이니라.
26 지금 너희는 구원의 길이 아니요, 눈
에 보이는 육의 모든 것에 빠져 헤어
나지 못하고 있는 것이 지금 믿음의
길을 가는 백성 너희라는 것을 알아야
할 것이니라.
27 이 지상이 이렇게 되었으며 모든 종파
가 다 미쳐 있는 형국이 무엇인 줄 알
겠느냐?
28 너희가 사탄과 동맹이요, 동업자 관계
로서 손을 잡고 하나로 뭉쳐 가는 것
이 지금의 종교 집단의 지도자이니라.
29 그래서 육과 영혼의 세상이요, 나 여
호와의 뜻을 전혀 알려고도 하지 아니
하며, 나의 뜻을 알지도 못하는 것이
지금의 종교 집단이요, 지도자들이 가
고 있는 길이며 행하는 길이니라.
30 모두가 다 미쳐 있느니라.
31 모두가 미친 자들이라 함을 깊이 깨우
쳐야 할 것이니 그리 알라.

6,837 번째 하나님 말씀

2003년 7월 23일 09시 18분

1 사랑하는 나의 아들아!
2 **"네, 아버님! 말씀하옵소서."**
3 인간 세상에 너희가 살아가면서 100 이라는 그 점수가 천사가 되어 하늘에 오르는 길이라 하면,
4 너희가 인간 세상에서 살아갈 수 있는 것, 모든 자유로움이며, 너희가 노력한 것만큼 얻을 수 있는 것, 그리고 인간이 육이 가지고 있는 그 삶은 60 점을 넘지 못하며 그 60점 안에 모두 다 이루어지는 것이요,
5 너희가 나로부터 받아 나간 그 60점의 한계를 넘어 70, 80, 90, 100이요, 그리 올라오는 것이 하늘에 오르는 길이요, 너희가 천사가 되어 나의 천국에 오르는 길이라 하였음이니,
6 60이라는 그 한계를 넘는 삶을 살라 그리하였음이니라.
7 그와 같은 이치 때문에 나의 피조물 만백성이요, 종교 지도자들이 인간이 행하는 것으로 인간이 하는 것으로써는 구원을 받을 수 없다고 말하나,
8 너희가 60점이라는 그 삶을 살지 아니하면 70이요, 80을 넘어갈 수 없듯이, 육의 삶의 행동이 바르고 고왔을 때 그 길을 넘을 수 있다는 것을 잊어서는 아니 될 것이니라.
9 인간 세상에서 살아가는 이치요, 그 모두가 다 그러하니라.
10 너희가 인간 세상에서 학문을 열심히 하며 배움을 게을리하지 아니하여 너희 선배들이요, 조상이 가르치고자 했던 것을 받아들여 공부를 열심히 한 그와 같은 사람은 귀한 사람으로서 변할 수 있으며, 많은 사람에게 귀한 인간으로서 가르치는 선생은 될 수 있으나,
11 너희가 나의 법전이요, 나의 십계명대로 행하고 지키지 아니한다면, 결코 천사가 될 수는 없는 것이 60점의 한계요,
12 또한 너희가 말하는 성인이요, 또 귀인이라는 사람도 그 한계가 있음이니라.
13 인간 세상의 학문을 열심히 배우고 또 배웠을 때 귀하고 소중한 사람으로서 될 수는 있으나,
14 너희가 천사로서 하늘에 오르고자 한다면, 내가 십계명에 내린 그 계명이요, 다른 신을 두지 않는 마음이요, 이와 같은 것들을 너희가 행하고 지켜야 하는 것이 바로 천사가 되는 길이니라.
15 그러나 너희가 천사가 될 수 있는 그 바탕의 길이 또 무엇이더냐?
16 학문을 열심히 하며 인생의 선배요, 조상이 너희에게 인간의 도리를 가르쳐 주고 깨우쳐 준 것을 많이 습득하고 읽고 깨우치는 그 속에서 마음이 변하는 역사가 이루어지며,
17 또한 하늘의 뜻과 이치를 알게 되어 있음이니, 그 모두는 인간사에 계속 연계되는 삶이라는 것을 알아야 할 것이니라.
18 다만, 너희가 일반 책으로써 공부하는 것은 귀인은 될 수가 있으나, 정녕 하늘에 올 수 있는 길은 볼 수가 없는 것

이며 천사는 될 수 없음이니,
19 나의 십계명대로 지키고 사는 삶이요,
마지막 시대에 만백성을 구하기 위하
여 내린 법전을 접함으로 인하여 너희
가 하늘에 오를 수 있는 자격 기준이
무엇인지를 알게 되어 있음이니,
20 그를 공부하고 깨우치는 자가 천사가
될 수 있는 변화의 역사에 들어설 수
있다는 것을 깨우쳐 주도록 그리 말하
라.
21 너희가 인간 세상에 살아가는 마음 자
세가 얼마나 소중하고 귀한 것인지 알
겠느냐?
22 너희가 남들이 갈 수 없는 길을, 남들
이 넘을 수 없는 길을 넘어서 올 수 있
는 것은 믿음이요, 그리고 나의 율법
이요, 나의 십계명이요, 그리고 나의
법전대로 너희가 살아갔을 때,
23 어렵고 힘든 인간으로서 넘을 수 없
는 한계를 넘을 수 있으며 건널 수 없
는 그 강을 건널 수 있는 것이 너희임
을 알아야 할 것이니라.
24 너희가 기르는 애완동물들도 배가 고
프면 남의 짐승의 먹이를 넘겨다보며
이웃집으로 달려가 무엇인가를 얻고
자 하는 굶주린 배를 채우고자 하는
것이 짐승이 아니던가?
25 그러니 그 배고픈 짐승이 배고픈 것에
눈이 어두우면 저를 잡기 위한 덫이
요, 제가 죽어 가는 그것도 모르고 먹
이를 덥석 무는 그와 같은 일을 저지
르는 것이 그 동물들이 가는 길이 아
니더냐?
26 그러니 인간인 너희는 어떠하겠는가?
27 너희가 배가 고파 남의 것을 훔치며
남의 것을 넘겨다보며 불의한 짓으로
써 무엇을 얻어 채우고자 하면, 너희
가 짐승과 다른 것이 무엇이더냐?
28 배고픔을 참지 못하여 그저 덫인 줄
모르고 저를 잡기 위한 함정인 줄 모
르고 먹이를 물려고 대드는 짐승과 다
름이 무엇이 있겠느냐?
29 너희는 나로부터 지혜를 받은 인간이
니라.
30 그리하여 너희는 그와 같은 것을 인
내하고 넘을 수 있고 참을 수 있으며,
31 그리고 아무리 배가 고프고 힘들고 어
렵다 해도 너희가 생각해서 해서는
아니 되는 일을 하지 않을 수 있는 인
내하는 마음을 가지고 살아가는 것이
인간이거늘,
32 그게 무너졌을 때 너희는 과연 어떤
것이냐?
33 짐승과 똑같은 것이 아니더냐?
34 그러하기에 사람이 실수하고 살며 사
람이 해서는 아니 되는 짓을 했을 때,
짐승만도 못하다 하며 금수만도 못하
다는 말을 하지 아니하던가?
35 그러니 그들이 인내하지 못하며 생각
하지 못하는 그 모든 것은 무엇이더냐?
36 동물적인 면에서 벗어나지 못하며, 내
가 높이 준 그 지혜를 아름다운 쪽으
로 생각하지 아니하며 쓰지 않는 그와
같은 백성이 너희가 말하는 금수만도
못한 행동을 저지르고 살아가게 되어
있음이니,
37 이제 나의 법전을 읽고 깨우친 백성이
요, 나의 아들의 강론을 들은 백성 너
희는 어찌 살아가야 하는 것이 인간
의 도리요, 하늘에 오를 수 있는 길에

들어서는 것인지를 이를 깨우쳐 알았다면, 그 길을 가는 데 최선을 다하라.
38 알고 깨우쳤을 때 그대로 행하지 아니하는 것은 짐승과 같은 것이요,
39 모든 이치를 깨우쳐 하늘에 오르는 길이 무엇인지를 알았다면, 그 길을 행하여 그대로 사는 것이 너희가 짐승과 차별화됨이니,
40 먹이를 위하여 배고픔을 참지 못하여 자기를 잡기 위한 덫이요, 자기가 죽어 가는 함정이라는 것을 모르고 그 먹이를 덥석 물려고 대드는 어리석은 짐승이 되어서는 아니 될 것이니라.
41 너희가 살아가며 수많은 함정이요, 덫이 있음이니, 그때마다 높은 지혜로써 그걸 벗어나는 자가 되어야 할 것이며, 그것을 물고 허우적거리며 거기에 빠지는 자는 영원히 구원을 얻을 수 없음이니,
42 이것이 너희가 순간순간에 악과 선의 선택의 기로에서 악을 버리고 선을 선택하는 삶의 지혜이니, 그와 같은 삶으로써 살아가도록 그리하라, 나의 아들딸들아!
43 지금 너희가 하늘에 오르는 길이요, 믿음의 길도 다 무너짐이 무엇이더냐?
44 짐승과 같이 판단이 없으며 그저 배고픈 것을 채우기 위하여 아무것도 분별하지 못하며 그리고 그와 같은 행위를 하는 자가 지금의 종교 집단이요, 믿음의 길을 가는 백성이라는 것을 알아야 할 것이니라.
45 그러니 아무리 어렵고 힘들어도 재물을 거둬들이는 것이 아니요, 재물을 거둬들이기 위한 그런 믿음이 아니요, 재물로써 쉽게 무엇을 사며 구원의 길을 가고자 하는 것은 하늘에 오르는 길이 아니라 하지 아니하였던가?
46 너희가 쉽게 구원을 받는 것, 그저 재물을 던짐으로 구원을 받으며 죄를 사한다는 그것이 어떠한 백성인지 알겠느냐?
47 그저 몇 끼 굶어 배고프다 하여 그 먹이를 던져 저를 잡는 것도 모르고 그것을 덥석 물고 그곳에 뛰어드는 불쌍하고 단순한 짐승들과 똑같은 자들이라는 것을 잊지 말라.
48 그러니 지혜를 갖는 백성이 되도록 그리하라.
49 그렇지 않으면 너희는 정녕 구원을 받을 수 없음을 알라.
50 너희가 인간 세상의 한계요, 하늘에 오르는 길을 다시 태어나고 거듭 태어나는 것이 무엇이더냐?
51 인간인 너희가 60점이라는 그 점수에서 벗어나는 삶이요, 인간인 너희가 공부하며 학문을 열심히 하여 깨달음이 높고 만백성의 선생이 될 수 있는 자가 거기에서 하늘의 진리를 보고 하늘의 문을 알며 하늘의 뜻을 알아,
52 나를 경배하고 나에게 오르는 길이 무엇인가를 깨달아 그 길을 오는 그가 바로 천사가 될 수 있는 백성이요, 그와 같은 깨달음을 얻는 것이 소중하다는 것이요,
53 세상의 모든 학문이요, 가르치고 배우는 그 모든 것은 천사가 될 수 있는 하늘의 이치를 깨닫는 그 기초요, 그것에 기본을 두고 있으며, 그걸 위해 모두 존재하는 것이라는 것을 깊이 깨우

쳐 행하도록 그리하라, 사랑하는 나의 아들딸들아!

6,838 번째 하나님 말씀

2003년 7월 24일 0시 03분

1 사랑하는 나의 아들아!
2 "네, 아버님! 말씀하옵소서."
3 나의 피조물 만백성 너희는 항상 한 번의 기회가 다 있다 그리 가르치라.
4 너희가 나이를 먹든, 먹지 아니하였든, 지치고 힘든 삶을 살든, 어쨌든 너희는 항상 단 한 번의 기회가 다 있는 백성이라 그리 전해 주고 그리 깨우쳐 주도록 그리하라.
5 좌절하지 말며 실망하지 말며 스스로 포기하는 삶을 살지 말라 그리 전하라.
6 너희가 나이가 많아서 시작하는 것은 노쇠하여 박력이 없고 재능이 없는 것이 아니라, 너희가 나이를 먹은 것만큼 그만큼 경험이 풍부하지 않는가?
7 그러니 항상 시작하는 마음으로써 용기 있게 시작할 때 그게 바로 너희에게 한 번의 기회가 다 있는 것이라는 것을 그들에게 깨우쳐 주라.
8 모든 나의 백성은 나이가 먹고 자기가 물러난 자는 다시는 재기할 수 없으며 무엇인가를 할 수 없는 것처럼 제 인생의 남은 그 소중함을 그저 흘려보내는 세월처럼 그저 접어 두는 사람들이 많이 있음이니,
9 나이를 탓하지 말며 경륜을 탓하지 말라 그리 전하라.
10 너희가 나이가 먹어서 다시 시작하는 것은 그만큼 경륜이 쌓여 있는 것이요, 경험이 풍부함이니, 너희가 항상 시작할 수 있을 때 모든 것을 이룰 수 있으니,
11 그리하여 너희가 육의 세상에 사는 것은 항상 한 번의 기회가 있다 함이니, 그 한 번의 기회는 항상 너희가 다시 시작하는 그때가 항상 한 번의 기회라 그리 말하라.
12 너희는 좌절이 없으며 쓰러지는 자가 없으며 포기하는 그와 같은 백성이 아니니라.
13 내가 너희에게 모든 것을 내려 주며 상을 내려 주며 너희가 살아갈 수 있도록 노력하는 만큼 나로부터 상을 받을 수 있으며, 그와 같은 모든 것을 내가 너희에게 내려 주지 아니하는 것이 없이 다 주고 있거늘,
14 어찌하여 내가 너희를 좌절하는 인생이요, 포기하는 인생으로 만들었겠는가?
15 너희는 포기와 좌절이 없다 그리 말하라.
16 나이가 아무리 많든 적든 너희가 시작하는 그 시점이 바로 충분한 경험을 가지고 시작하느니,
17 젊고 패기 있을 때 시작하는 것이 더 소중하며 더 값진 것이며 더 좋은 능률을 올릴 수 있으나,
18 너희는 항상 기회가 있으며 항상 다시 한 번 시작할 그 기회를 나 여호와가 너희에게 부여해 주고 있다는 것을 잊지 말라.
19 또한, 믿음도 마찬가지이니라.
20 너희가 변하고 회개하여 나에게 오를 수 있는 것은 너희가 시작하는 그 순

간이며,
21 다만 나에게 받는 상이 얼마나 큰가 작은가 그것이 문제요, 너희가 구원을 받고 못 받는 그 점수를 얼마만큼 받을 수 있는 것인지 그것은 너희가 모르나,
22 항상 시작하는 그때 너희의 모든 무거운 짐을 털 수 있으며, 그 보이지 않는 죄를 하나씩 벗어 던질 수 있는 그와 같은 삶의 길이 시작되는 것이 아니더냐?
23 그래서 너희가 믿음을 시작하는 그 순간이 시작하는 것이며, 그 기회를 얻는 것이며, 항상 그와 같은 새로운 출발이요, 변화를 시작하는 그것이 바로 영광이요, 축복이요,
24 지옥으로 갈 수 있는 자가 지옥의 문턱에 와서 몸부림치며 우는 것은 면하지 않겠는가?
25 너희가 나이가 먹어서 변화되기 시작하여 내 천국의 문에 들어오지 못한다 해도,
26 너희가 지옥문 앞에 가서 몸부림치며 그 험악하고 무서운 죄를 짓고 그 대가를 치르는 것보다 그 모두를 면할 수 있으며 벗을 수 있는 것은 너희가 언제 시작하느냐가 가장 중요함이니라.
27 너희가 시작하는 것이 중요한 만큼 얼마나 참진리요, 하늘에 오르는 길을 바로 가느냐가 가장 중요함이니라.
28 너희가 나의 법전을 읽고 깨우치는 것이 두렵고 무서우며 사탄이요, 이단이라 생각하거든, 내가 직접 써 내린 그 십계명대로 지키고 살라.
29 너희가 십계명을 지키고 살고자 그리 변화되고 노력하는 그 순간에 그때부터 너희의 무거운 죄는 하나씩 벗어지는 것이 아니던가?
30 내가 가장 작은 거짓말도 하지 말라 하였으며, 가장 작은 것도 너희가 임의로 평하지 말며, 작은 것이 큰 것이요, 큰 것이 작은 것이니, 그와 같이 똑같이 역사하는 것이 나의 뜻이라 그리 말했으니,
31 너희는 작은 실수도 하지 아니하고 살아가고자 하는 것이 당연한 삶의 도리이니라.
32 너희가 나이가 먹고 안 먹고 인생의 황혼의 길에 들고 안 들고 그와 같은 것에 연연하지 말고,
33 너희가 가장 작은 것도 실수하지 아니하며 작은 것도 나에게 욕되지 않는 행위를 하고 사는 그 순간부터 너희가 거둬지고 얻어지는 것은 선함이 얻어지는 것이니, 항상 너희는 기회가 있다는 것을 잊지 말라.
34 그와 마찬가지로 하늘에 오르는 것도 나로부터 죄 사함을 받는 것도 항상 너희에게 기회가 있음이니,
35 시작하는 순간이 바로 기회요, 육의 세상에 사는 것도 또한 항상 너희에게는 기회가 열려 있다는 것을 잊지 말라.
36 그는 무엇이냐?
37 시작하는 순간에 너희에게 그 기회가 온 것이며, 그 기회를 잘 다스려 너희가 추구하는 것을 목적 달성을 한다면, 그게 바로 다시 사는 삶이요, 희망찬 삶을 사는 길이 아니던가?

38 그러니 모든 자들에게 다시 시작할
수 있는 기회는 누구든지 다 한 번은
있다고 그리 말하라.
39 운명에 대해서 기회가 없으며, 나이가
먹었기에 퇴직한 자이기 때문에 기회
가 없다 그리 말하지 말라.
40 항상 한 번의 기회가 너희에게 있음
이니, 그 기회를 또 쓰고 또 시작하면
한 번의 기회가 너희에게 있다는 것
을 잊지 말라 그리 전하라.
41 이것이 내가 너희에게 내린 큰 상이
요, 은혜라는 것을 그리 가르쳐 주고
깨우쳐 주도록 하라, 사랑하는 나의
아들딸들아!

6,839 번째 하나님 말씀

2003년 7월 24일 0시 12분

1 사랑하는 나의 아들아!
2 "네, 아버님! 말씀하옵소서."
3 지금 수천 년 동안 흘러온 그 종교 집
단이요, 그 뿌리요, 또한 그곳에서 지
도자라 설교하고 강론하는 자, 그리고
구원을 받았다 하여 특별히 선택된
백성인 것처럼 자만과 오만에 빠진 그
와 같은 백성에게 너는 전해 줘야 할
것이니라.
4 은 30냥이라는 것을 갖고 사랑하는
나의 아들 예수를 팔았던 가롯 유다가
과연 어떠한 사람이라 말하는가?
5 지금 모든 종교 집단이요, 지도자요,
구원을 받았다는 백성 그들이 다 가
롯 유다와 같은 백성이라 내가 말하
면 너희는 과연 뭐라 말하겠는가?
6 나 여호와가 나의 아들을 통하여 내리
는 그 모든 성령의 뜻을 사탄이요, 사
악한 자가 너희에게 전한다 그리 말
할 것이니라.
7 그러나 너희는 유다보다 더한 백성이
라는 것을 알아야 할 것이니라.
8 모든 종교 집단 지도자들이 나의 아들
예수를 은 30냥에 팔았던 가롯 유다
보다도 더한 자들이니,
9 너희는 재물을 모으는 데 지금 다 미
쳐서 광란의 짓을 하고 있다는 것을
알겠는가?
10 모든 종교 집단이요, 지도자들이 재물
을 긁어모으는 데 미쳐 있음이니라.
11 제정신이 아닌 자들이니라.
12 그러니 무슨 사랑이요, 나의 아들 예
수가 죽어 가면서까지 나 여호와가 베
풀고자 하는 그 사랑의 뜻을 가르치며
그 길을 가르치고자 했던 것을 과연
어디서 찾아볼 수 있단 말이던가?
13 사랑이라는 것이 얼마나 아름다운 것
인가 그것도 알지 못하며, 사랑의 그
아름다움을 느끼지도 못하고 살아가
는 백성이니라.
14 그러니 너희는 재물에만 모두 미쳐
있으며, 내가 직접 불로 써 내린 나의
그 친필인 십계명을 버리고 뒷전으로
묻어 버렸으며,
15 그걸 가슴에 안고 정독하며 깨우쳐 그
와 같은 삶을 살려 하는 백성이 없음
이니, 너희가 과연 어떠한 백성인 줄
알겠는가?
16 너희는 다 미쳐서 날뛰는 백성이라면,
이 말을 사탄이요, 이단이라는 그와
같은 말을 하기 전에,
17 나 여호와가 어찌하여 나의 법전이요,

나의 성령을 책으로 증거하여 기록하
는 그 책 속에 너희를 다 미친 자라
하는 그 말을 기록하여 전할 수 있는
가 너희는 한번 돌이켜 생각해 봐야
할 것이니라.
18 믿음의 길을 가는 모든 백성이 지금
재물에 의해서 미쳐 있기에 육의 세
상에서 살아가는 형제 간의 그 우애를
저버리는 것은 말할 것도 없으며,
19 이웃과 같이 더불어 사는 것, 그리고
이웃을 친형제와 같이 더불어 살라 하
는 나 여호와의 뜻은 생각도 하지 못
하고 그와 같이 살아가는 것이 너희니
라.
20 그러니 너희가 형제처럼 아름다운 이
세상을 살아가는 것이 아니요, 너희
마음속에 도사리고 있는 그 사악한 욕
심의 뿌리 때문에 그것을 채우기 위
하여, 그것을 충족시키기 위해서
21 남의 희생이요, 남의 고통을 바라보지
아니하며 오로지 '나'만을 위해 살아
가는 그와 같은 백성으로 지금 다 변
한 것이 종교 집단이요, 지도자라면
너희는 과연 알겠는가?
22 너희는 참진리의 길을 가는 백성이
아니요, 나의 뜻을 거역하는 백성이
요, 그리하여 무더기로 지옥으로 가는
그와 같은 형국으로써 가고 있다 함을
잊지 말라.
23 너희 스스로 죽음의 무덤을 파듯이,
너희 스스로 지옥으로 가는 것을 만들
어 가고 있다는 것을 알아야 할 것이
며,
24 그리하여 이와 같이 사랑을 모르며,
가룟 유다가 은 30냥에 나의 아들을
팔았듯이 그보다 더 재물에 눈이 어두
운 백성이요, 재물에 미쳐 있는 너희
이기 때문에 이 세상은 이리 황폐해졌
으며,
25 사랑의 아름다움이요, 그 고귀함을 보
지도 못하며 지금 살아가는 형국이라
는 것을 내가 나의 법전에 기록하여
너희에게 전함이니,
26 너희는 이를 보고 사탄이요, 이단이
요, 사악한 자라 말하기 전에 너희에
게 내가 명하는 이 뜻을 깊이 깨우쳐
뒤돌아보고 반성하며 회개하는 시간
을 가져야 할 것이니라.
27 울고불고 너희 죄를 용서해 달라 하며
용서받기 위하여 회개하고 기도하는
것이 아니라,
28 너희가 지금 가고 있는 것, 그리고 내
가 나의 법전에 기록하여 전하는 그
내용을 보고 너희가 어찌 살아가는
것인가 한번 돌이켜 보며 거기서 반성
하는 그것이 진정한 회개이며,
29 반성의 눈물 그것만이 너희가 하늘에
오르는 길을 볼 수 있다는 것을 절대
잊지 말라.
30 너희는 가룟 유다가 은 30냥에 팔았
다고 그를 비웃고 욕할 것이나,
31 지금의 모든 종교 집단이요, 지도자들
이 그보다 더 사악한 방법으로써 그저
재물을 긁어모으며 갈취하기에만 정
신이 미친 자들이라 내가 말하니, 너
희는 다 미쳐 있는 자들이니라.

6,840 번째 하나님 말씀

2003년 7월 24일 0시 18분

1 사랑하는 나의 아들아!
2 "네, 아버님! 말씀하옵소서."
3 수천 년 동안 구원의 길이요, 하늘에
오르는 길을 간다는 그 백성이 진정
한 나의 아들딸로서 하늘에 오르는 길
을 오는 것이 아니요,
4 사탄의 자식으로서, 사탄의 후예로서
지금까지 살아왔으며, 내가 만든 이
세상에 사탄의 그 후예들이 똘똘 뭉쳐
져 있다 하면,
5 과연 너희는 어찌하겠는가?
6 너희가 그와 같이 사탄의 덩어리로서
뭉쳐 있음을 알아야 할 것이니라.
7 지금 믿음의 길을 가는 백성 너희가
다 미쳐 있다 내가 그리 말함이니, 과
연 너희는 이 말을 듣고 나 여호와에
게 사탄이라 욕하고 저주할지 모르나,
8 너희가 미쳤다 하는 내가 하는 말을
듣고 나 여호와가 존재하며 정녕 하나
님은 계시다 그리 믿는 백성이 있다
면, 너희는 이를 믿겠는가?
9 지금 구원을 받았다 하는 모든 백성이
과연 어찌 가고 있는지 알겠는가?
10 너희는 구원의 역사를 이룰 수 없는
그와 같은 정신이 미쳐 있는 자들이니
라.
11 나 여호와를 믿지 못하며 내가 너희에
게 미친 자라 하는 그 말을 믿지 못하
겠거든, 너희 스스로 한번 돌이켜 생
각해 보라.
12 너희가 하늘에 오르는 길이요, 하나님
은 계시요, 하나님의 말씀대로 살아
구원을 받으며, 예수의 보혈로써 구원
을 받았다 하며, 교회를 다니는 그 백
성, 그리고 성당이요, 성막이요, 그리
고 너희가 지은 성전에 내려가서 기
도하고 구원을 받겠다고 말하는 그
백성에게 나 여호와가 그들이 다 미친
자라 내가 그리 명하여 전한다 하면,
13 바로 이를 보고 나 여호와는 존재하며
하나님은 계시다 그리 믿는 백성이
있을 것이니, 그들이 누구인 줄 알겠
는가?
14 이방인이라 하는 그 백성이니라.
15 지금 믿음의 길을 가는 백성이 다 미
친 자들이요, 다 정신 나간 자라 나 여
호와가 그리 심판을 내린다는 것을 듣
고 보는 백성이요,
16 너희가 말하는 이방인은 정녕 하나님
은 살아 계시며 하나님은 존재하다
그리 말할 것이며 그리 깨달을 것이니
라.
17 과연 너희가 그들 앞에 가서 한번 물
어보라.
18 '하늘에 계신 하나님께서 교회에 다니
는 나를 보고 미친 자요, 정신 나간 자
라 그리 말하니, 과연 이게 하나님 말
씀이요, 하나님이 계시다 믿을 수 있
느냐?'
19 그러면 이방인이라 하는 네 앞에 있는
자는 정말 하나님은 계시다 그리 말할
것이니라.
20 그렇다면 그들이 말하는 소리를 듣고
너희는 과연 어찌하겠는가?
21 너희에게 내가 미친 자라 했을 때 이
방인이라 하는 백성이 너희 보고 미
친 자라는 그 말이 맞다 하며, 그리 말

씀하시고 그리 이야기하시는 하나님
은 살아 계시며 존재하는 분이요, 진
정 하나님이 계시다 그리 말한다면 과
연 너희는 그 말을 듣고 어찌하겠는
가?
22 그들은 그리 말할 것이니라, 그들은
정녕 그와 같이 말을 할 것이니라.
23 그들의 눈에 비친 너희는 위선자요,
가증스러운 백성이기 때문이니라.
24 그러니 너희 자신의 오늘의 삶을 돌이
켜 보며, 내가 미친 자라 하는 것이 과
연 무엇 때문에 미친 자라 내가 명하
는가,
25 그리고 너희가 이방인이라 적대시하
며 차별화하며, 구원을 받을 수 없는
자요, 지옥으로 가는 그 백성이라며,
사악한 백성이요, 사탄의 백성이라 말
하는 이방인들이 내가 하는 이야기가
맞는다고 말한다면,
26 과연 너희는 어찌 그 답을 받아들이
며 생각할 수 있겠는가, 너희 자신을
돌아다보도록 그리해야 할 것이니라.
27 너희는 지금 썩을 대로 썩어져 있음
이니라.
28 그러나 너희가 서로 썩은 속에 있는
것이기 때문에 너희가 썩어 있는 것
을 보지 못하는 것이며 그걸 깨닫지
못하는 것을 알아야 할 것이니라.
29 내가 나의 법전에 기록하여 전함이니,
이방인이라 하는 그 백성이 내가 지
금 믿음의 길을 가는 모든 종파에 있
는 백성이 다 미치고 정신 나간 자라
할 때,
30 그는 '정녕 하나님은 계시다'는 그와
같은 말을 할 수 있는 그들의 그 심성
의 말이요, 그들에게 비친 너희의 오
늘의 그 삶이 과연 어찌하여 그리 비
쳤는가 그와 같은 것을 너희가 분석
해 보고 깨달아야 할 것이니라.
31 그리하여 내가 너희를 바로 세워 하
늘에 오르는 그 길을 안내하고자 나의
법전을 만들었음이니,
32 나의 법전이 너희를 구원하는 길이요,
천국으로 인도하는 길이라는 것이니,
33 너희는 나의 아들이 강론하는 그 소리
요, 나의 법전에서 너희에게 전하고자
하는 메아리치는 그걸 가슴에 안고
듣고 정독하여 구원의 길을 얻도록 그
리하라.
34 너희는 두려움과 무서움을 알아야 할
것이니라.
35 창조주 나 여호와가 믿음의 길을 가는
그 백성이 정신 나간 자요, 미친 자라
말할 때, 그게 맞다 하여 손뼉을 치는
백성이 있다 하면,
36 그걸 논하기 전에 너희가 그리 비친
자라는 걸 알아야 할 것이니라.
37 너희가 경멸하고 무시하던 그 백성,
그 믿지 않는 자들만큼도 살아가지
못하는 사악한 모습으로 보였다는 것
을 잊지 말라.

6,841 번째 하나님 말씀

2003년 7월 24일 0시 28분

1 사랑하는 나의 아들아!
2 "네, 아버님! 말씀하옵소서."
3 믿음의 길을 가는 모든 백성이 나의
아들 예수의 죽음이요, 그가 흘린 보
혈로써 구원을 받았다 그리 울부짖고

살아가느니라.
4 과연 나의 아들 예수의 보혈로써 구원
을 받았다 하는 백성 너희는 그 은혜
에 감사함을 얼마나 느끼고 사는가?
5 너희가 감사하며 그 은혜를 보답하고
자 하면, 나의 아들 예수가 행하고 살
았던 그 길을 그대로 따라오는 것이
바로 나의 아들 예수를 숭배하는 것이
며 경외하는 것이며,
6 그가 너희를 대신하여 모든 죄를 지
고 죽어 갔다 하여 보혈로써 구원을
받았다 하는 그 은혜에 보답하는 것이
아니던가?
7 그러나 지금 너희가 하고 있는 행위
는 과연 어떤지 알겠는가?
8 나 여호와가 바라보는 너희는 배은망
덕한 행위만을 하고 있으며 배은망덕
한 짓만 골라서 하고 있는 자들이라는
것을 알겠는가?
9 너희는 어찌하여 나 여호와가 나의 아
들 예수가 너희에게 가르친 그와 같
은 것을 거역하는 삶만을 사는가?
10 지금의 모든 종교 집단이요, 가르치는
지도자요, 그 모두가 다 나의 뜻을 거
역하는 자들이니,
11 너희는 산으로 가라 하면 들로 가며,
들로 가라 하면 산으로 가는 그와 같
은 삶을 사는 것이 지금 종교 집단에
있는 백성임을 너희는 알아야 할 것
이니라.
12 너희는 선택된 자요, 구원을 받는 것
이요, 너희가 말하는 이방인이라 하는
백성을 사람으로 보지 아니하나,
13 그들은 너희를 사람으로 보지 않는다
는 그 무서운 현실을 너희는 어찌하
여 모르고 살아가는가?
14 너희는 그와 같은 깨달음조차 남들이
말하는 것, 남들이 평하는 그와 같은
소리도 귀로 듣지 못하며 귀를 기울여
바로 가지 아니하려는 것이니라.
15 너희가 나로부터 선택된 백성이요, 은
혜를 받은 백성이요, 영광된 백성이라
면,
16 너희가 이방인이라는 모든 백성이 하
는 이야기요, 그들이 너희에게 원하는
것을 듣고 너희 것으로 고쳐 만들어
변화되는 그와 같은 삶을 살며 겸손한
자세로 살아가는 것이 너희가 해야
할 것이니라.
17 나라를 다스리는 그 제왕도 백성의
소리에 귀를 기울이지 아니하며 그를
무시하며, 권력이요, 힘으로만 누르고
다스려 간다면, 그는 결국 그 백성으
로 하여금 버림을 받게 되니, 제가 백
성을 버리는 것이 아니니라.
18 지금의 모든 종교 집단이요, 믿음의
길을 가는 지도자요, 신도라는 백성
너희가 오만과 자만에 빠져 있기에
아무것도 모르며,
19 백성으로부터 그 원성이요, 백성이 원
하는 것을 외면한 채 무력이요, 힘으
로만 다스리다 제 스스로 백성으로부
터 버림을 받는 그와 같은 행위를 하
고 있는 것이 너희 종교 지도자요, 그
밑에 가 울고불고 하늘에 오르겠다는
그 신도들이 살아가는 형태며,
20 너희가 오늘에 처해 있는 믿음의 길이
라는 것을 너희는 알아야 할 것이니
라.
21 내가 오죽하면 너희에게 말하느냐?

22 산으로 가라 하면 들로 가며, 들로 가라 하면 산으로 가는 백성으로 너희가 그리되어 버렸으며 거기에서 헤어나지 못하는 자들이라 내가 그리 말함이니,

23 너희 마음속에 악이요, 사탄이 들어있으니, 너희를 지배하는 모든 것은 악마요, 사탄이 지배하고 있기 때문임을 너희는 알아야 할 것이니라.

24 내가 너희 마음속의 욕심을 버리라는 것은 사탄이요, 악마요, 그 사악한 마음을 너희에게 버리라 하는 것이 나의 뜻이라 하는 것을 알아야 할 것이니라.

25 너희의 모든 것은 사탄이 지배하고 있으며 악마가 너희를 지배하고 있음을 알라.

26 그리하여 내가 너희를 깨우치기 위하여 마지막 제3의 시대를 열어 나의 법전이 세상을 덮어 이를 전하고자 하는 것이 나 여호와의 뜻이니라.

27 그때 너희는 선별되어야 할 것이며, 너희는 그때 이미 두려움을 알게 될 것이며, 그때는 너희가 이미 나에게와 심판을 받으니 너희에게 기회가 없다는 것을 알아야 할 것이니라.

28 나의 법전이 세상을 다 덮으면, 너희는 법전을 접하는 자, 접하지 않는 자, 그리고 행하는 자, 행하지 않는 자들이 그대로 선별된다는 것을 너희는 알아야 할 것이니라.

29 지금 내가 너희를 선별하는 심판을 시작하였으나, 아직은 너희에게 기회가 있음을 알아야 할 것이니라.

30 지금 너희에게 유예 기간을 주고 있음을 알라.

31 그 유예 기간이 끝났을 때 바로 선별되며, 너희는 구원할 자, 구원하지 못할 자를 그와 같이 선별하는 역사가 시작될 것이니,

32 과연 그때 가서도 너희가 나의 법전이 잘못된 것이요, 나의 아들이 이난이요, 사탄이요, 종말의 시대에 오는 거짓 선지자라 그리 말할 수 있을 것인가?

33 너희는 두려워 고개를 들지 못하게 되어 있음을 알아야 할 것이니라.

34 나의 법전을 만들어 만백성에게 전하는 나의 아들을 따르는 제자들이요, 나의 법전을 읽고 깨우친 백성 너희는 오만과 자만해서는 아니 될 것이며,

35 너희는 조심조심 한 발짝 한 발짝 서서히 전진하며, 남이 알게 모르게 그와 같이 나의 법전을 만들어 세상에 그리 전해야 함을 알라.

36 성급히 행동하지 말라. 자만하지 말라. 그리고 모든 역사를 다 하는 것처럼 그리 말하지 말라.

37 역사하고 못 하는 것은 너희가 하는 것이 아니요, 그것은 모두 나의 주관하에 이뤄진다는 것을 알라.

38 너희는 조심조심 한 발짝 한 발짝 서서히 전진하며 나의 법전을 만들어 만백성에게 전하는 방법으로 그와 같은 형국으로 가야 함을 절대 잊지 말라, 사랑하는 나의 아들딸들아!

6,842 번째 하나님 말씀

2003년 7월 24일 0시 39분

1 사랑하는 나의 아들아!
2 "네, 아버님! 말씀하옵소서."
3 조심조심 한 발짝씩 다가가며 나의 피
조물 만백성들을 깨우치라.
4 성급히 행동하며 성급히 다가서다가
는 그것이 더 늦어지는 그와 같은 결
과가 초래한다는 것을 잊어서는 아니
될 것이니라.
5 너희는 성급히 서두르지 말며, 조심조
심 맹수가 먹이를 노리듯이 그보다도
더 조심성 있게 서서히 나의 피조물
만백성을 구하도록 그리해야 할 것이
니라.
6 이제 더 많은 시간을 기다릴 수가 없
으며, 많은 시간 속에 더 이상 그 백성
이 지옥으로 가는 것을 볼 수가 없음
이니라.
7 시간이 가고 늦으면 늦을수록 그 백성
은 지옥으로 감이니라.
8 그러나 그렇다 하여 성급히 서둘러서
는 아니 됨이니라.
9 나의 백성을 구해야 하는 그 대명은
맹수가 먹이를 노리고 서서히 접근하
듯이, 그와 같이 완벽한 준비 속에서
조심조심 한 발짝 한 발짝씩 다가가
그들을 깨우쳐 가야 함을 잊어서는
아니 될 것이니라.
10 이제 너희는 그와 같이 할 수 있지 않
은가?
11 너희는 깨달음이 있으며 나로부터 나
의 뜻을 받아 지금까지 공부하고 깨우
쳐 깨달음이 있지 않은가?
12 그 기초에 의해서 이제는 어떠한 것도
다스려 나갈 수 있는 그와 같이 성장
된 나로부터 선택된 백성이라는 것을
너희는 알아야 할 것이니라.
13 그러니 그와 같은 백성으로서 겸손하
며 가장 낮은 자세로 살아가야 한다는
것을 절대 잊지 말라.
14 너희가 뭐라 말하느냐, 영글지 않은
곡식이 고개를 반듯이 들며 비어 있는
깡통이 소리가 요란하다 하지 않더냐?
15 너희는 다 차 있는 자들이니라, 그리
고 너희는 다 익은 곡식이라는 것을
알라.
16 그러니 이제 너희는 어떠한 길을 가
야 하는가?
17 너희는 용기를 갖고 살라, 두려워하지
말라.
18 너희가 부족한 것, 그 모두는 너희가
부족하다 생각하는 그 순간에 나 여호
와가 너희에게 역사하여 내가 너희와
같이하고 있음을 알아야 할 것이니라.
19 그러나 너희는 겸손한 자세로써 그리
행해야 할 것이니라.
20 너 자신을 들여다보며 너 자신이 가
진 것, 네가 발휘할 수 있는 그 능력은
나 여호와가 너희에게 내려 준 것이니,
21 너희는 가장 겸손한 자세로 그리 행해
야 함을 잊지 말라.
22 너희 자신을 바로잡는 그 싸움에서 얼
마나 힘들고 어려운 길을 왔더냐?
23 너희가 너 자신을 다스리는 데 어렵고
힘든 길을 왔음이니, 아직도 너희 스
스로 부족함이 있다는 것을 인정하며,
그와 같이 가야 할 것이니라.
24 너희는 너 자신을 다스리며 싸우고 또

싸워 온 것이니, 그 경험이요, 또한 너
희가 변한 것도 많이 있으나, 아직도
그 싸움을 더 해 가야 하며 그 싸움에
서 이겨야 함을 알아야 할 것이니라.
25 너희가 100개 중에서 30이요, 40을
구했다면, 그 나머지는 아직도 싸워서
이겨야 하는 그와 같은 부족한 너희가
아니더냐?
26 그러니 남 앞에 나서지 말며, 함부로
설치지 말며, 남의 말을 하지 말며, 남
을 욕하고 남을 탓할 수 있는 그와 같
은 자격이 너희는 없다 그리 생각하
고 살아야 할 것이니라.
27 오로지 너희는 제 할 일만, 네희가 할
수 있는 역사만 하며, 남이 잘못하는
것, 남이 잘못 가는 것을 보고 탓하며
시시비비하는 그와 같은 자세는 아니
될 것이니라.
28 너희도 변하려면 아직도 많이 남아 있
는 자가 남을 탓해서는 아니 되느니라.
29 어떠한 상황에서도 너희는 네 잘못이
요, 네가 해야 할 일만을 묵묵히 행하
는 나의 아들딸로서 거듭나야 함을 절
대 잊지 말라.
30 남의 말을 함부로 하지 말라.
31 너희 자신과의 싸움에도 부족한 너희
가 감히 남을 탓할 수 없음이니,
32 모든 것은 네 탓으로 돌리며, 모든 것
은 네가 잘못한 것, 네가 고칠 것, 네
가 변화될 것, 네가 해야 할 그 몫만
묵묵히 그리하라.
33 그리하면 네가 나에게 오를 수 있는
길을 보게 될 것이며, 내가 너희와 같
이하고 있음을 알게 될 것이니라.
34 겸손하게 살고 가장 낮은 자로 살 때
마다 내가 너희와 더 가까이 있다는
것을 잊지 말라, 사랑하는 나의 아들
딸들아!

6,843 번째 하나님 말씀

2003년 7월 24일 0시48분

1 사랑하는 나의 아들아!
2 "네, 아버님! 말씀하옵소서."
3 지금의 믿음의 길을 가는 모든 종교
집단 그들이 뭐라 가르치는지 알겠느
냐?
4 내가 수없이 나의 법전에 기록했듯이,
그들은 인간의 삶의 그 행동으로써는
구원을 받지 못한다고 그리 말하느니
라.
5 오로지 믿음이요, 나의 아들 예수의
보혈로써 저희 손으로 지은 그 교회라
는 곳에 와 저희의 강론을 듣는 그와
같은 자만이 구원을 받으며,
6 행동은 중요하지 아니하며 믿음만이
가장 중요한 것이며, 믿음의 역사 앞
에 인간의 행위는 모두 다 접어진다고
말하느니라.
7 그들은 강변의 설교를 하며 만백성들
에게 뭐라 말하느냐?
8 그들은 행동은 중요치 아니하다 그리
말하느니라.
9 '인간들아! 너희가 추하게 사는 것, 잘
못 사는 삶, 그리고 악한 생각을 하는
삶, 악한 짓을 하는 것, 그리고 방탕한
자, 음주에 젖어 있는 자, 그저 마약을
하는 자, 인간 이하의 행동을 하는 자,
너희가 모두 구원받으려면 너희 손으
로 지은 그 교회에 와서 그걸 다 씻고

다시 태어나야만 된다' 그리 말하지
않는가?
10 그러면 그것은 행동이 아니고 무엇이
란 말이냐?
11 그러면 행동하는 것은 구원을 받는 것
이 아니요, 그저 믿음만 있다면, 너희
가 추한 짓, 살인하는 짓, 방탕한 짓,
사악한 짓 그와 같은 모든 행위를 그
대로 행하면서 그저 나 여호와만 찾으
면 구원을 받는다 그리 말해야 일관
성 있는 가르침이 아니던가?
12 너희가 행동하는 것은 구원에 아무런
효과가 없다면서,
13 잘못 가는 자요, 불효하는 자요, 이와
같은 수만 가지 이름을 갖다 붙여 대
며 그와 같이 사는 백성은 너희 손으
로 지은 교회에 옴으로 인하여 그 모
두를 깨끗이 씻고 구원을 받을 수 있
다 그리 말함이니라.
14 그러면 그리 씻고 구원을 받는다면 행
동하는 것으로써 구원을 받고 못 받는
다는 그 뜻이 아니던가?
15 지금의 생활을 모두 종교 집단이요,
교회에 와서 청산하고 새로 태어나는
삶을 살아야만 구원을 받는다고 한 단
상에서 그와 같이 말하느니라.
16 그러면서 너희는 믿음을 철저히 가야
한다, 재물을 많이 하늘에 쌓아 놔야
한다, 인간이 하는 것은 아무것도 아
니기 때문에 그저 믿기만 하면 다 지
워진다 하니,
17 그렇다면 그저 지금 살아가는 대로
살아가고 믿음만 열심히 가면 된다고
가르치는 것이 아니던가?
18 그러면서 추하고 더럽고 잘못 살아가
는 것, 방탕한 것, 그 모두를 다 너희
교회에 와서 고쳐야 한다고 말함이니,
19 이를 그들이 어찌 받아들여야 하며 어
찌 이를 해석해야 한단 말이던가?
20 너희 종교 집단에 와서 지금 가는 모
든 삶을 청산하고 다시 변화되는 삶으
로 살라 함이니, 그것이 행동이 아니
던가?
21 나의 법전에서 나의 아들이 뭐라 가르
치느냐?
22 너희 행동이 발라야 하며 삶에 부끄
럼이 없이 사는 자, 하늘을 향하여 한
점의 부끄럼이 없이 사는 자,
23 그것이 하늘에 오르는 길이요, 기도할
수 있는 자격이며, 내가 그가 기도하
는 것을 들어준다 그리 말하지 아니하
였던가?
24 그러니 얼마나 너희가 지금 잘못 가
고 있으며 잘못 가르치며 한입 가지고
두 말, 세 말을 하는 자들인지 알겠는
가?
25 그러니 너희가 어떠한 것을 하고 있는
지 내가 이리 가르치는 것이 무엇이
잘못되었으며,
26 어디가 앞에 한 말이 뒤에서 맞지 않
는지 그것 자체도 모르며, 그저 단상
에 서서 '맞습니까?' 하면 '예, 맞습니
다', '아멘, 할렐루야!' 하고 소리 지르
며 구원을 받았다는 백성이나,
27 그저 말이 막히면 '할렐루야! 믿습니
까?' 하고 소리 지르는 종교 지도자나
너희는 바로 무엇인 줄 알겠느냐?
28 너희가 구원을 받는 생명수는 나의 십
계명이요, 그걸 지키고 사는 것이 구
원을 받는다 하였음이니,

29 너희는 십계명을 그저 암송하며 십계
명이 있다는 것만 생각하고 산다 해서
구원을 받는 줄 아느냐?
30 십계명대로 지키고 사는 것이 구원을
받는다 말하며, 암송한다 해도 너희가
행동하지 아니하면, 십계명을 암송하
고 그걸 가지고 듣고 배워 이대로 살
아야 한다고 말로 아무리 외쳐도 아무
런 구원의 뜻이 없음을 거기서 알아야
할 것이니라.
31 그러니 행함이 얼마나 소중한 것인지
너희는 알아야 할 것이니라.
32 그리하여 오늘의 믿음이 문제가 되었
으며,
33 너희는 하늘에 오르는 길이 아니요,
나의 뜻을 거역하여 지옥으로 가는 그
와 같은 길을 가고 있다 함을 너희는
알아야 할 것이니라.
34 너희는 모든 행동이요, 행함에 있어서
십계명대로 살지 못한다면 절대 구원
을 받을 수 없음이니라.
35 창조주 나 여호와가 구원을 받지 못한
다고 하면 받지 못한다는 것을 알아야
할 것이니라.
36 행동을 바르게 하며 나 여호와에게 모
든 은혜를 받음을 감사하게 생각하고
살아가는 그와 같은 마음으로 너희가
변하는 삶을 살아야 할 것이니라.
37 그러니 너희가 나에게 경배하고 기도
하는 것도 집단으로 모여서 생각하는
것이 다 다른 백성이 단체로 모여서
아우성치고 기도하고 경배하는 것이
아니라,
38 가족 단위로 개인적으로 너희가 깨달
으며 나 여호와가 존재함을 믿으며 기
도하는 것이 나의 성령을 너희에게 영
접하는 것이며, 너희에게 나의 성령이
임할 수 있다 그리했음을 알라.
39 너희가 정녕 변하지 아니하는 자는
지금의 믿음으로써는 나의 성령을 영
접할 수 없으며 나의 성령이 너희에게
임하지 아니함이니,
40 나의 성령이 너희에게 임하지 아니했
을 때는 너희는 절대 구원의 길을 볼
수 없으며 구원의 길을 볼 수 없기에
구원을 받을 수 없다는 것을 가슴에
깊이 새겨 두도록 그리해야 함을 잊
지 말라.

6,844 번째 하나님 말씀

2003년 7월 24일 08시 55분

1 사랑하는 나의 아들아!
2 "네, 아버님! 말씀하옵소서."
3 너희가 생각을 잘못하고 악한 쪽으로
마음을 가지면 사탄이요, 천사와 같은
생각을 하면 천사라 내가 그리 말하였
음이니,
4 너희가 살아가면서 행동하는 것, 또한
그 모두가 다 어찌 생각하고 어찌 살
아가느냐에 따라서 너희가 사탄이요,
천사가 되는 것임을 잊어서는 아니 될
것이니라.
5 그러니 너희가 하루하루 생활을 하면
서 천사와 사탄이요, 악하고 선한 백
성으로서 왔다 갔다 하는 것이 너희
삶이라 하였으니,
6 너희가 과연 얼마만큼 선을 행하며 사
느냐에 따라서 모든 것이 달렸다는 것
을 잊어서는 아니 될 것이니라.

7 그러니 너희가 작은 행동서부터 큰
행동에 이르기까지 살아가면서 어찌
살아가느냐 그것이 가장 중요함을 알
아야 할 것이니라.
8 나의 법전이 세상에 나간다 하나, 너
희의 행함이 천사같이 못 하며 항상
악에 젖어 있으며 또 악에서 벗어나
지 못하는 나의 백성이 된다면,
9 나의 법전은 세상에 나가 빛을 볼 수
없다는 그 무서운 사실을 너희는 알
아야 할 것이니라.
10 그러니 나의 아들 네가 어찌 살아가야
하며 어찌 가야 하는지는 너 스스로
평가하며 너 스스로 판단하여 네 삶
을 정리해 나가도록 그리해야 함을
절대 잊어서는 아니 될 것이니라.
11 어떠한 것도 너는 넘어야 하며, 어떠
한 것도 버려야 하며, 어떠한 것도 너
는 악과 타협해서는 아니 됨이니,
12 흔들리는 마음이 있어서는 아니 됨이
니라.
13 그것이 곧 사탄으로서 전락하는 것이
며 악마로서 전락하는 것이 아니고
과연 무엇이더냐?
14 그러니 그와 같은 것을 잊어서는 아니
될 것이니라.
15 네가 가야 하는 길은 험악하고 멀고
힘든 길이니라.
16 아무나 갈 수 있다면 그 길을 누군들
못 가겠는가?
17 아무나 갈 수 없는 길이기에 나의 아
들이요, 나로부터 명을 받아서 가는
것이니라.
18 모든 백성이 말할 것이니라.
19 이 세상에 믿음의 길을 가는 백성이
모든 나의 백성을 이방인이요, 잘못됐
다 말하는 것은 저 자신을 모르고 그
리 말함이니,
20 이 세상의 모든 믿음이 잘못되었으며,
오로지 네가 나의 성령을 받은 나의
법전으로써 만백성을 구한다고 말하
면, 그들이 얼마나 너를 보고 정신 나
간 자라 말하겠는가?
21 믿음의 길을 가는 자들이 이방인이라
하는 보통 나의 백성에게 다 지옥으
로 가며 저희만이 천국으로 간다 할
때, 그들이 다 웃고 있다 하지 아니하
였더냐?
22 그리하여 지금의 믿음의 길을 가는 자
들이 미친 자요, 잘못된 자라 내가 그
들에게 그리 말하는 것을 이방인들이
들었을 때, 그들은 '정녕 여호와 하나
님이요, 하나님은 존재하고 살아 계신
다' 그리 말한다 하지 아니하였더냐?
23 지금 나의 법전 160권이 나가 만백성
이 이게 옳다고 말하기 전까지 너희
를 장난하는 자요, 정신이상자요, 정
신박약자로 그 종교 집단이요, 지도자
요, 그들은 그리 생각할 것이니라.
24 그러나 나의 법전이 세상에 160권이
나가며 만백성들이 이를 보고 그들이
이는 정녕 나 여호와의 뜻이라는 말이
나오기 시작할 때,
25 그때부터 너희가 받는 핍박이요, 너희
가 넘어야 할 산은 지금보다도 천배
만배 더 어렵고 힘든 길이라는 걸 알
아야 할 것이니라.
26 그 모든 길을 이길 수 있는 것은 무엇
이더냐?
27 나의 성령으로써 너희에게 임하며 내

가 직접 너희를 통제하고 다스리는 그것밖에 이길 길이 없음이니,
28 너희가 성령으로써 받을 수 있는 그와 같은 변화된 삶이 아니요, 준비가 안 되어 있을 때 나의 성령은 임할 수 없으니,
29 나의 성령이 너희에게 임하지 못한다면 너희 제자들에게 임하지 못한다면 그를 통제할 수 없는 것이며, 나는 너희를 다스려 줄 수가 없다는 이 무서운 사실을 알라.
30 스스로 모든 성령이 임할 수 있으며 내가 너희를 다스려 나갈 수 있는 그와 같은 것은 천사와 같이 되지 아니한 자는 다스릴 수 없음이니, 그는 무엇이더냐?
31 천사와 같은 삶을 살지 않는 자는 사탄의 자식이기에, 모든 백성이 그리 잘못 가기에 사탄의 자식이라 했으니,
32 다른 백성이 잘못 가면 사탄의 자식이요, 너희는 잘못 가도 사탄의 자식이 아니 된다는 그와 같은 착각이요, 그 속에서 벗어나야 할 것이니라.
33 모든 것은 나로부터 받을 수 있는 그와 같은 자격을 갖춘 자만 받게 됨이니, 그러니 이 의미를 깊이 알라.
34 지금 잘못 가는 믿음의 길을 가는 지도자요, 집단이요, 구원을 받았다는 백성 그들도 회개하고 깨우쳐 바로 살아간다면, 그들이야말로 나의 백성으로 되는 것이요,
35 오만무도하며 그와 같이 살지 못할 때 너희만 특권을 가진 백성이라는 그 착각에서 깨어나고 벗어나야 함을 잊지 말라.

6,845 번째 하나님 말씀

2003년 7월 24일 23시 18분

1 사랑하는 나의 아들아!
2 "네, 아버님! 말씀하옵소서."
3 너희가 세상에 살아가면서 이와 같은 말이 있느니라.
4 '선한 끝은 있어도 악한 끝은 없다'는 그와 같은 말을 하고 사느니라.
5 그 말의 의미가 과연 무엇이던가?
6 순간적인 잘못함으로 그 대가는 치르나, 선한 것은 또한 선한 것대로 영원히 존재하며 나로부터 은혜를 받으며 상을 받는 그와 같은 의미에서 하는 말이라 생각할 것이니라.
7 그러나 그 의미의 깊은 뜻은 따로 있음을 너희는 알아야 할 것이니라.
8 선한 것은 끝없이 번창해 존재하며 악한 것은 끝이 존재하지 않음이니, 그 의미는 바로 무엇이더냐?
9 악이라는 것은 성하고 성하다 보면 제가 더 이상 성할 수가 없음이니, 그건 한계에 도달하는 것이요,
10 선하고 아름다운 것은 나 여호와의 뜻이니, 그건 하늘을 향하여 치닫는 것이니, 끝이 없으며 아무리 행하고 행해도 끝이 없는 것이 선을 행함이 아니던가?
11 그리하여 선한 것은 끝없이 존재하며 악한 것은 끝이 존재하지 않음이니,
12 오늘날 믿음의 길을 가는 종교 집단이요, 지파들이 과연 어찌 되었는가?
13 그들은 지금 악이 퍼질 대로 퍼져 있다는 것을 알아야 할 것이니라.
14 내가 열 발짝을 못 가서 종교 집단이

라는 것이 하나씩 다 들어서 있다 했
음이니, 이보다 더 악의 뿌리가 번성
하고 더 이상 내릴 수 있다고 생각하
는가?
15 그러니 악한 것이 끝이 있는 것이 무
엇인 줄 알겠는가?
16 악이 치닫고 치닫다 보면 스스로 그
악은 파멸이요, 자멸의 길로 가게 됨
이니, 악의 끝은 없어지며 선의 끝은
있다는 것이니라.
17 오늘 너희가 가고 있는 믿음이 과연
어떠한 믿음인가?
18 지금 모든 종교 집단이요, 지도자요,
만백성들이 열 발짝도 못 가서 성전
이요, 교회요, 성당이요, 회당을 지어
놓고 지금 나를 경배한다 함이니,
19 그게 정녕 하늘에 오르는 길이라면 그
것이 그치지 아니하고 영원히 지속할
것이니라.
20 그러나 그것이 악한 것이라면 과연 어
떠한 결론이 오겠는가?
21 그보다 더 펴질 수 없으며 그보다 더
역사할 수 없는 것이 악의 뿌리이니,
22 열 발짝도 못 가서 그와 같은 종교요,
교회요, 성당이요, 회당이 세워져 있
으며 거기에 다니는 백성을 또 한 번
생각해 보라.
23 너희 손으로 지은 십자가를 걸어 놓
은 그것만이 아니라, 거기서 살고 있
는 믿음의 길을 가는 백성이요, 높은
직위를 가졌다 하여 거기서 사는 백성
을 놓고 거리를 재 본다 하면, 정녕 열
발짝마다 하나씩 서 있는 것이나 마찬
가지일 것이니라.
24 내가 너희에게 가장 큰 성전은 인간
의 마음에 가지고 있는 깨달음이 성전
이라 했으니, 사악한 자들이 그 마음
을 가지고 있으면 또한 사악한 뿌리가
아니던가?
25 너희 입으로써, 행동으로써 계속 사악
한 것을 내림이니, 내가 열 발짝도 못
가서 하나씩 악의 뿌리들이 서 있다는
것을 이제 실감하겠는가?
26 열 발짝도 안 갈 만큼 악의 뿌리가 지
금 세상을 덮고 있다면, 그 이상 악의
뿌리가 갈 곳이 어디 있으며 더 뿌리
를 내릴 곳이 있겠는가?
27 완전히 이 세상을 다 악으로써 덮었으
니, 종착역에 와 있지 않은가?
28 그러니 지금 온 것이 선한 뿌리가 아
니요, 악의 뿌리이기에, 내가 그들을
다스리고자 하며 그들이 멸망의 길이
시작된다 하는 그 뜻을 이제야 알겠는
가?
29 그걸 다스리고 그걸 깨우쳐 주며 내가
그들에게 상을 내리고 벌을 내릴 것을
엄히 하고자 하는 심판의 역사를 하는
것이 바로 무엇인 줄 알겠느냐?
30 악이 더 갈 수 없는 종착역까지 왔음
이니라.
31 스스로 무너짐이니, 그 무너지는 자들
을 내가 거기서 깨우쳐 선을 행하는
길이요, 나의 뜻에 따라올 수 있는 자
를 내가 낚시로 물고기를 낚듯이, 나
의 법전을 읽고 깨우치는 자를 내가
구원하고자 하는 것임을 알라.
32 나의 법전이 세상에 나가는 것이 무엇
인 줄 알겠는가?
33 악이 이 세상을 다 덮었으며 악의 뿌
리요, 그 후예들이 다 덮고 있음이니

라.
34 그러니 선은 끝이 있으며 악은 끝이
없다는 너희 말대로, 이제 내가 만든
이 지상의 낙원이 지금 악으로써 다
덮어졌으니,
35 이 지상을 덮은 그 악이 더 이상 갈 수
가 없음이니, 감히 저희가 하늘로 올
라올 수는 없지 않으냐?
36 하늘로 오르는 백성은 천사와 같은 나
로부터 선택된 백성이니,
37 이제 그들이 더 이상 버틸 수가 없으
니 스스로 저희끼리 물고 늘어지고 죽
어 가는 것과 마찬가지이니라.
38 먹이가 한정되었을 때 그 짐승들이
그걸 먹어 치운 다음 결국 그 짐승들
은 저희끼리 잡아먹는 그와 같은 형국
이 되지 않겠는가?
39 그러니 지금 악함이 세상을 다 지배하
고 있으며, 악함이 먹을 것 챙길 것을
챙기고 다 하여 더 이상이 없음이니,
40 스스로 저희끼리 물고 뜯고 싸우다 죽
어 가기 시작할 것이니라.
41 그리하여 종국에는 무엇이냐?
42 저희끼리 잡아먹을 것이 없으면 그
하나 남은 자도 결국은 죽게 되지 않
더냐?
43 그리하여 악의 끝은 없어지며 악을
내가 심판하는 방법은 그와 같은 것임
을 너희는 알아야 할 것이니라.
44 다만, 내가 너희에게 한 번의 기회를
준다는 그 은혜가 무엇인 줄 알겠는
가?
45 나의 법전을 너희에게 전하여 물고기
를 낚는 낚싯밥을 물어 지상으로 온
물고기처럼, 내가 나의 법전을 읽고
깨우치는 자를 구원하고자 하는 것이
나 여호와의 뜻이며 너희에게 그 기
회를 준 것이 그 의미임을 알라.
46 이제 너희가 하는 그 말을 알겠는가?
47 세속에서 너희가 '선한 끝은 있으며
악한 끝은 없다'는 그와 같은 말의 의
미를 너희는 알아야 할 것이니라.
48 정녕 선한 것은 하늘을 향하여 옴이
니, 그건 행해도 행해도 영원히 존재
하며 계속 존재할 수 있으며 끝이 없
이 늘어남이니라.
49 그리하여 선한 것은 끝이 있으나 악
의 끝은 없다는 말의 이 의미를 너희
는 알아야 할 것이니라.
50 악은 악이 번성하여 세상을 다 덮고
지배하는 것 같으나, 한계가 있으며
한정된 것이 있으며 더 이상 넘어갈
수 없음이니라.
51 그러니 그 선을 넘지 못할 때 악으로
써 다 차 있으니 저희끼리 싸우며 물
고 잡아먹다 죽는 것이요,
52 선은 하늘을 향하여 계속 올라올 수
있는 그 넓고도 넓은 그것이 모두가
다 선이 임할 수 있기에 끝없이 존재
함이니,
53 오늘의 너희 형국이 바로 악이 악으로
세상을 다 덮어 이제는 스스로 무너지
기 시작하는 것이니,
54 너희는 그 무너지는 것을 기다리며 무
너지는 자에게 양식을 던져 주어 그걸
보고 정신 차려 깨닫는 자를 너희가
거둬들이면 될 것이니,
55 그게 내가 심판하는 방법임을 알라,
사랑하는 나의 아들딸들아!

6,846 번째 하나님 말씀

2003년 7월 24일 23시 27분

1 사랑하는 나의 아들아!
2 "네, 아버님! 말씀하옵소서."
3 나의 아들 예수를 죽게 한 대제사장
이나 그 종교 집단 지도자라는 그들이
나의 아들 예수를 죽게 한 것을 그들
은 어찌 생각했는가?
4 그들은 정녕 그것이 의로운 길이며 의
인으로서 자처하며 의인이기 때문에
사악한 자를 단죄하며 다스린다 그리
말하고 그리 행하지 않았던가?
5 그들은 그러면서 나의 뜻에 따라 충
실하게 사는 백성이요, 나 여호와의
뜻에 따라 모든 것을 살아가는 그와
같은 자요,
6 그리고 율법대로 살아가는 자요, 한
점의 부끄럼이 없이 살아가는 자들이
라 하여 나에게 기쁨과 영광을 돌린다
하여 내가 내린 나의 자식을 죽게 한
자들이 아니던가?
7 그러니 그들이 얼마나 오만하며 자만
하는 자들이요, 얼마나 착각 속에서
그와 같이 사악한 행위를 했다 생각하
는가?
8 그러니 그 후예인 오늘의 종교 집단이
요, 지도자들이 과연 어찌 생각하는가?
9 지금의 그들 또한 저희는 선택된 백
성이요, 그리하여 저희는 부끄럼이 없
는 백성으로서 살아가는 자들이라 착
각하고 있음이니라.
10 어떠한 행위든지 저희가 하는 것은
모두 나 여호와의 뜻에 따라 하는 것
이요, 저희야말로 하나도 부끄럼이 없
는 삶을 살아가는 자들이라는 착각 속
에 가는 자들이 그들이니라.
11 그러니 나 여호와의 뜻을 따라가는 것
이 아니요, 나의 뜻에 따라 살아가지
아니하며, 나를 거역하며, 나로부터
등 돌리고 살아가는 자들이 말로써는
어찌 생각하며 어찌 착각하고 있는지
아느냐?
12 나의 뜻대로 살아가며 나의 일을 충실
히 하고 있는 자들이며, 저희같이 나
여호와의 뜻에 따라 사는 자들이 없
다, 저 자신이 그리 믿고 있기 때문이
니라.
13 나 여호와를 대신하는 것이며 내가 이
루고자 하는 것을 대신 역사하는 자들
이라 그리 살아가고 있음이니,
14 저 자신이 이 세상에 존재하는 것이
요, 종교 지도자로서 믿음의 길을 가
는 것은 무엇이더냐?
15 나 여호와의 뜻에 따라 모두를 역사
하며 만백성을 구하는 자라는 착각 속
에 살고 있기 때문에 그들이 얼마나
교만하고 방자한지 알겠는가?
16 진정 나로부터 선택된 백성이요, 나로
부터 대명을 받은 자들이라면 그들은
겸손한 자요, 고개 숙이고 사는 그와
같은 백성으로서 살아가야 할 것이거
늘,
17 오늘과 같이 방자하고 교만하며 선택
된 백성이라는 그 착각 속에 살아가며,
18 저희가 살아가는 것은 나 여호와의 뜻
이요, 율법에 어긋나는 것이 아니요,
나 여호와가 역사하고자 하는 것을 이
루는 충실한 백성이요, 지도자라는 그
와 같은 착각 때문에 그들이 오늘처럼

모든 것을 저희만이 존재하는 것이며,
19 이방인이라 하는 자는 인간으로 취급
하지 않는 그와 같은 오만방자한 그
속에서 교만의 극치에 있는 것이니라.
20 그러니 그들이 또한 어떠한 줄 알겠느
냐?
21 너희가 말하듯이 모든 곡식은 알이 차
익으면 스스로 고개를 숙인다 했으나,
22 그 종교 집단에 있는 자들은 오랜 생
활 저희가 말하는 높은 직분에 있다
는 자들은 높을수록 그들은 고개를 숙
이지 못하며 교만하고 자만함이니,
23 그것은 인간의 자연의 순리도 모르는
자들의 그 집단이 아니던가?
24 지금 그들이 어찌하고 있는지 알겠느
냐?
25 종교 지도자요, 목사라 하는 자들 또
한 재물을 주고 직함을 산 자, 장로요,
권사요, 집사요, 등등 이름을 붙여 재
물을 많이 주고 산 자, 그리고 그 이름
에 따라 높은 자들이 더 교만한 자가
되어 있음이니,
26 너희는 어찌하여 그와 같은 자들을 보
지 못하며 그들의 행동을 보지 못하는
가?
27 단순히 곡식이 익으면 고개를 스스로
숙여 거둬 주기를 바라는 그 숭고한
자세가 배운 자의 깨달음이요, 진리를
가는 자라 하였거늘,
28 어찌하여 너희는 세월이 오래 가며
많은 재물을 주고 높은 직급을 산 자
들일수록 고개를 빳빳이 들고 다니며
하늘이 부끄러운 줄을 모르니,
29 하늘이 두려운 줄을 모르는 것이 너
희의 오늘의 삶이라는 것을 알겠는가?
30 그건 무엇이더냐?
31 빈 깡통이 소리가 요란하듯이, 너희는
대우만을 받으려 하고자 하는 자들이
요, 진리요, 나 여호와의 뜻이 무엇인
줄 모르며 깨달음이 없는 자들이기 때
문에,
32 너희는 말로써는 요란하나 진정한 진
리의 길을 못 가는 자이기에 겸손할
줄 모르며 겸허할 줄 모르고 살아가는
것이니라.
33 그리하여 내가 너희를 지금 다스리고
자 하는 것이 나 여호와의 뜻이요, 심
판의 시대가 지금 시작되었다는 것을
알아야 할 것이니, 내가 이리 엄히 다
스릴 것이니라.
34 악의 뿌리를 2천 년 동안 내가 방관하
며 암흑의 세상에서 너희가 독버섯처
럼 지금까지 뻗어 나와 이 세상을 다
덮었으니,
35 너희가 더 이상 갈 곳이 없으며 더 이
상 지탱할 것이 없으며 뻗어 나갈 곳
이 없다 하였으니,
36 그 악의 뿌리가 하늘에 이를 수는 없
기 때문에 이제 너희가 치고받고 싸
워 서로 잡아먹는 그와 같은 형국의
시대를 내가 기다리고 있다는 것을
너희는 알고 있는가?
37 그리하여 그 속에서 내가 구원할 자,
구원하지 않을 자, 너희가 스스로 깨
우쳐 나에게 오를 수 있는 자, 없는 자
그것이 바로 자연적인 심판의 역사가
이뤄진다는 그 이치를 알도록 그리 전
해 주라.

6,847 번째 하나님 말씀

2003년 7월 24일 23시 40분

1 사랑하는 나의 아들아!
2 **"네, 아버님! 말씀하옵소서."**
3 너희가 나에게 오르고자 한다면 그 오
르는 길은 무엇이라 내가 말하였더냐?
4 나의 법전에 의하여 얼마나 내가 너희
에게 간단하게 가슴에 심어 주었더냐?
5 어린아이와 같은 마음으로 그리 살라
내가 하지 않았던가?
6 그리하여 나의 성전에 와서 법전을 가
지고 가는 자는 내가 너희 머리 위에
얹어 너희 죄를 용서해 줌이라 하였
으니,
7 너희가 그 후부터 어린아이처럼 갓 태
어난 아이처럼 그 어린아이의 마음을
가지고 살면 하늘에 오른다 내가 그
리 말하지 않았던가?
8 다시 태어나야 한다 하였음이니라.
9 다시 태어난 아이와 같은 그와 같은
마음을 가지고 사는 것이 곧 나에게
오르는 길이라 내가 그 모두를 간단하
게 너희에게 가르쳐 주었거늘,
10 어찌하여 너희는 나의 뜻을 알면서도
그리 행하지 못하고 살아간단 말이던
가?
11 그러면서 너희가 나에게 오를 수 있
으며 너희가 나에게 구원을 받을 수
있다고 말할 수 있겠는가?
12 내가 너희에게 깨우쳐 주고 명한 것
을 행하지 아니하고 실천하지 아니한
다면 무엇이던가?
13 너희는 그와 같은 이치를 듣고 백 가
지 천 가지 중의 하나만 선택해서 한
가지만 지키고 올라온다 해도 나에게
오를 수 있는 그와 같은 역사가 있거
늘,
14 그와 같이 가르친 것이 너무나 간단하
고 너무나 쉽기에 그 말을 가슴에 새
기지 못한단 말이더냐?
15 가장 낮은 진리에서 너희에게 깨우침
을 주기 때문이던가?
16 너희가 알지 못했던 가장 낮은 진리
속에서 깨우침을 주기에 그것이 값진
것이 아니고 소중한 것이 아니라 생각
하는가?
17 진리는 가장 낮은 데 있음을 너희는
잊어서는 아니 될 것이니라.
18 내가 어린아이처럼 살아가는 것, 그리
변화되는 것이 너희가 나에게 오르는
것이요,
19 그리 변화되지 아니한다면 너희는 나
의 뜻을 알 수 없다 내가 그리 말하였
음이니라.
20 나의 뜻을 알 수 없으니, 너희가 나의
뜻을 모르고 그리 행할 수 없으며, 나
여호와가 역사하고자 하는 것을 알 수
없는 백성이라 내가 그리하지 않았던
가?
21 나의 뜻이요, 내가 이루고자 하는 것
을 모르니, 너희가 그 행하는 길은 과
연 알 수 있느냐?
22 그것은 더욱이 너희가 모르는 것이니
라.
23 그리하여 내가 너희가 어린아이처럼
다시 태어나는 그와 같은 삶을 살라
내가 그리 말하지 아니하였던가?
24 너희가 다시 태어난 어린아이처럼 살
수 있는 것이 성경에 다 기록되었으

며, 내가 십계명에 기록하여 너희에게 다 깨우쳐 주지 아니하였던가?

25 너희에게 깨우쳐 주었음이니라.

26 성경 속에 그 모두가 다 있으며 거기에 너희를 깨우쳐 주려고 다 기록되어 있느니라.

27 다만, 성경 속에 있는 그 숨겨져 있는 나의 뜻이요, 너희를 깨우쳐 주고자 하는 그 비유의 뜻을 알지 못하는 것은 무엇 때문인지 알겠는가?

28 너희가 검은 마음을 가지고 있기 때문이니라.

29 그리고 너희가 욕심을 버리지 못하고 있기 때문에 내가 성경 속에 비유의 뜻이요, 거기에 숨겨져 너희를 깨우쳐 주려고 내리는 것을 알 수 없음이니,

30 그걸 왜 숨겨서 내렸으며 내가 왜 비유의 뜻으로써 너희에게 내렸는지 이제 너희는 알겠느냐?

31 검은 마음을 가진 자, 욕심을 가진 자, 사악한 자들이 그를 알고 행하지 아니하면 그 파장은 너무나 무섭기 때문에,

32 그를 행하고 지킬 수 있는 자만이 알 수 있는 그 비유의 뜻으로써 내가 남겼으며 성경 속에 숨어져 있는 그 참 뜻을 너희는 아직 모르느니라.

33 그리하여 너희가 그를 깨우치지 못하며 그로 하여금 바른길을 가지 못하며 오늘까지 그걸 아는 자가 없었음이니,

34 나의 백성을 어린아이처럼 종교 지도자가 그 순하고 아름다운 마음으로 가르쳤다면,

35 오늘의 이와 같은 세상은 이루어지지 아니하였을 것이니라.

36 그리하여 너희에게 내가 다시 한 번의 기회를 주기 위하여, 내가 모든 것을 간단히 풀어 너희가 읽고 깨우칠 수 있도록 나의 법전에 기록하여 지금 너희에게 전하는 것이니라.

37 그리하여 이것이 너희에게 내리고자 하는 나 여호와의 마지막 은혜요, 사랑이라는 것을 너희는 알아야 할 것이니라.

38 누구나 다 읽으면 바로 깨달을 수 있도록 비유의 뜻이요, 숨겨진 성경의 뜻이 아니라,

39 그저 읽으면 깨우칠 수 있도록 숨겨져 있던 그 뜻이요, 그 비유의 뜻을 내가 직접 풀어 나의 아들을 통하여 너희에게 마지막 심판의 시대에 똑같이 기회를 줌이니,

40 이를 보고 깨우치지 아니하면 너희는 정녕 하늘에 올 수 없음을 알라.

41 그러나 너희가 깨우쳐 하늘에 올 수 있는 나의 법전을 뭐라 말하느냐?

42 사탄의 것이요, 거짓 선지자가 역사하는 것이라 태워 버리고 찢어 버리는 그와 같이 하는 자는 정녕 구원을 받을 수 없다는 것을 내가 수없이 전했으니,

43 너희는 내가 가르치고 전하는 이 뜻의 무서움을 알아야 할 것이니라.

44 나의 법전을 정독하여 깨우치지 않는 백성 너희가 행하는 것이 어떠한 행위인 줄 알겠는가?

45 나의 법전을 읽고 깨우치는 자, 그 뜻을 아는 자가 행하는 것은 하늘의 뜻을 행하며 살아오는 것이요,

46 너희가 나의 법전이요, 나의 뜻을 모

르고 행하는 것은 인간이 행하는 것이
요,
47 또한 그 인간의 생각에서 너희가 한
발짝 더 무너질 때는 사탄의 생각으로
써 너희가 전락하기 때문이니라.
48 그리하여 너희가 그를 깨우치지 못하
고 있음이니라.
49 그러니 지금 너희가 나의 성경이요,
그 비유의 뜻이요, 숨어 있는 뜻을 알
지 못하기에 너희가 인간의 생각으로
써 성서를 가르쳤으며,
50 거기에서 너희가 한 발짝 더 무너져
사탄의 생각으로써 모두를 가르치며
지금까지 이끌어 왔다는 것을 너희는
알아야 할 것이니라.
51 이제 나의 아들을 따르는 그 제자들이
요, 나의 법전을 읽고 깨우친 만백성
너희는 알아야 할 것이니라.
52 너희가 나의 법전의 뜻을 깨우쳐 그리
행하는 것은 나 여호와의 뜻에 따라
역사하는 것이나,
53 그를 깨우치지 못하고 인간의 생각으
로써 하는 것, 너희가 법전의 뜻을 알
지 못하며 그대로 행하지 아니하며 너
희 마음대로 행하는 것은 인간의 생
각을 하고 행하는 것이니,
54 거기에서 너희가 한 발짝 더 물러서
미끄러졌을 때 너희는 사탄의 자식이
됨이니, 이 무서움과 두려움을 알아야
할 것이니라.
55 그러니 너희가 인간의 생각으로써 하
려 하지 말며, 거기서 더 무너져 사탄
의 생각으로 하려 하지 말라.
56 사탄으로써 무너지는 그것은 사탄의
자식이 되는 것이니라.
57 그러니 나의 아들을 따르는 제자들이
요, 나의 법전을 읽고 깨우친 백성 너
희는 십계명과 나의 법전의 내용대로
모두를 지키고 살아가는 그와 같은 삶
을 살라.
58 그것이 나 여호와의 뜻이니, 나에게
오르는 길이요, 그를 접어 두고 너희
가 생각하고 사는 것은 그것이 무엇이
라 말하였느냐?
59 인간의 생각으로 사는 것이니, 육의
세상을 벗어나지 못하며 하늘의 뜻을
알 수 없으며 거기에서 미끄러지고 무
너지기가 가장 쉬운 것이 너희 마음이
니라.
60 흔들리는 마음이요, 나약한 마음이요,
유혹에 강하지 못하고 무너지는 너희
의 그러한 마음이니,
61 바로 거기에서 한 발짝 무너지는 것이
사탄의 자식으로 전락하여 지옥으로
가는 길이라는 것을 너희는 알아야
할 것이니 그리 알라.
62 인간의 생각을 뛰어넘어 모두를 십계
명이요, 나의 법전대로 살아가는 그와
같은 삶으로 바꾸라.
63 그것만이 하늘에 오르는 그 삶이라는
것을 잊지 말라, 사랑하는 나의 아들
딸들아!

6,848 번째 하나님 말씀

2003년 7월 24일 23시 52분

1 사랑하는 나의 아들아!
2 **"네, 아버님! 말씀하옵소서."**
3 너희가 스스로 만들어 관리하고 가꾸
는 것은 우상이 아니요, 그건 다른 신

이 아니라 그리 생각함이니라.
4 너희가 예수의 동상을 만들며 예수의
모형을 그리며, 마리아의 동상을 만들
며 마리아의 그림을 그려 놓음이니,
5 그와 같은 그 그림의 형태를 과연 너
희는 아는가?
6 너희가 어떠한 마음으로써 어떠한 상
태로써 그걸 만들어 놓았는가?
7 그 모두가 다 내가 너희에게 우상이
라 그리 말하였음이니라.
8 그리고 너희는 천사를 과연 보았는가?
9 천사의 형태를 만들어 놓고 그 앞에
가서 너희가 두 손 모아 기도하고 경
배함이니, 그것이 무엇이더냐?
10 두려움과 무서움이 없던가?
11 그것이 다 우상이 아니고 무엇이던가?
12 두 날개를 펴고 있는 상상의 그림으로
그린 그 천사를 너희가 조형물로 만
들어 그것에 가서 기도함이니,
13 과연 그것이 우상이 아니고 어떤 것이
우상이라 말이더냐?
14 너희는 산속 깊은 절간에 깎아 놓은
그 불상만이 우상이라 생각하는가?
15 그리고 너희가 어떤 모형을 만들어
놓은 것이며 날짐승을 섬기는 것, 그
와 같은 것이 다 우상이며, 너희가 하
고 있는 짓은 과연 우상이 아니라 말
하는가?
16 지금 성당이라는 그 뒤뜰에 촛불을 켜
놓고 거기가 무릎 꿇고 기도하는 자
가 있음이니라.
17 그리고 거기 와서 기도하고 경배하는
자가 있으니, 아름다운 두 남녀가 손
을 모으고 거기에 고개 숙여 무릎 꿇
고 앉아 기도함이니, 그들의 기도의
뜻이 무엇인 줄 알겠는가?
18 그들이 '죄를 용서해 주옵소서.' 하고
비는 기도던가,
19 '우리가 영원히 행복하게 잘 살기를
바라며 우리의 소원을 이뤄 달라'는
기도를 하는가?
20 너희가 만들어 놓은 그 우상 앞에 소
원을 빌며 원하는 걸 비니, 돼지머리
놓고 떡 해 놓고 촛불 켜 놓고 기도하
는 자와 무엇이 다르단 말이던가?
21 어찌하여 너희가 하는 것은 우상이라
는 것을 모르며 남들이 하는 것만을
우상이라 그리 여기고 있음인가?
22 이와 같은 형국을 바로잡아야 하는 것
이 바로 나 여호와가 너희에게 지금
명하는 것이며, 너희가 행하고 이루어
야 할 그 대명이라는 것을 너희는 알
아야 할 것이니라.
23 이제는 나의 아들을 따르는 제자들이
요, 나의 법전을 읽고 깨우친 백성 너
희는 들으라.
24 너희가 천사의 모형을 만들어 놓고 마
리아의 상을 만들어 놓고 예수의 상을
만들어 놓고, 서서 기도하며 무릎 꿇
고 경배하는 자의 그 기도 소리가 어
떠한 것인가?
25 그러니 너희가 만들어 놓은 것은 우상
이 아닌가를 먼저 깨우치며,
26 그것들 앞에 기도하는 것이 과연 그들
이 '제 죄를 용서해 주옵시고, 제가 잘
못 산 것을 제 악습을 버려 하나님의
자식으로서 다시 태어나는 그 길을 가
겠다' 하고 그들이 굳은 맹세를 하는
것인가?
27 네 소원을 이루고자, 네 뜻을 이루고

자, 네가 무엇을 이루어 달라 하며 너
희가 고달프고 어려운 것이요, 더 갖
고자, 더 역사하고자 하는 것을 기도
하고 네 자식을 위해서, 네 가족을 위
해서, 너 자신을 위해서 소원하고 기
도하는 것은 아닌지 물어보라.
28 너희가 촛불을 켜 놓는 데는 그냥 켜
놓는가?
29 너희가 헌금을 내는 것은 재산을 바치
면서 기도하는 것이 아니던가?
30 너희가 모든 봉투라는 것을 갖다 바치
는 것은 재물이 아니던가?
31 어찌하여 너희가 짐승의 머리를 만든
것도 돈으로써 만들며 금화와 은화로
써 만드는 것이니 똑같은 것이거늘,
32 어찌하여 너희는 남이 하는 것은 잘
못된 것이며, 너희가 하는 것은 잘못
된 것인지 모르며 그것이 우상이라는
걸 모르는가?
33 그 백성을 깨우쳐 주어야 하는 것이
너희가 가야 할 길임을 알아야 할 것
이니라.
34 그러니 저희가 하면서 우상이 아니라
생각하며 우상의 행위가 아니며 나 여
호와의 뜻에 하는 백성이라 그리 말함
이니,
35 과연 그들을 어찌 바로 깨우칠 수 있
겠는가?
36 그것은 너희의 피나는 노력의 그 역
사만이 그게 이루어질 수 있으며,
37 너희는 목숨이라도 바쳐 그들이 깨우
칠 수 있다면 그 길을 주저하지 아니
하고 가는 나의 아들의 제자들이요,
나로부터 선택된 백성 너희의 그 각
오만이 그들을 깨우칠 수 있음을 알아
야 할 것이니,
38 그들이 하는 행동을 하나하나 점검하
고 들여다보라.
39 그러면 과연 그들이 우상을 숭배하는
것이며 그들의 믿음이 잘못되었다 하
면 너희가 가는 길이 진정한 믿음이
요, 나 여호와의 뜻이라는 것을 알지
알겠는가?
40 그러니 주저해서도 아니 되며 두려워
생각하지 말라 하는 것이 나 여호와의
뜻이니라.
41 성당의 뒷마당에 가 무릎을 꿇고 앉아
기도하고 경배하는 것은 무슨 상이더
냐?
42 마리아 상이 대답하던가, 천사의 상이
대답하던가?
43 너희가 촛불을 켜 놓기 위하여 돈으로
써 금화로써 그 초를 사 불을 켜 놓고
남녀가 아름다운 모습으로 서서 두 손
모아 기도하는 그 그림은 아름다우나,
44 그들이 기도하는 속은 사악한 자의 욕
심이 그득 차 있는 것이니, 저희를 위
해서 빌고 비는 것이 아니더냐?
45 그러니 이것이 바로 얼마나 대표적인
우상이냐?
46 모든 종교 집단이요, 기독교를 믿는
자 너희도 다 우상 앞에 기도하고 경
배하는 그와 같은 자들이니라.
47 너희가 아름답게 만든 것이 나 여호
와에게 기쁨이라 하여 황금으로 만든
십자가를 목에 걸고 다니니, 그 황금
이 무엇이더냐?
48 재물이 아니던가?
49 거기에 또 더 찬란한 모형으로 만들어
서, 나 여호와에게, 가장 멋있고 아름

다운 십자가를 만들어 붙이고 달고
다니는 것이 사랑이라 그리 생각하니,
50 나의 아들이 고통스럽게 죽어 간 그
형상을 더 비싼 것으로 더 고귀한 것
으로 값진 것으로 하고 다니는 자가
얼마나 사악한 자들이며 나를 능멸하
며 나를 욕되게 하는 것인가를 너희는
알겠는가?
51 마음속의 십자가가 가장 중요함을 너
희는 알라.
52 너희가 지금 나에게 축복받으며 영광
을 받는다 하여 마음속으로 십자가를
그리며 살아가는 것을 아름답게 사는
자가 있으며,
53 나무로 만든 것을 걸고 있는 자도 있
고, 황금으로 만든 자요, 백금으로 만
든 자요, 거기에 더 빛나는 보석을 박
아 목에다 걸고 다니는 자, 그럼으로
써 더 축복이요, 영광이 있다 생각하
는 자,
54 그것이 아름답게 꾸밀수록 나를 거역
하며 나를 가슴 아프게 하며 나를 욕
되게 하는 것이요,
55 보이지 않는 마음속에 고이 간직하는
그 십자가만이, 그리고 그 십자가에서
죽은 나의 아들 예수를 생각하며 그가
무엇을 원했으며, 그가 깨우치고자 하
며 역사하고자 한 것이 무엇인가를 상
기하고 깨우쳐 그 길을 가는 자가 진
정한 나에게 올 수 있는 백성이라는
것을 너희는 깨우쳐야 할 것이니, 그
리 알라.

6,849 번째 하나님 말씀

2003년 7월 25일 0시

1 사랑하는 나의 아들아!
2 "네, 아버님! 말씀하옵소서."
3 너희가 얼마나 어리석은 백성이며 나
의 진리를 모르며 나의 뜻을 모르고
살아가는 백성인가?
4 내가 나의 법전에 수없이 기록하여 너
희에게 깨우쳐 주었음이니, 오늘 이
밤 내가 나의 아들을 통하여 너희에게
다시 한 번 깨우치고자 한 그 뜻을 깊
이 알아야 할 것이니라.
5 너희처럼 어리석고 불쌍한 백성이 없
으며 성경을 왜곡되게 가르치는 백성
이 없음이니라.
6 그러니 성경에 숨어 있는 그 뜻이요,
그 비유의 뜻이요, 그 진리를 정녕 모
르는 자들이요, 그를 알 수 없기에 너
희가 그걸 모른다면 바로 어떠한 백
성이냐?
7 왜곡되게 가르치는 자들이요, 잘못 가
르치는 자들이요, 성서를 한 자도 빼
지도 말며 한 획도 고치지 말라 더하
지도 말라 하면서, 너희는 그 글 속이
나 그 글에 담겨 있는 깊은 나 여호와
의 뜻이요, 나의 비유의 뜻이요, 내가
숨겨 놓은 그 뜻을 모른다면,
8 너희가 백 날 가르치고 단상에 서서
설교하고 강론하고 아무리 말을 한다
해도, 그것을 다 왜곡되게 가르침이며,
9 그 받침 하나를 틀리게 읽는 것이 아
니요, 내용 하나 틀리게 읽는 것보다
모두를 다 송두리째 사탄의 가르침을
가르치는 것이요,

10 나 여호와의 뜻을 가르치는 것이 아님
을 너희는 알아야 할 것이니라.
11 너희의 가르침에 그와 같은 말이 있지
않더냐?
12 '구하라 그리하면 너희에게 주실 것이
요, 찾으라 그러면 찾을 것이요, 문을
두드리라 그러면 너희에게 열릴 것이
라'는 그 모두가 다 무엇이던가?
13 그 가르침을 내가 일찍이 가르치기를,
육의 관계에 있는 모든 것이 이루어지
는 것처럼, 너희가 그리 기도하고 경
배하며 육의 세상에서 너희가 편안하
며 부귀영화를 누리며 재물을 얻으며
소원하는 것을 얻으며 사는 것처럼 그
리 가르친다 하지 않았더냐?
14 그것이 바로 육에서 이루어지는 것이
아니요, 너희가 하늘에 오르는 길이
요, 진정한 진리요, 그와 같은 뜻으로
써 내가 성경에 기록한 것이지,
15 너희에게 재물을 얻고 못 얻는 그와
같은 것으로써 내가 거기에 그 뜻을
기록해 놓은 것이 아니라 그리 말하였
거늘,
16 너희는 그와 같이 인간 세상에 이루어
지는 그 모두를 거기다 걸고 그와 같
은 생각에서 그걸 암송하며 그걸 읽
고 깨우치며 거기에 기대를 걸고 사는
것이 너희며, 그리 가르치는 것이 종
교 지도자들이니, 얼마나 어리석은 자
들이더냐?
17 너희가 그뿐인 줄 알겠는가?
18 내가 오늘 나의 아들을 통하여 너희에
게 다시 한 번 한 구절의 글귀를 가르
치고자 함이니, 이것 또한 성서에 기
록되어 있음을 알아야 할 것이니라.
19 '네 시작은 지금 비록 미약하나 네 나
중은 심히 창대케 하리라' 하는 나의
그 뜻을 너희가 어찌 가르치는가?
20 그 뜻도 너희가 육에서 이뤄지는 것
처럼 그리 생각하며 육의 세상에 모두
가 이뤄지는 것처럼 말하느니라.
21 그리하여 종교 지도자라는 자들이 잘
못 배우고 잘못 깨우친 자들이 개척하
는 그 개척 교회 앞에 내걸고 가장 크
게 목청이 터지라 외우고 부르짖는
그 설교요, 가장 중요한 내용이 무엇
이던가?
22 '지금 네 시작은 비록 미약하나 네 나
중은 심히 창대케 하리라' 그리하여
그걸로 너희가 목이 터지라 개척 교
회요, 모든 종교 집단이 울부짖고 있
으며,
23 그걸 내걸고 그걸 신줏단지처럼 모시
는 것이 너희가 아니더냐?
24 그리고 너희는 그를 사람들을 모아 놓
고 그리 가르치느니라.
25 '오늘은 비록 미약하나 너희가 창대하
리니, 나 여호와의 뜻에 그리 이루어
질 것이니 걱정하지 말라' 그러면서
너희는 그와 같이 지금 나의 피조물
만백성들을 가르치며 이끌어 가는 것
이 아닌가?
26 너희가 모든 교회에서 가장 위대한
그 가르침의 말씀으로 가장 많이 설교
하며 부르짖는 것이 그 뜻이 아니던가?
27 너희는 그걸 가지고 열변을 토하고 또
열변을 토하고 그리하느니라.
28 그뿐이던가?
29 그리하여 믿음의 길을 가는 그 백성이
또한 어찌 살아가는가?

30 저희가 사업을 할 때, 또 개업을 한다
할 때 저희가 무엇인가를 부귀영화를
내려 줘 무엇을 만들 때 갖다 걸어 놓
고 또 그리고 붙이고 해서 놓는 것이
무엇이더냐?
31 '네 지금 시작은 비록 미약하나 네 나
중은 창대하게 되리라' 그와 같은 내
용을 갖다 걸어 놓고 붙여 놓고 그걸
보고 살아가는 것이 아니더냐?
32 그러니 사업장에도 온통 그와 같은
것을 걸어 놓은 것이 너희니,
33 그것이 육의 세상의 사업적이요, 사업
적인 것만을 누리는 것이요, 개척 교
회에서는 큰 교회를 짓고자 하기 위
하여 그걸 걸어 놓고 지금 애지중지하
는 것이 너희니,
34 얼마나 너희가 어리석은 것이며 잘못
된 백성인 줄 알겠는가?
35 또한 그것이 무엇인가?
36 너희가 육에서 살면서 다 버리지 못하
고 지은 죄요, 너희가 잘못 살아온 것
을 깨우치고 반성한다면,
37 그리하여 그와 같이 산다면 바로 너희
가 나에게 구원의 은혜를 입을 수 있
으며 너희가 영혼의 은혜를 입을 수
있다는 그와 같은 이치의 깨달음이라
는 것을 너희는 어찌 모르고,
38 그게 육에서 이루어지는 모든 것이라
그리 어리석게 생각하고 간단 말이던
가?
39 그것 하나를 보더라도 너희가 얼마나
어리석은 백성이며, 나의 성경에 숨어
있는 뜻이요, 나의 비유의 뜻을 너희
가 거역하고 있는 자들인 줄 알겠는
가?
40 나는 그 모두가 너희가 육에서 이뤄
지는 사업을 번창케 하며 개척 교회를
번창케 하기 위하여 그와 같은 것을
내가 가르쳐 준 것이 아니며 너희에
게 그 뜻을 내려 준 것이 아니라는 것
을 알라.
41 너희가 살아가면서 지금까지 지은 모
든 죄요, 너희가 나의 뜻을 거역하고
산 것, 그와 같은 속에서 너희가 깨우
치고 변하는 그 순간에
42 비록 너희의 그 깨우침이 지금은 아
주 미약하나, 너희가 나의 법전을 읽
고 깨우치며 그리고 십계명을 지키고
살아가며 나의 성경의 참진리를 볼 수
있는 너희가 천사와 같이 변할 수 있
다는 것이며,
43 너희가 가장 작고 미미한 깨우침이라
하더라도 그 작고 미미한 깨우침에서
한번 그 고리를 잡기 시작하며 그 끈
을 잡기 시작한다면, 깨우침이 너희에
게 역사하게 됨이니라.
44 그리하여 너희가 육의 욕심이요, 육이
잘못된 것을 구분할 줄 알며, 그리하
여 반성하고 회개하며 그와 같은 죄를
짓지 아니하며,
45 너희가 나의 뜻대로 계명대로 지키고
살아가는 자신과 용기를 갖고 살아가
는 그것이 바로 내가 너희에게 내려
주는 은혜요, 너희가 심히 창대하게
변하는 것임을 알아야 할 것이니라.
46 너희가 육에서 가지고 올 수 없는 것,
다 버리고 오는 것, 지고 오지 못하는
그것을 위하여 내가 너희에게 그와
같은 은혜를 내려 주며, 너희가 지금
시작은 미약하나 가장 내가 창대하게

너희에게 이루어 준다는 그와 같은 착
각 속에서 살고 있는 자는 여기서 깨
우쳐야 함을 잊어서는 아니 될 것이니
라.
47 너희가 지은 죄를 용서를 빌고 회개를
하며 지금의 미흡한 마음에서 깨달음
이 점점 커지는 것, 그리고 노력에 따
라서 하늘의 뜻을 아는 것, 그 은혜를
크게 입는 것, 그것이 바로 너희를 심
히 창대하게 하는 것이라는 것을 알라.
48 나 여호와는 너희가 육의 세상에 이
루어지는 것을 역사하고 채우는 것이
아니요,
49 너희가 구원을 받고 못 받는 것, 나에
게 오를 수 있는 것, 못 오르는 것, 너
희가 지옥으로 가는 것, 천국으로 오
는 그것을 내가 너희에게 도와주고
그 길을 안내해 주고 깨우쳐 주는 그
말을 너희가 듣고 변화되어 살 수 있
는 그것이 나로부터 가장 큰 은혜요,
영광이니라.
50 그러니 너희가 지금은 미약하다는 것
은 지금 깨달음은 비록 미약하나,
51 너희가 나의 법전이요, 십계명대로 살
아가고자 깨우치는 것이 아주 미미하
고 미약하지만, 너희가 노력하고 반성
하고 회개하는 속에서 너희 스스로
성장함이니,
52 네 믿음을 심히 창대하게 하여 너희가
나에게 하늘에 오를 수 있는 영광이
요, 지옥 불 앞에 와 너희가 통곡하고
몸부림치는 것을 면할 수 있도록 그리
갈 수 있다는 그 뜻임을 너희가 깊이
깨우쳐 행하도록 그리하라.

6,850 번째 하나님 말씀

2003년 7월 25일 0시 17분

1 사랑하는 나의 아들아!
2 "네, 아버님! 말씀하옵소서."
3 내가 너희에게 '지금은 미약하나 나중
에 심히 창대하게 되리라'는 그와 같
은 뜻을 너희는 바로 육의 생각으로
써 모두를 다 착각하며 육의 생각으로
써 그리 맞추고 살아감이니라.
4 내가 너희에게 뭐라 말하였더냐?
5 육으로써 생각하고 사는 너희가 한
발짝 잘못 디뎌 넘어져 미끄러졌을 때
너희는 바로 지옥행이요, 사탄이 된다
내가 그리 말하지 아니하였더냐?
6 그러니 육의 생각에서 너희가 미끄러
지는 것은 그와 같은 형국이요, 너희
가 육의 생각에서 나의 십계명이요,
나의 법전대로 살아가는 것은 나 여호
와의 뜻에 살아가는 것이라 하였음이
니,
7 너희가 그와 같이 지금은 미약하나 나
중에 창대하다는 그 모든 해석을 너희
는 육의 삶으로써 육의 생각에 그 모
두를 맞춰 가고 있으니,
8 너희는 지금 한 발짝이 아니라 수없이
미끄러져 지금 지옥행으로 가고 있는
그와 같은 종교 집단이요, 지도자요,
그 밑에서 구원의 길을 간다는 백성
너희가 그러함이니라.
9 그리하여 내가 지금 나의 피조물 만백
성이요, 나의 법전을 읽고 깨우친 백
성이요, 나의 아들을 따르는 너희에게
지금 말하나니,
10 너희가 그 육의 생각을 잘못하는 그

순간에 무너지며 너희가 잘못되기 때
문에 그것이 위험하다 하는 것임을 알
아야 할 것이니라.
11 그리하여 너희 생각대로 세상을 마음
대로 살아가는 것이 아니요, 법전이
요, 나의 십계명에 내려진 그 내용을
항상 생각하며 기억하여 그 속에서 위
배되지 않는 삶을 살라 그리 말함이니,
12 너희는 내가 성경에 기록해 준 나의
소중한 그 뜻을 이해하지 못하니, 그
모두를 다 너희는 어디에 비쳐 생각
하느냐?
13 하늘의 뜻에 따라 깨우치고 가는 것
이 아니요, 육의 생각에 맞춰 육의 삶
에 모두를 거기에 맞춤이니,
14 너희가 거기서 좀 더 깨우치는 자는
나를 조금 볼 수 있으나 그렇지 못한
자들이 다 그저 미끄러짐이니,
15 바로 사탄이요, 사악한 자의 후예로,
너희가 다시 태어나지 못하고, 그리
미끄러지는 자들이니라.
16 그러니 그것이 지옥문으로 가는 것이
너희임을 알아야 할 것이니라.
17 이는 나를 버리는 것이요, 이는 나를
거역함이니라.
18 모든 성경에 있는 것을 육의 생각이
요, 인간의 생각으로써 맞춰 나가는
너희가 얼마나 점차 사악해져 가는지
알겠는가?
19 육에서 너희가 한 발짝 더 무너져 사
탄의 생각으로써 젖어 들 때, 그 순간
부터 나를 대적하며 나를 능멸하는 그
와 같은 행위를 한다는 것을 그를 모
르겠는가?
20 지금 나에게 대적하는 자요, 나를 욕
되게 하는 백성이 바로 누구인 줄 알
겠느냐?
21 나의 성경을 제대로 이해하지 못하며
그 뜻을 알지 못하며 비유의 뜻을 알
지 못하는 종교 집단이요, 지도자요,
거기에서 구원을 받았다는 그 신도들
이 얼마나 교만하고 오만한 행동을 지
금 하고 있는지 저희 스스로 모르고
있음이니라.
22 나와는 관계가 없이 이해를 못 하는
자, 나의 뜻이 무엇인지도 알지도 못
하는 자들이 성서를 가지고 저희가
나의 뜻을 아는 것처럼, 그리고 저희
는 가장 깨끗하게 사는 것처럼, 가장
위대한 믿음의 길을 가는 것처럼, 다
른 신을 제 가슴에 두지 아니하며 우
상을 섬기지 않는 것처럼 그리 말하나,
23 너희는 1계명에서부터 4계명까지 그
모두를 다 가장 많이 위반하는 자들이
며 그를 거역하는 자들이니라.
24 그러니 너희가 1계명서부터 4계명까
지 그 모두를 정면으로 거부하는 것은
나의 뜻을 거절하는 것이며 나에게 대
적하는 것이요, 그 밑의 모든 계명을
지키지 못한다 하는 것은 또 무엇이던
가?
25 너희는 그것까지도 지키지 못하니, 인
간 세상의 삶도 바로 살지 못하겠다
너희가 그리함이니,
26 그 또한 나를 능멸하며 나에게 대적하
는 행위라는 것을 잊지 말라.
27 그리하여 그 모두를 지키고 사는 것이
너희가 구원을 받는 영혼의 양식이라
는 내 가르침을 다시 한 번 읽고 깊이
뉘우치는 자는 바로 볼 것이며, 그렇

지 못한 자는 영원히 나와는 관계없
이 그리 간다는 것을 잊지 말라.
28 모든 성서에 기록된 것을 너희는 육의
생각으로 해석하느니라.
29 그리고 육의 생각에 모두를 맞추며 너
희는 육의 생각을 먼저 놓고, 거기에
나의 성서를 갖다 꿰어 맞춰 재물을
거둬들이고 만백성을 우롱하며 영수
증 하나 없이 그저 거둬들이는,
30 그리고 수없는 궁궐 같은 위대한 성전
을 짓는 것이 나에게 축복되며 나에게
복 받는 길이라 그리 가르치니, 얼마
나 종교 지도자가 사악하더냐?
31 네가 비록 남의 집 문간방에 산다 해
도 그것을 빼서 그 돈을 갖다 교회에
바치며 종교 집단이 행하는 행사에 바
침으로 너희는 큰 상을 받으며 더 구
원을 받는 것이라 그렇게까지 하니,
32 육신이 고단한 자가 어찌 나에게 오를
수 있으며 육신이 고달픈 자가 진정한
믿음의 길을 갈 수 있다는 말이더냐?
33 너희가 정신이 혼미한 자가 진정한
믿음의 길을 갈 수 있단 말이더냐?
34 정신이 혼미한 자가 진정한 믿음의 길
을 갈 수 없다 내가 그리하지 않았던
가?
35 그리하여 너희가 쓸데없이 정신이 혼
미한 금식 기도를 하면서 과시하지 말
라 그리하였음이니라.
36 정신이 혼미한 자가 제대로 기도할 수
없으며 나의 뜻에 경배할 수 없으며
너희가 참진리요, 위대한 것이요, 너
희가 눈앞에 보이는 것, 그 자체도 정
의롭게 판단할 수 없는 너희가 판단
력을 상실한 자들이라 그리 말하였거
늘,
37 너희가 혼미한 상태에서 무엇을 이룬
다 말하는 것이냐?
38 그러니 너희가 지금 나의 뜻을 거역하
는 자들이니라.
39 내 뜻이 무엇인 줄도 모르며 오만에
차 있는 자, 그들이 과연 성서를 제대
로 읽을 수 있으며 나의 뜻을 제대로
읽을 수 있단 말이던가?
40 그러니 너희를 바로 내가 뭐라 말하
였느냐?
41 정신 나간 자요, 바로 미친 자라, 너희
가 그렇다 내가 말하였느니라.
42 너희를 미친 자라 말하는 나 여호와를
'진정한 하나님이요, 하나님은 계시며
하나님은 존재하며 하나님은 위대하
며 이 세상 모두를 창조한 것은 정녕
하나님이라'고 이방인들이 그리 말한
다고 한 그 무서운 뜻을 너희는 알아
야 할 것이며,
43 그 얼마나 너희에게 비유의 뜻을 내
가 바로잡고자 하는 뜻인지를 알라.
44 모든 이방인이 그리 말할 것이니라.
45 나 여호와가 지금의 믿음의 길을 가는
백성이 그리 나를 대적하며 나의 아들
예수에게 상처를 주는 자며 가슴 아프
게 하며,
46 그리하여 다 정신 나간 자요, 미친 자
요, 그들은 구원받을 자가 한 명도 없
다 할 때, 이방인들은 나 여호와가 존
재하며 하나님은 계시다 그들이 말한
다는 그 무서운 말을 깊이 깨우쳐,
47 너희 자신이 그 말에 위배되지 않는
삶을 살도록 그리 전하라.
48 네 제자들도 그럴 것이며, 나의 법전

을 읽고 깨우친 너희 또한 너희가 잘
못됐다 할 때, 이방인들이 정녕 하나
님은 계시다는 그와 같은 말을 듣는
너희가 되어서는 아니 될 것이니,
49 남의 것을 탓하기 전에 나의 백성이
나를 빙자하여 나의 아들의 이름을 빙
자하여 살못 가는 자들을 나의 이름이
요, 나의 아들의 이름을 팔지 못하도
록 내가 그를 가르치니,
50 그를 거울삼아서 너희가 그와 같은
삶을 살지 말라.
51 내가 160권의 법전을 내리는 뜻이 여
기에 있음이니, 나의 뜻에 위배되며
거역되는 삶을 살지 않도록 그리하라,
사랑하는 나의 아들딸들아!

6,851 번째 하나님 말씀

2003년 7월 25일 08시 19분

1 사랑하는 나의 아들아!
2 "네, 아버님! 말씀하옵소서."
3 '네 이웃에 거짓 증거하지 말라.'는 그
모두가 다 무엇이던가?
4 너희의 욕심의 근본이요, 근원에서 그
모두가 역사함이니라.
5 너희가 욕심이라는 것을 버리지 못하
기에 그와 같은 욕심의 뿌리를 버리라
하는 것이 나 여호와의 뜻이며, 그게
하늘에 오르는 길이라 함을 너희가
잊어서는 아니 될 것이니라.
6 너희는 욕심이라는 것 때문에 그 육신
을 위하여 모든 것에 실패하며 모두
쓰러지는 그와 같은 형국에 있음이니
라.
7 정녕 욕심을 버린다면 너희는 살아가
는 육의 세상에서도 남들처럼 뒤지며
불행한 삶을 사는 그와 같은 백성이
없을 것이니라.
8 모두가 다 욕심 때문에 너희 이웃을
바라다보며 네 이웃에게 거짓 증거하
며 그와 같은 삶을 사는 것이니라.
9 정녕 욕심을 버리고 산다면, 너희는
이웃에 거짓 할 것도 없으며 남을 질
투할 필요도 없는 것이니라.
10 너희가 남을 질투하고 시기하며 또 그
와 같은 마음은 욕심에서 상대방으로
부터 그와 같은 행동을 하게 만드나,
너희가 그와 같은 행동을 하는 백성
그 또한 무엇이더냐?
11 다 욕심이라는 그 뿌리를 버리지 못하
였기 때문에 그러함이니라.
12 그러니 너희 마음속에 그 욕심의 뿌리
를 버리는 것 그걸 위해 너희가 모두
를 다 바쳐야 한다는 것을 절대 잊어
서는 아니 될 것이니라.
13 욕심이라는 그 사악한 마음의 뿌리를
가슴에 두고는 아무리 변한다 해도,
아무리 아름답게 살고자 한다 해도 이
는 결코 이룰 수 없으며 나에게 오르
는 길을 올 수 없다는 것을 알아야 할
것이니라.
14 욕심이 그리 무서운 것이니라.
15 모든 욕심을 버리지 아니하면 그 사악
한 마음의 뿌리가 항상 너희 마음에
도사리고 있으니,
16 언제 그게 튀어 오를지 모르며 그게
얼마만큼 화를 부를지 모르며 너희 마
음을 광분하게 할지 모르는 것이니라.
17 그러니 정녕 욕심을 버리는 그 모습으
로써 너희가 살아가는 자가 아니 되

면 절대 아무것도 이룰 수 없다는 것
을 명심해야 할 것이니라.
18 그리하여 너희가 욕심을 버리지 아니
하면 나의 계명을 지킬 수가 없으며
나의 법전대로 결코 살아갈 수 없는
것이니라.
19 너희는 말하느니라, 모두가 다 욕심을
버렸다 말하며 자기는 욕심을 비우고
사는 자라 그리 말하는 자는 그 욕심
의 뿌리가 무엇인지 그 자체도 모르는
자들임을 알아야 할 것이니라.
20 더욱이 나에게 오르는 그 믿음의 길이
너희 삶이 아니요, 육의 세상에서 욕
심에 치우쳐 산다면 그는 결국 아무것
도 이룰 수 없는 것이니라.
21 너희가 어려운 자를 돕지 못하는 것도
욕심이요, 가난한 자를 돕지 못하는
것도 그 모두가 다 욕심이 아니던가?
22 너희가 죽어 가는 자를 살릴 수 있는
그 기회에 그와 같은 생명을 살리지
못하는 그와 같은 행위도 다 욕심의
근원에서 모두가 다 이루어지는 것이
니라.
23 병들어 길거리에 쓰러져 있는 자를 너
희가 그들의 생명을 구할 수 있는 상
황에서 그들을 돕지 않는 것은 무엇이
더냐?
24 욕심이니라.
25 이것저것 너희가 계산을 두게 되며
욕심이라는 마음을 버리지 못하기에
너희가 그와 같은 선한 행위를 할 수
있는 그 기회를 버리게 됨이니,
26 모두가 다 욕심이라는 것을 버리는 그
와 같은 삶을 살도록 너의 제자들은
그리해야 하느니라.
27 너희는 정녕 욕심을 버리도록 하라.
28 너희가 인간 세상에 살아가면서 듣는
말이 있지 않더냐?
29 물질을 탐하는 자, 그리고 황금을 보
는 그 눈이 어찌 보느냐에 따라서 너
희는 그걸 볼 수 있는 것이니라.
30 황금 덩어리를 너희가 황금으로 보아
욕심 있는 자는 그 소중함을 놓지 못
할 것이며, 욕심이 없는 자는 그 황금
이나 일반 돌덩어리나 보는 눈이 다
같을 것이니, 이게 바로 욕심의 차이
라는 것을 너희는 잊어서는 아니 될
것이니라.
31 모든 재물이요, 모든 것을 보는 눈이
욕심에 가려 그걸 보면, 그것으로써
그 욕심이 욕심을 채우고자 하는 것으
로써 너희가 보이는 것이며,
32 그리하여 그걸 취하기 위하여 수단과
방법을 가리지 아니하느니라.
33 그러나 욕심이 없는 자는 남의 황금을
탐내지 아니하며 남의 재물을 탐내지
않는 것이 욕심을 갖지 않는 백성이
가는 마음이니,
34 정녕 욕심으로써 그득히 차 있는 백성
과 욕심으로써 차지 않은 백성의 그
마음을 너희는 알아야 할 것이니라.
35 모든 시기 질투요, 그 모두가 다 욕심
에서 이루어지는 것이니,
36 남이 잘되는 것을 못 보는 성격, 남이
앞에 가는 것을 보지 못하는 성격, 그
게 다 욕심이요, 질투의 덩어리로 뭉
쳐져 있기 때문에 그러하니라.
37 그러니 너의 제자들에게 말하라.
38 내가 나의 아들을 통하여 욕심을 버리
라 이와 같이 기록하여 전하는 것은

너희가 욕심이라는 근원을 하나도 버
리지 못하였기 때문이니,
39 그리고 욕심이라는 것이 무엇인지조
차도 모르고 있기 때문이니라.
40 모든 욕심을 버려야 할 것이니라.
41 작은 것에서 큰 것에 이르기까지 과연
너희가 욕심으로써 행하는 것인지 아
닌지를 알 것이니라.
42 가진 자가 더 갖기 위하여 거짓 하며
그와 같이 하는 것도 다 무엇이더냐?
43 그 욕심의 뿌리를 버리지 못하였기 때
문에 거짓 하게 되며, 가진 자가 없다
말하며, 더 취하고자, 더 챙기고자 하
며, 그리고 이해하지 못하며 양보하지
못하는 그와 같은 마음이 다 그것이
욕심이니,
44 욕심으로부터 거짓 되게 되며 욕심으
로부터 죄를 짓는 것, 그 모든 욕심이
무엇인지 찾아내어 그 뿌리를 뽑도록
너의 제자들에게 그리 전하라.

6,852 번째 하나님 말씀

2003년 7월 25일 20시 59분

1 사랑하는 나의 아들아!
2 "네, 아버님! 말씀하옵소서."
3 너희가 보고 놀라는 그 기암절벽의
바위들도 그것이 일순간에 그와 같이
역사했다 생각할 것이니라.
4 그러나 그렇지 않으니라.
5 많은 세월 속에 다져지고 또 다져지며
풍화작용이요, 자연의 변화에 그들이
굳어지고 또 굳어져서 그와 같이 단단
한 바위의 모습으로써 우뚝 서게 됨
이니,
6 하나의 돌덩이요, 바윗덩어리도 그와
같은 많은 세월 속에서 변화와 변화의
역사 속에서 다져지고 다져지면서 그
와 같은 모양으로 변화되는 것이니라.
7 지금 너희가 가는 길이 어떠한 길인
지 알겠는가?
8 수천 년 동안 흘러왔으며 수많은 나의
피조물 만백성들이 나에게 오르고자
몸부림치며 그리 갈구했던 그들이 지
금 나름대로 뿌리를 내려온 그 집단
속에서,
9 너희보다 생각하는 것이 앞에 가며,
계산하는 것이 앞에 가며, 모두를 다
너희보다도 수없이 유리한 여건을 가
지고 있는 그들에게,
10 너희가 더불어 그들이 가진 그 모든
부귀영화요, 그 행복함을 다 저버리라
하는 것이니,
11 바로 그것이 있을 수 있는 길이더냐?
12 그러니 그와 같은 역사를 이루는 너희
는 자연의 풍화작용에 굳어진 그 바위
가 기다렸던 그 세월보다도 묵묵히 더
많은 세월 속에 인내하며 기다리는 그
와 같은 삶 속에서 그 모두가 역사함
을 너희는 알아야 할 것이니라.
13 모두가 하루아침에 이루어짐이 아니
니라.
14 그와 같이 바위가 수백 년 수천 년 동
안 흘러오는 속에서 변화의 역사에 따
라 그리 굳어지지 아니하였으며 단단
하지 못한 형태로 나왔다면,
15 그건 세상 밖에 나와 그 흔적을 찾을
수 없는 것이니라.
16 그 바위가 오늘날 그와 같이 단단한
모습으로써 세상에 나왔으며, 만백성

에게 감탄을 받을 수 있는 그와 같은
기암절벽의 그 풍경을 이루고 있으며,
17 그 그림과 같은 형태로 서 있는 그 바
위들이 다져지지 아니한 상태로 세상
에 나왔다면, 그 비바람에 그들은 존
재하지 못하며 그들은 무너짐이니,
18 그들의 장엄한 한 폭의 그림과 같이
그 위치를 지키기 위하여 그들은 몇천
년의 세월 속에 흘러왔으며 다져지고
굳어져 오늘에 그 모습으로 서 있는
것이니라.
19 그러니 너희가 지금 세상에 나갈 때
다져지지 않은 형태로 세상에 나가면
과연 견딜 수 있다 할 수 있겠느냐?
20 그들은 자연 속에서 묵묵히 자연과 싸
움으로써 왔으나, 너희는 그 지혜를
가진 백성이 무너트리려 하는 자, 그
리고 쓰러트리려 하는 자, 그 강적들
앞에서 너희가 견딘다는 것은 잠시도
견딜 수 없는 그와 같은 형국이니라.
21 그 모두는 다 나 여호와가 역사하며
나의 계획에서 이루어짐이니, 그들을
너희는 알아야 할 것이니라.
22 이와 같은 형국으로써 나의 법전이 서
서히 흘러가며 저희 스스로 내분이
생겨 그 틈이 생겼을 때,
23 그 틈으로 하여금 그 모든 것이 갈라
지고 부서지는 역사의 시기가 필요하
며, 그와 같은 모든 기회가 흘러감을
너희는 알아야 할 것이니라.
24 아직 나의 법전 160권이 나오기 위한
세월이 필요하며, 너희가 그를 역사하
는 시간을 기다려 주며, 또한 지금 이
단계에서 좀 더 너희가 변하는 시간
의 역사가 필요함이니라.
25 이제 너의 제자들이 많이 깨우쳐 나에
게 올랐다 하나, 너희가 시소에 서서
양쪽에 다리를 걸쳐 놓고 지금 중심을
잡는 것이니, 그 중심을 잡기까지 너
희가 어렵게 왔음이니라.
26 시소에 서서 그 중심을 잡기까지 힘들
게 중심을 잡았음이니,
27 이제 너희가 나를 향하여 선한 쪽으
로 한 발을 떼고 넘어오는 그것만이
남았다 하지 않느냐?
28 그 길을 갈 수 있는 자, 그 길을 가는
백성만이 너희가 나에게 오를 수 있
는 그와 같은 형국임을 알아야 할 것
이니라.
29 오늘 내가 너희에게 하나를 명하여
깨우쳐 줌이니라.
30 너희는 나의 아들 예수의 보혈로써 그
모든 은혜를 받아 구원을 받았다 말하
는 그 백성에게 너희는 경종을 울려
야 할 것이니라.
31 너희가 나의 아들 예수가 죽고 싶어
너희 죄를 안고 죽어 왔던가?
32 그리고 나 여호와가 나의 아들의 죽음
으로 인하여 너희를 구원하며 너희
죄를 대속하는 그와 같은 역사를 이룬
다 하여 내가 나의 아들의 생명을 거
둬들였더냐?
33 대제사장이요, 믿음의 길을 가는 자
요, 너희 조상이 나의 아들을 죽게 만
들지 아니하였더냐?
34 그들이 죽게 하여 놓고, 그 후손들이
지금에 와서 그 보혈로 구원을 받으며
은혜를 받았으며, 너희가 그 예수의
이름이요, 예수를 찬양하기만 하면 구
원을 받는다 하여 예수를 '주여, 주

여!' 찬양하며 그와 같이 소리 지르고
있는 그 형국을,
35 오늘 이곳에 참석해 공부한 너의 제
자들은 집에 돌아가 시간이 날 때, 오
늘 가르치며 내가 비친 뜻을 깊이 깨
우쳐 깨달음을 얻도록 그리하라. 사랑
하는 나의 아들딸들아!

6,853 번째 하나님 말씀

2003년 7월 25일 23시 43분

1 사랑하는 나의 아들아!
2 "네, 아버님! 말씀하옵소서."
3 너희가 남의 집 귀한 자식을 매질하
며 그에게 고통을 줌으로 인하여 너
희 집안에 액운이 벗어진다 하여 남의
집 귀한 자식을 매질하여 그를 병신을
만들며 잘못되게 만든다면, 과연 이것
이 어느 세상의 계산법이던가?
4 너희는 남의 집 귀한 자식을 죽게 함
으로, 남의 집 귀한 자식의 생명을 잃
게 함으로 너희의 대대손손 액운이
걷어진다 하면, 과연 그것이 어느 나
라의 법도며 어느 계산법이 그와 같은
것이 있다 생각하는가?
5 인간 세상에서도 남의 집 귀한 자식을
죽게 하여 그 자식이 죽음으로 하여
너희 집안에 대대손손 그 액땜이 되며
액운이 없어지며 오로지 부귀영화만
이루어진다는 그와 같은 생각을 하여
남의 자식에게 가해한다 하면, 과연
이것이 무슨 계산법이며 세상에 어떻
게 나온 계산법이란 말이더냐?
6 어떠한 형국에도 인간 세상에도 그와
같은 일은 있을 수 없을 것이니라.
7 그리고 그와 같은 법은 있을 수 없는
것이 너희 인간 세상에서도 용납되지
아니할 것이니라.
8 너희는 그와 같은 이치에서 그와 같은
생각으로써 나의 아들 예수의 그 죽음
이요, 그걸 돌이켜 생각해 봐야 함을
너희는 알아야 할 것이니라.
9 내가 너희를 구원하기 위하여 나의
아들을 그리 보냈으며, 나의 아들은
너희를 구원하기 위하여 그 길을 선택
했다 하더라도
10 너희 입장에서는 그와 반대의 입장으
로 생각하는 아름다운 마음을 가져야
할 것이니라.
11 그렇지 않고 당연히 너희를 위해 죽
어 갔으며 그 죽음으로 인하여 너희
는 영원히 모든 사악한 죄를 다 용서
를 받으며,
12 그 아들을 찾음으로 인하여 부귀영화
를 누리며 나에게 오를 수 있다는 그
와 같은 계산법이요, 그와 같은 생각
을 해서는 아니 될 것이며 그런 마음
자세를 가져서는 아니 될 것이니라.
13 나의 귀중한 아들을 죽게 하여 너희는
그저 당당히 고개 들고 하늘을 향하여
나의 아들 예수의 죽음으로써 그 보혈
로써 너희의 모든 죄를 사하며 구원
을 받았으니,
14 그저 너희는 말로 예수를 찬양한다
하며 나의 아들을 경배한다 하며 나의
뜻에 따라 살아간다 하며 말로써 그
리하고 다닌다면,
15 과연 그것이 인간의 도리에서도 있을
수 있는 법이며 인간 상식에서도 그게
과연 있을 수 있는 말이더냐?

16 남의 귀한 자식을 죽게 하여 그로 하
여금 죄 사함을 받고 생명을 구했다
면, 너희는 그 죄의식과 부끄러움으로
감히 그 집 앞에 그 부모에게 감히 얼
굴도 마주 볼 수 없는 그와 같은 마음
자세로써 살아가는 것이 너희 아니겠
는가?
17 하늘의 창조주 나 여호와가 나의 아들
을 너희에게 그리 내주었음이니,
18 그렇다면 너희가 하늘을 향하여 과연
고개를 들 수 있으며, 하늘을 향하여
사는 백성이 감히 험악한 행위요, 사
악한 행위요, 성당이요, 교회라는 곳
에서 반목하며 서로 질투하고 시기하
며 고성을 지르며 그와 같은 시시비비
를 따지는 그와 같은 삶을 살 수 있다
고 생각하는가?
19 그것이 의리를 알며, 정의를 알며, 은
혜를 알며, 사랑을 알며, 너희가 말하
는 그와 같은 세상에 의리를 지키고
신의를 지키고 사랑을 베풀고 살아가
는, 나의 뜻에 가장 잘 따라 살아가는
백성이라 과연 그리 말할 수 있단 말
이던가?
20 내가 너희를 위하여 나의 아들을 그
리 거둬들였으며, 나의 아들이 너희를
위하여 하나밖에 없는 고귀한 생명을
고통스러운 시련을 다 맞이하며 거기
에 불평 한마디 없이 그 고통스러운
죽음의 길을 갔다 해도,
21 너희는 그와 같은 것을 그리해서는
아니 될 것이니라.
22 그렇다 해도 너희는 그 부끄러움이요,
죄스러움이요, 송구스러움에 감히 그
런 말을 할 수 없을 것이니라.
23 오금이 저려 하늘을 쳐다보기 부끄러
우며 죄스럽게 죽게 한 후손이 어찌하
여 하늘의 나 여호와 보기를 두려운
줄을 모르며 무서운 줄을 모르고, 너
희가 고개를 들어 하는 말이 무엇이더
냐?
24 나의 아들의 보혈로써, 나의 아들의
그 죽음으로써 너희 죄를 대속 받았
으니, 이 세상천지에 이 우주 공간에
활개 펴고 허허거리며 육의 향락과 즐
거움으로써 살아간다고 그러면서 너
희의 그 모든 죄를 다 용서받았다 그
리 말하는 것이 아니던가?
25 너희는 인간 세상에서 살아가면서 육
의 행함은 소중하지 아니하다면서,
26 어찌하여 나의 아들 예수가 죽음으로
써 그 보혈로써 너희가 인간 세상에
지은 죄를 다 안고 갔으며 속죄양이라
하면,
27 과연 그게 어디에서 그 계산법이 나오
는 것이더냐?
28 인간이 행한 것은 아무것도 아니라면
서, 너희는 어찌하여 인간 세속에서
지은 죄를 나의 아들 예수가 죽음으로
써 너희가 지은 죄를 모두 다 용서해
주었으며, 보혈로써 모든 죄에 대해
다 속죄했으며, 너희를 대속하여 죽어
간 나의 아들이라 하느냐?
29 그러면 인간 세상에서 하늘에 오르는
길이요, 나에게 오르는 길은 아무것도
관계없는 너희의 행함이요, 육의 삶에
대한 그 죄를 대신하여 나의 아들 예
수가 죽었다면, 나의 아들 예수의 죽
음은 무엇이냐?
30 아무것도 아니며 장난도 아니지 않더

냐?
31 어찌하여 나의 소중한 아들이 너희가
육의 세상에서 하늘에 오르는 길에 소
중하지도 아니하며, 구원을 받는 길에
소중하지도 아니하며, 나에게 와 심판
을 받을 때 아무도 관계도 없는 너희
의 그 육의 세상을 위해서 나의 소중
한 아들이 죽었단 말이던가?
32 그 목숨을 그리 내주었다 말하느냐?
33 돌이켜 생각하면 그 상반된 이야기는
너희가 나를 능멸하는 것이며,
34 나의 아들 예수요, 나의 이름이요, 너
희가 우리 부자를 팔아 육의 부귀영화
요, 재물을 긁어모으고 갈취하는 데만
혈안이 되어 너희는 무슨 말을 어떤
의미에서 하는지도 모르고 지금 지껄
이는 것이 지금 종교 집단이요, 지도
자이니라.
35 나의 아들 예수의 죽음이 그렇다면,
너희는 여기서 생각해 봐야 할 것이
니라.
36 나의 아들 예수가 죽어 그 보혈로써
너희가 구원을 받으며 너희 죄를 대
속해서 죽었다 함이니,
37 그렇다면 나의 아들 예수가 너희가
나에게 와 심판을 받을 때 아무 관계
도 없으며 도움도 못 되는 너희 육의
그 사악한 삶을 위하여 내가 나의 아
들로 하여금 그 죄에 면죄부를 주었단
말이던가?
38 그렇다면 나의 아들의 죽음은 무엇이
더냐?
39 너희는 여기서 깨우쳐야 할 것이니라.
40 나의 아들은 너희가 세상에 와 살다
나에게 와 심판을 받는 데 아무런 가
치도 없는, 그리고 너희의 심판을 좌
우하지도 않는 너희 육의 세상의 삶
이요, 아무런 관계도 없는 죄를 용서
를 다 해 주었으며, 그 죄를 대속해 주
기 위해서 나의 아들 예수가 죽었다고
그리 말함이니,
41 이것이 어디서 나온 계산법이며, 어찌
그와 같은 망발을 할 수 있는가?
42 나의 아들은 너희의 영혼을 구함이요,
나에게 오르는 그 진리를 깨우치기 위
하여 너희에게 모두를 던져 줬으며 그
와 같은 길을 왔음을 알아야 할 것이
니라.
43 그러니 너희가 육의 세상에서 살아간
그 모든 죄에 대해 다 속죄하며 그 죄
를 대신하여 나의 아들이 죽었다는 그
와 같은 말을 하지 말며,
44 그 피 흘려 고통스럽게 죽어 간 나의
아들 예수가 하나도 가지고 오지 못하
며 다 놓고 와야 하는 육의 세상에 살
았던 그와 같은 너희의 인간 세상의
삶에 대하여 나의 아들이 책임을 지며
그 죄를 용서해 주었단 말이던가?
45 너희는 육의 생활은 아무것도 아니라
면서 어찌하여 너희가 그 육의 세상
에서 지은 그 죄를 대속한 것이 나의
아들이 그 고통스러운 죽음이요, 피
흘려 죽었다 말하는가?
46 이제 나의 법전에 기록한 뜻을 알겠는
가?
47 너희가 그리 말하는 육에서 살아가는
것, 육에서 죄짓는 것이 중요하지 아
니하며 그것으로 구원을 받지 못한다
고 그리 말하나,
48 나의 법전은 그것이 심판의 기준이라

하였음이니, 이제 너희가 말하는 것과
행하는 것이 얼마나 상반된 이야기를
하고 있는가 너희는 알아야 할 것이
니 그리 알라.
49 정녕 너희가 얼마나 잘못 가며, 얼마
나 나의 피조물 만백성들을 우롱하고
있는가?
50 너희 육의 사는 세상에 모든 죄를 대
속하여 나의 아들이 죽었다 말하는 그
의미를,
51 그리고 육의 세상에서 짓는 죄는 아무
런 가치가 없는 것이라 가르치는 그
뜻을 한번 놓고 생각해 보라.
52 그러면 너희가 얼마나 잘못된 자들이
며, 아무것도 모르고 그저 너희 생각
대로 너희 뜻대로 그리 가는 자들인
가를,
53 그리하여 그와 같은 자들에게 재물을
바치며 그곳에다 기도하고 경배하는
나의 불쌍한 백성 너희가 지옥문 앞
에 들어설 때 그때는 알 것이며,
54 지옥에 들어가 그 죄의 대가를 치를
때, 너희가 얼마나 통곡하며 비참한
삶 속에서 살아가며 비참한 그와 같은
것을 영원히 지속해 가야 하는가를
알게 될 것이니, 그게 얼마나 고통스
러운지 알게 될 것이니라.

6,854 번째 하나님 말씀

2003년 7월 25일 23시 52분

1 사랑하는 나의 아들아!
2 "네, 아버님! 말씀하옵소서."
3 내가 성경에 기록하여 너희에게 어찌
가르쳤던가?
4 너희가 거짓 선지자와 참진리를 가르
치는 자를 구분하는 것을 내가 기록하
여 전하였음이니라.
5 거짓 선지자는 어떠한 자이더냐?
6 '거짓 선지자를 삼가라' 했음이니라.
7 거짓 선지자는 양의 옷을 입고 너희에
게 다가오니, 그들이 가는 것이 무엇
이 다르다 하였느냐?
8 그들은 나의 백성에게 노략질하는 그
와 같은 것을 서슴없이 행하는 자들이
거짓 선지자라 내가 그리하였으며, 잘
못된 자들이라 그리 내가 전하였음이
니,
9 이 의미를 깊이 새겨들어야 할 것이며
너희가 이 의미를 깊이 이해해야 할
것이니라.
10 이 대목의 뜻은 오늘의 종교 집단의
형태가 우리 부자의 이름을 팔아 너희
의 모든 재물을 노략질하며 약탈하는
지금의 종교 집단이요, 지도자의 그
형태로 이와 같이 이루어질 것을 내
가 미리 예고하여 너희에게 그리 전하
였음이니라.
11 오늘날 내가 심판의 시대에 와서 과연
어떠한 것이 사탄이요, 양의 옷을 입
은 거짓 선지자인가, 사악한 자인가를
구분하기 위하여 성경에 미리 기록하
여 전하였으니,
12 그와 같은 행위를 하는 자는 거짓 선
지자요, 양의 탈을 쓴 사탄이요,
13 그와 같이 재물을 거둬들이지 아니하
며 노략질을 하지 아니하는 것은 나로
부터 선택된 종교 지도자요, 내 뜻에
따라 역사하는 자라는 것을 너희가
구분하도록 하려고 내가 여기서 깨우

쳤음이니,
14 성서에 기록한 것은 너희가 그와 같
은 종교 지도자로 살지 말라는 교훈이
요, 또한 나의 피조물 만백성들에게는
그와 같은 종교 지도자를 따르지 말
며, 그 집단에 헌신하고 봉사하며 재
물을 약탈 당하지 말라 하여 내가 기
록한 그 대목이니라.
15 가르치는 자나 거둬들이는 사탄이나
거기에 구원이라는 표에 눈이 어두운
너희가 다 똑같이 동업자가 되어 있는
그와 같은 형국이니,
16 너희의 이 형태를 어찌 바로잡아야
한단 말이던가?
17 지금의 이 형태를 나 여호와가 미리
예고하여 내가 나의 백성에게 깨우치
며 종교 지도자에게 다시 거듭나는 그
와 같은 삶을 살도록 그리 기록하여
전한 것이 나의 뜻임을 이제 너희는
알아야 할 것이니라.
18 지금의 종교 집단보다 더 노략질하고
약탈하는 자가 이 세상에 어디에 있던
가?
19 너희는 아무것도 주는 것 없이 나의
백성에게 재물을 약탈하며 노략질하
는 것이니라.
20 그저 보이지 않는 허공에 대고 구원을
받으며 천국에 가는 길이라 헛공약을
남발하며 나의 피조물 만백성들에게
거둬들이는 그 재물의 수를 헤아릴 수
없으며.
21 그 방법이요, 그 가짓수를 헤아릴 수
없으니.
22 너희가 얼마나 사악한 자들이냐?
23 바로 너희가 노략질하는 양의 옷을
입은 거짓 선지자요, 사탄임이니,
24 이제 모든 백성은 스스로 평가하여
너희가 갈 길을 가며 너희 자신을 돌
이켜 보며 행할 길을 바로 찾아 구원
의 길에 오르도록 그리해야 할 것이니
라.
25 지금 나의 아들을 통하여 내가 내리는
이 역사함은 내가 직접 성령으로써 하
늘에 오르는 길이요, 새로운 성경인
나의 법전이요, 책으로써 나의 성령을
전하고 있으며 그로 인하여 모든 것을
내가 역사하도록 그리 만들어 놓았음
이니,
26 과연 너희는 나의 아들이 가는 길과
너희가 지금 거둬들이는 방법과 형태
가 과연 누가 더 노략질하는 자이며
갈취하는 자인가를 알아야 할 것이니
라.
27 금전의 대가가 없이, 너희가 어떠한
역사의 대가 없이 그저 나의 법전으로
가르치며, 너희가 수고한 만큼 반드시
되돌려 주는 그와 같은 역사의 길을
가는 나의 아들이 오늘의 믿음의 길
을 가는 길과 그가 지도하고 가르치는
것, 내가 그를 통하여 내리는 성령의
가르침의 의미와 깊이를 수천 년 동안
흘러온 종교 집단의 그것과 너희가
견주어 보는 그와 같은 현명함이 있어
야 할 것이니라.
28 이와 같은 종교 집단이 지금 어디에
있는지 알겠는가?
29 너희처럼 거둬들이고 노략질하는 집
단은 세상에 다시 없으며, 그는 사탄
이요, 그리하여 너희가 악해질 대로
악해져서 이제 내가 심판을 내리고자

함을 알아야 할 것이니라.
30 지금의 종교 집단이요, 지도자가 얼마
나 노략질과 갈취를 잘하고 있는지,
너희는 지금 눈을 뜨고 도둑을 맞는
것이니라.
31 나의 백성 너희는 눈을 뜨고 도둑을
맞으며 눈을 뜨고도 영혼까지도 죽이
며 거듭나는 그와 같은 삶의 길까지
버리는 것이 너희니라.
32 너희는 재물과 시간과 모두를 눈뜨고
도둑을 맞으면서도 어찌하여 밤에 오
는 인간 도둑만 대비하며 거기에만 준
비하는 어리석은 삶을 사는 백성이
되어 있는가?
33 밤에 와 너희 재물을 훔쳐 가는 인간
도둑보다도 눈을 뜨고 너희의 재물을
갈취하는 그 도둑을 막아야 할 것이
며,
34 그들은 너희 영혼까지도 너희가 나
여호와에게 오는 다시 태어나는 그 역
사의 소용돌이까지도 모두 너희에게
서 빼앗아 가는 것이니라.
35 너희는 다시 태어나는 것, 거듭나는
것, 그리고 나에게 올 수 있는 그 모든
것까지도 다 눈을 뜨고 지금 도둑을
맞는 자들이니,
36 너희를 눈뜨고 도둑맞게 하는, 너희
눈을 뜨게 해 놓고 훔쳐 가는 그 도둑
들을 지금 단죄하지 아니하며 막지 아
니하면 너희는 나에게 올 수 없다는
것을 명심하고 또 명심해야 함을 잊
지 말라.

6,855 번째 하나님 말씀

2003년 7월 26일 0시 00분

1 사랑하는 나의 아들아!
2 "네, 아버님! 말씀하옵소서."
3 내가 성경에 기록하여 너희에게 전하
기를, '그 열매로 그들을 알지니, 가시
나무에서 포도를 따며 또는 엉겅퀴에
서 무화과를 따겠느냐?'
4 내가 그리 기록하여 전했음이니, 이
뜻은 무슨 의미를 그리 전하는 줄 알
겠느냐?
5 너희가 진정한 믿음의 길을 가지 못하
는 백성이 나에게 와 심판을 받을 때,
그리고 나의 진정한 진리요, 참뜻을
따라 너희가 어렵고 힘든 길을 온 백
성 너희가 심판을 받을 때 곧 그 열매
를 거둬서 너희가 알게 됨이니,
6 너희가 어찌 살았느냐에 따라 심판을
받는 그 순간에 구원이냐 지옥이냐는
그 결과의 열매에 따라서 그때는 알게
될 것이라는 것을, 내가 나무로 표현
하여 너희에게 그 이치를 깨우쳐 주고
자 전한 그 뜻을 너희는 알겠는가?
7 그 열매는 나무에서 나는 열매가 아니
요, 너희가 어찌 살아와 나에게 심판
을 받아 지옥이냐 천국이냐 하는 그
결과를 놓고 그 열매를 그때 가서 너
희가 알지니라 그리 전한 것을,
8 나무로 표현하여 너희에게 전했음을
알아야 할 것이니라.
9 가시나무에서 포도를 따겠느냐, 엉겅
퀴 나무에서 무화과를 따겠느냐 하는
것은 너희가 잘못 간 그 믿음의 줄기
를 의미함을 너희는 알겠는가?

10 지금의 종교 집단이 심을 때 너무나도
잘못 심어졌음을 알아야 할 것이니라.
11 나의 아들 예수가 너희에게 전해 주
고 깨우치고자 한 그 뜻을 그대로 심
어 지금까지 잘 가꾸고 다스려 왔다
면, 바로 그것은 무엇이더냐?
12 참열매요, 참신리의 뜻을 배웠기 때문
에 너희가 죽어 나에게 와 천국으로
들어올 수 있음이니,
13 그때야 그 열매를 알 수 있다는 그 의
미를 내가 여기서 기록하였으나 너희
는 심기를 잘못 심었음이니라.
14 종교 집단들이 뿌리를 잘못 심고 그
씨앗을 잘못 골라 뿌렸기 때문에 너희
는 포도나무를 심지 아니하였음이니
라.
15 진정한 과일을 거둘 수 있는 포도나무
를 심은 것이 아니며 포도나무를 심지
못했으니, 그 열매를 어찌 구경할 수
있으며 그 열매를 거둘 수 있단 말이
던가?
16 너희는 열매를 거둘 수도 없으며 그
열매의 맛을 볼 수도 없는 것이며, 여
는 모양도 볼 수 없는 것이 지금 종교
집단이요, 지도자 너희임을 알아야 할
것이니라.
17 너희가 진정 나의 아들 예수를 통하여
역사하고자 했던 그 진리요, 그 뜻을
알아 그대로 2천 년 동안 흘러왔다면
지금은 많은 열매를 거뒀을 것이니,
18 나의 사랑하는 백성이 천국의 문에
들어왔을 것이니라.
19 그러나 너희는 시작부터 잘못되었으
며 잘못된 나무를 심었으며 가라지를
갖다 심어 놓았기 때문에,
20 너희는 아무것도 거둘 수 없으며 가
볼 수 없는 지금의 형국이 되어 있음
을 알아야 할 것이니라.
21 2천 년 동안 지금까지 너희는 엉겅퀴
와 가라지를 심고 길러 왔음이니, 과
연 거기서 좋은 열매를 얻을 수 없으
며 그 결과를 얻지 못하는 것은 당연
한 것이며,
22 지금은 인간이 인간을 보기를 두려워
하며, 도둑이 세상을 뒤덮고 있으며,
사탄이요, 종말의 시대가 도래했다 그
리 말하는 것은 바로 너희가 잘못 심
었기 때문이요, 잘못 뿌려 놓았기 때
문임을 너희는 알아야 할 것이니라.
23 나의 나라에 올 수 있는 좋고 건전한
나무요, 그 포도나무를 심은 것이 아
니라, 그리고 과일나무를 심은 것이
아니라,
24 엉겅퀴요, 가라지만 심은 그와 같은
오늘의 그 결과가 바로 내가 마지막
제3의 시대를 열게 되었으며,
25 그리하여 제3의 시대가 도래하면서
너희가 바로 다 사탄이요, 종말의 시
대로 그리 만들었음이니라.
26 좋은 나무를 심지 못했으니 좋은 열매
를 너희가 볼 수도 없으며 맺게 할 수
도 없는 것은 당연한 것이 아니더냐?
27 예수를 죽게 한 그 후예들이 이렇게
번성했으며 좋은 열매를 맺을 수 있는
나무를 심지 않은 것이 바로 그들이니
라.
28 그리하여 열매가 열 수도 없으며, 열
매의 꽃도 피지 못하며, 열매와는 관
계도 없고 거둘 수 없는 가라지를 잔
뜩 심어 놓았으며,

29 엉겅퀴를 심어 놓아 지금 사악한 자들
이 이 세상을 다 덮는 이와 같은 형국
이 되었으니, 거기서 무슨 열매를 거
두겠느냐?
30 너희가 포도나무를 심어서 그 포도나
무에서 여는 그 열매를 의미하여 말하
는 것이 아니라,
31 너희가 믿음을 어찌 가느냐에 따라 구
원을 받고 못 받는 그 열매요, 너희가
구원을 받고 못 받는 그 자체가 그 열
매를 의미함을 너희는 알아야 할 것
이니라.
32 너희가 잘못 온 것이 바로 가라지를
심으며 엉겅퀴를 심어 놓았기 때문이
니,
33 너희는 그 열매를 구경할 수도 없으
며, 그리하여 너희는 천국의 문 앞에
가 보지도 못하며, 하늘에 오르는 빛
도 다 보지 못하며,
34 너희는 지옥문 앞에 가 몸부림치며
통곡하는 자요, 그 문을 들어가는 순
간 너희가 눈에 보이지 않는 그 무섭
고 험악한 그 죄에 대하여 얼마나 공
포의 시간으로 공포의 삶을 살아야 하
며 고통의 삶을 사는 것인가는 너희
가 가보지 아니하면 모를 것이니 그리
알라.
35 지금 너희가 용서받을 수 있는 이 시
점이요, 그리고 너희가 다시 태어날
수 있는 육의 세상에 살며 천사가 될
수 있는 육의 세상의 삶을 흘러가는
그 세월 속에 무성의하고 허무하게 보
내지 말라.
36 너희가 허무하게 보내는 단 1초를 아
끼고 제대로 쓰지 못하기에, 너희가
얼마나 고통과 시련의 길에서 영원히
존재하는 것인가를 알라.
37 단 1초라도 쪼개서 너희가 선행이요,
아름다움이요, 천사와 같은 마음으로
써 욕심을 버리고 세상을 살아가야 하
는 것이니라.
38 너희가 1초를 쪼개고 또 쪼개서라도
그 시간이 그리 소중한 줄 알며 선한
쪽으로 가는 길에 최선을 다해야 할
것이거늘,
39 어찌하여 사악한 짓을 하면서도 죄의
두려움을 모르고 무서운 죄로 시간을
허송세월하고 있는가?
40 이 귀중한 시간을 천금을 주고도 이
우주를 다 주고도 너희 개인이 살 수
없는 그 소중한 시간을 허송세월로 보
내고 있으며 죄를 짓고 가는 것이 너
희니라.
41 그대로 가는 것도 아니요, 죄를 짓고
가느니라.
42 사악한 죄를 계속 짊어지고 가는 것
이 오늘의 삶이요, 가는 길이라는 것
을 알아야 할 것이며,
43 나의 성령을 능멸하며 나의 뜻을 거역
하며 나를 욕되게 하는 죄를 짓는 것
이 용서받지 못하는 가장 무서운 죄이
니,
44 그중에서도 가장 오만하고 자만하며
가장 두려움을 모르고 가장 무서운 죄
를 짓는 자가, 모든 종교 집단이요, 구
원을 받았다는 백성이요, 지도자들 너
희가 그리 가고 있는 자들이라는 것을
잊지 말라.

6,856 번째 하나님 말씀

2003년 7월 26일 0시 12분

1 사랑하는 나의 아들아!
2 "네, 아버님! 말씀하옵소서."
3 내가 성경에 기록하여 전하기를, 먹을
수 있는 좋은 열매로 하여금 신리와
사탄의 형태를 알게 될 것이라 하였음
이니, 이것이 바로 무엇이더냐?
4 너희가 육의 삶을 살다 나에게 와 심
판을 받아 너희가 천국의 문을 들어
서는 자는 좋은 열매를 맛보는 자요,
그렇지 못한 자는 지옥으로 감이니,
5 그와 같은 심판의 결과요, 상태에서만
너희가 그때 가서 알 수 있는 것이며
알게 된다 내가 그리 말하였음이니라.
6 오늘의 삶을 너희가 얼마만큼 아름답
고 깨끗하게 살아야 하는지, 한 점의
부끄럼이 없이 사는 삶이 너희가 먹
을 수 있는 열매를 열게 하는 그 죽음
의 결과라는 것을 내가 너희에게 일
찍이 깨우쳐 경종을 울린 내용이거늘,
7 너희가 이를 알지 못하며 제대로 깨우
치지 못하고 그리 가고 있음이니라.
8 지금까지 좋은 열매가 열지 못하였음
이니라.
9 지금의 모든 종교 집단이요, 지도자들
이 좋은 나무를 심어 좋은 열매를 맺
어 왔다면,
10 제3의 시대가 열리지 아니했을 것이
며 나의 법전이 세상에 나오지도 아니
했을 것이니라.
11 잘못된 종교 집단이요, 너희가 먹을
수 없는 열매를 맺어 놓은 결과가 무
엇이더냐?
12 이 세상의 종말이요, 마지막이라 하며
너희가 인간을 두려워하며 세상에 도
둑이 들끓는 그와 같은 세상으로 만들
어 놓은 결과이기 때문에,
13 도둑이 들끓는 세상이요, 인간이 인간
을 믿지 못하며 인간이 인간을 가장
두려워하는 그와 같은 세상으로 만들
었으며,
14 마지막 종말의 시대요, 자식이 부모를
경멸하며, 형제지간에 우애가 없으며,
그저 재물 앞에는 모든 것을 사고팔
수 있는 그와 같은 인간 형성의 본질
까지 다 망각시킨 것이 너희니,
15 그리하여 너희가 바로 좋은 나무를
심지 못한 자들이요, 좋은 나무를 심
고 가꾸지 못한 것이 지금의 종교 집
단 너희기 때문에,
16 그 나무에서 열매조차 구경할 수 없는
것이 너희임을 알아야 할 것이니, 이
는 곧 너희는 구원받을 자가 하나도
없다는 것을 알아야 할 것이니라.
17 나 여호와가 새로운 성경이요, 나의
법전을 이 세상에 내려보내는 것이
무엇이더냐?
18 구원을 받을 자격이 없는 자요, 열매
를 열 수 있는 백성이 없기에 내가 너
희를 깨우치고자 이와 같은 역사를 이
루고 있으며,
19 내가 오늘날 이와 같은 시대가 올 것
임을 나의 성경에 이미 기록하여 너희
에게 전하여 예고하였음을 알아야 할
것이니라.
20 너희가 아름다운 삶을 사는 것이 아니
라, 말로써 그저 나의 아들 예수를 '주
여, 주여!' 하며 찬미하는 것, 그리고

나의 아들을 부르기만 하면 하늘나라
의 천국에 들어갈 수 있다는 생각을
하는 그와 같은 마음을 가지고 사는
자들이 바로 무엇이더냐?
21 좋은 나무의 씨앗을 골라 뿌려 땀 흘
려 가꾸는 그와 같은 역사는 하지 아
니하며,
22 그저 씨를 뿌려 놓고 좋은 결과가 얻
어질 것이라 하여 그저 나태하고 흔들
리며, 그리고 바른 삶을 살지 못하는
자들이니,
23 농부가 씨를 뿌리고 열과 성의를 다하
여 그걸 가꾸고 거둬들였을 때 그 결
과가 있거늘,
24 씨를 뿌려 놓고 그저 논밭에 가보지도
아니하며 들녘에 가지도 아니하고 인
간의 향락에 젖어 살며, 그저 심어 놓
았으니 거둬들인다고 부르짖는 자들
과 똑같으니,
25 나의 아들 예수를 '주여, 주여!' 부르
고 찬양하면 구원을 받는다고 생각하
는 자들이 너희임을 알아야 할 것이
니라.
26 내가 너희에게 뭐라 말하였느냐?
27 '하늘에 계신 내 아버지의 뜻대로 행
하는 자만 구원을 받을 수 있으며 하
늘에 오를 수 있다'는 것을 나의 아들
예수가 명확히 기록하여 전하였으며,
28 너희에게 일찍이 그걸 깨우쳐 주려고
나의 아들이 모든 정열을 다 거기에
쏟았건만, 그걸 배우고 들었다는 백성
의 지금의 마음은 어떠하던가?
29 너희는 삼위일체라는 허구성만 부르
짖는 것이니라.
30 나의 아들이 말하기를, '나의 아버지
뜻대로 행하는 자만 구원을 받을 수
있으며 천국에 갈 수 있으며 다시 태
어나는 영광을 얻을 수 있다' 그리 기
록하여 전하였거늘,
31 그 허구성만 너희가 지금 부르짖느니
라.
32 그러면서 나의 아들 예수를 주요, 그
리고 구세주라 하여 찬양하고 부르기
만 하면 구원을 받는다는 그 허구성에
서 아직도 헤어나지 못하는 자들이며,
33 더욱이 나의 아들의 보혈로써 구원을
받았다는 그 자체가 얼마나 잘못되었
는지 그것도 모르는 자들이 너희니라.
34 너희가 정녕 나에게 오르려면, 나의
성령이요, 나의 계명이요, 내가 다시
내리는 법전이요, 하늘에 오르는 길이
라는 새로운 성경의 장을 열지 아니하
고 이대로 행하지 아니하고는 절대 구
원을 받을 수 없는 것이 너희라는 것
을 내가 다시 한 번 강조함이니, 이 무
서운 뜻을 너희는 알아야 할 것이니
라.
35 내가 나의 아들을 통하여 너희에게 전
하지 아니하였던가?
36 모든 허구성을 벗어날 수 있는 내용
을 내가 전하여 주었음이니라.
37 '하늘에 계신 내 아버지의 뜻대로 행
하는 자만 구원을 받으며 천국에 오를
수 있다'는 것을 기록해 전하는 대목
을 또 한 번 읽고 깨우쳐 보라.
38 그 의미가 무엇인가 그 길을 진정 믿
고 그대로 행하고자 생각하는 그 순간
에, 너희는 모두 허구이며 허구성이라
는 것을 알게 될 것이며,
39 잘못 가르치는 종교 지도자들의 허구

성을 알게 되며, 그들이 사악한 짓을 하며 너희에게 위선 된 자요, 가증한 짓을 하는 것이요, 거짓 선지자라는 것을 알게 될 것이니, 그리 알도록 하라.

6,857 번째 하나님 말씀

2003년 7월 26일 0시 32분

1 사랑하는 나의 아들아!
2 "네, 아버님! 말씀하옵소서."
3 내가 성서에 한 줄을 기록하여 너희에게 전하였느니라.
4 너희가 정녕 죽어 나에게 와 심판을 받는 그날 너희가 많은 백성에게 그리 말해야 할 것이니라.
5 '너희가 '주여, 주여!' 하며 나의 아들 예수를 부르며, 나의 아들 예수의 이름으로써 선지자 노릇을 하였으며, 종교 지도자의 역할을 하였으며,
6 그리고 나의 아들 이름으로써 귀신을 쫓아내는 역사를 하였으며, 또한 나의 피조물 만백성을 인도한다고 그 많은 공을 들여 이루었다 하나,
7 그와 같은 것으로써 또한 나의 아들 예수의 이름으로써 그와 같이 역사를 이룬 것만으로 너희가 나의 아들 예수의 이름으로써 권능을 행하여 어떠한 결과를 얻은 그와 같은 역사가 있다 하더라도,
8 너희가 끝까지 어찌 견디고 살았느냐에 따라서 정녕 나의 아들 예수요, 나를 볼 수 있으며 볼 수 없다'는 그와 같은 내용을 기록하여 전한 그 의미를 알겠는가?
9 그러나 지금의 종교 집단이요, 지도자 속에서는 진정 어렵고 힘든 그 율법과 나의 계명대로 살고자 하는 자가 없으며 그걸 지키고자 하는 백성이 없음이니라.
10 그리하여 너희는 말로써 믿음의 길이요, 말로써 행하여 모든 역사를 하고자 하는 것이 지금 근본의 믿음의 길을 가고 있는 자들이니,
11 그 형태를 내가 미리 기록하여 너희에게 예고한 내용이라는 것을 알아야 할 것이니라.
12 너희가 나의 아들의 이름을 부르며 그 이름으로써 나의 아들의 이름을 찬양하면서 무수 역사를 이루며, 나를 위해 그 모두를 바쳤다고 그리 말해도,
13 그것은 너희가 어찌 살았느냐, 어찌 행했느냐에 따라서 그 결과에 대한 심판으로써 너희가 우리 부자를 볼 수 있으며 나를 만날 수 있느냐, 만날 수 없느냐의 그 결과는 너희가 평가할 수 있는 것이 아니며,
14 나에게 와 심판대에서 심판의 결과가 나왔을 때만 너희가 알게 됨이니, 그 때 가서 변명할 여지를 내가 주지 아니하려 함이니라.
15 그러니 너희가 오늘의 삶을 얼마나 아름답고, 행함을 바르게 해야 하는지를 내가 너희에게 깨우쳐 줌임을 알아야 할 것이니라.
16 나의 아들의 이름이요, 나의 아들 예수를 찬양하며 그와 같이 역사를 이루었다 하며, 나의 믿음이요, 나 여호와가 존재함을 세상 만방에 전하는 그와 같은 역사를 이루었다 해도,

17 너희가 근본의 마음가짐이요, 살아온
그 삶이 어떠냐에 따라서, 너희가 속
과 겉이 다른 표리부동한 그와 같은
삶을 살았는가, 살지 않았는가는 심판
대에 섰을 때 그 모든 것을 가지고 결
과를 알게 될 것이니,
18 그때 가서 잘못되었을 때, 너희는 또
한 나를 볼 수 없다는 것을 알라.
19 그러니 나를 볼 수 없는 것은 무엇이
더냐?
20 너희가 천국에 오르는 길이 아니요,
지옥행으로 간다는 것을 잊지 말라.
21 그때 가서 어떠한 변명을 해도 너희
는 변명할 수 없는 자들이며, 그 변명
에 의하여 좌우되는 것이 하나도 없으
며,
22 그때는 이미 때가 늦은 것이라는 것을
내가 오늘 나의 법전에 또 기록하여
너희에게 전함이니, 이를 깊이 깨우쳐
야 할 것이니라.
23 너희가 말로만 하고 실천을 하지 아니
하는 그와 같은 믿음으로써 갈 때 너
희는 아무것도 거둬들일 수 없으며,
아무것도 이룰 수가 없으며, 나에게
올 수 없다는 것을 내가 미리 예고한
내용의 그 깊은 뜻을 다시 한 번 새겨
둬야 함을 잊지 말라.
24 너희가 아무리 나의 뜻에 따라 평생
을 살았으며 나의 아들 예수의 이름을
부르며 귀신을 쫓아내는 역사를 하고
어떠한 형태로써 나의 복음을 전하며
나의 뜻을 전했다 해도,
25 너희가 어찌 살았는지에 따라서, 진심
으로 속과 겉이 다르지 않은 삶을 살
지 않은 그와 같은 백성은 우리 부자
를 볼 수 없다는 것이니,
26 너희가 오늘의 삶을 한 점의 부끄럼이
없는 천사와 같은 삶으로 살아가는 그
삶은 어떠한 역사를 이루는 것과 비교
할 수 없다는 것을 알라.
27 너희가 큰 성전이요, 성막이요, 궁궐
처럼 세우는 그 역사를 이루었다 하여
그것이 나에게 오는 구원의 길이요,
축복을 받는 길이 아님을 알아야 할
것이니라.
28 그와 같은 행위는 나와 관계없으며,
나는 그와 같은 행위를 하라 한 적이
없음이니,
29 너희가 그와 같은 내가 명하지 아니한
것에 모든 것을 다 바치고 와서 지옥
으로 끌려가는 그 형국일 때 나를 원
망하고 변명하지 말라.
30 내가 오늘날 다시 한 번, 너희가 변명
하며 이유 대지 못하도록, 나의 법전
에 기록하여 행함이 소중하며 속과 겉
이 다르지 아니하는 삶을 사는 것, 표
리부동한 행위를 하지 않고 사는 것이
나에게 구원을 받는 길이요,
31 너희가 아무리 내 역사를 이루며, 귀
신을 쫓고 복음을 전하며, 나 여호와
의 뜻에 나의 아들의 이름을 가지고
어떠한 것을 역사했든,
32 그 모든 것이 표리부동한 자는 나에
게 올 수 없으며 내가 너희를 기억하
지 않는다는 그 무서운 사실이요, 엄
연한 하늘의 법도를 알라 함을 내가
다시 한 번 명백히 기록하여 전함이니
그리 알라.

6,858 번째 하나님 말씀

2003년 7월 26일 0시 40분

1 사랑하는 나의 아들아!
2 **"네, 아버님! 말씀하옵소서."**
3 성서에 기록되어 너희가 나에게 와
심판을 받을 때 너희가 어찌 살았느
냐에 따라,
4 너희가 나의 뜻에 따라 평생을 살며,
나의 아들 예수의 이름을 찬양하며,
보혈로써 구원을 받았다 하며 살아온
그와 같은 자를 내가 어찌 하는 것인
지 내가 어찌 평가할 것인지를 알지
못하는 자들이 함부로 구원을 받았다
는 오만방자한 행위를 하지 말라는
그 뜻을 내가 기록했음이니라.
5 그리하여 '너희가 나에게 심판을 받을
때 그때 내가 저희에게 밝히 말하되,
내가 너희를 도무지 알지 못함이니,
불법을 한 자들아, 내게서 떠나라' 내
가 그리 기록하여 전했음이니,
6 오늘날 지금 오는 그 종교 집단이요,
지도자요, 그 모두가 다 나의 뜻을 위
하여 사는 것이 아니요,
7 너희가 나의 뜻을 거역하며 불법적인
행위를 하며 참진리가 아니요, 나의
뜻을 거역하는 그와 같은 삶을 산다는
것을 나 여호와가 미리 알고 있었기에,
8 오늘날 내가 나의 법전을 가지고 다시
심판하는 새로운 시대를 역사할 때,
과연 죽어 나에게 오는 자가 아무리
믿음의 길에서 모든 것을 다 바쳤으
며, 평생 나의 아들 예수를 찬양하며,
또 성전이요, 교회요, 아무리 큰 역사
를 했다 해도,
9 지금의 삶이요, 그 믿음의 방법으로써
나에게 왔을 때는 내가 너희를 알지
못하는 자요, 오로지 불법만을 행한
자니 나로부터 떠나라고 명할 것이니,
10 너희가 알아서 삶을 살라 하여 내가
기록하여 전한 내용임을 너희는 알겠
는가?
11 왜 내가 너희에게 2천 년 전에 그와
같은 내용을 나의 아들을 통하여 기록
하여 전했겠는가?
12 너희가 그와 같은 삶을 살 자들이요,
그와 같은 흐름 속에서 벗어나지 못할
백성이기에 너희에게 바로 살도록 바
로 깨우치도록 하여 내가 거기에 전했
음을 알아야 할 것이니라.
13 지금 나의 법전이 새로운 역사요, 새
시대를 열어 가기 시작함이니,
14 과연 너희는 이제 시작하는 나의 아들
이 이루고자 하는 하늘에 오르는 나의
법전이요, '하나님! 말씀하옵소서'라
는 이 책이요, 이 새로운 성경이 과연
너희보다 많은 불법을 행하고 살아가
는 그 역사가 이루어질 것이라 생각하
는가?
15 그리고 2천 년 동안 불법을 행하고 살
아온 너희를 내가 벌할 것인가,
16 그렇지 않으면 지금 나의 법전을 가지
고 새로운 시대를 역사해 가는, 너희
가 말하는 나의 아들이 이단이요, 사
탄이요, 나의 법전이요, 나의 새로운
성경이 사탄의 것이라 너희가 그리
말하니, 내가 이를 불법을 행했다고
벌할 것인가?
17 과연 2천 년 동안 살아온 너희의 그
불법 행위요, 잘못 살아온 그 믿음이

요, 그것과 나의 아들이 지금 짧은 세
월 속에 살아오는 그 삶에서 과연 누
가 사악한 불법 행위를 더 많이 했으
며, 내가 누구를 심판한다는 뜻인가를
너희는 과연 모르겠느냐?
18 지금 일어나는 모든 종교 집단이요,
진리라 하여 부르짖는 그들이 너희보
다 더 사악하고 잘못된 그 역사를 하
는 자들이라 생각하는가?
19 그렇다면 '도무지 내가 너희를 알지
못함이니, 불법을 행하는 자들아, 떠
나라' 한 것은 수천 년 동안 믿음의 집
단이요, 종교 속에서 흘러온 너희를
오늘날 내가 심판할 때, 너희를 그리
모르는 자라 말한다는 의미를 내가 예
언하여 기록하여 전하니,
20 너희가 그와 같은 백성이 되지 아니하
려거든 바르고 곧게 살며, 진리대로
살며, 정의롭게 살며, 그리고 선을 행
하며 살라 하며,
21 나의 율법이요, 나의 십계명대로 사는
자만이 구원을 받을 것이요, 그리하지
아니하는 자는 내가 너희를 알지 못
한다 그리하였음이니,
22 그게 바로 나의 십계명을 지키고 살
수 없다 하는 방자한 너희가 오늘에
받는 심판의 결과임을 알라.
23 너희 종교 집단은 2천 년의 세월이 흘
러오면서 지금의 심판의 시대요, 나
여호와가 너희를 이제는 버릴 때가
되었으며,
24 버릴 자와 구원할 자를 구분하여 내
가 지금 심판의 시대를 열고 있는 것
자체도 너희는 모르는 것이 아니더냐?
25 즉, 지금까지의 잘못된 믿음을 깨우쳐
변하는 자는 내가 너희를 아는 체할
것이며 내가 너희 손을 이끌어 구원해
줄 것이며,
26 그렇지 않은 자는 절대로 어떠한 형
태든지 구원을 받을 수 없으며 나에게
오를 수 없다는 것을 너희가 알아야
할 것이니라.
27 너희가 말하는 그 공이 있다 하더라도
그 공이란 무엇이던가?
28 육의 생각이요, 육의 삶을 위하여 너
희가 스스로 만든 것이요, 인간의 생
각으로써 역사한 것이지,
29 나의 성령이요, 나의 뜻으로 역사한
것이며 이룬 것이 아니기 때문에 나
여호와가 너희를 모르는 체한다는 그
의미를 알 것이며, 나 또한 너희를 모
르는 체할 것이니,
30 그것이 바로 너희에게 2천 년 전에 바
로 살라, 그리고 율법대로 나의 십계
명대로 지키고 살지 않는 자는 내가
너희를 모르는 자라고 그리 말한다는
것을 기록하여 전했음이니,
31 과연 너희가 지금까지 삶을 얼마나
변화되었으며 얼마나 정의로운 삶이
요, 바른 삶을 살았으며 성령에 의한
삶을 살았는가?
32 그리고 영혼을 구원하는 양식이요, 기
본인 십계명을 얼마나 지키고 살았으
며, 인간이기 때문에 그걸 지키고 산
다 가르쳤는가?
33 인간이기 때문에 그걸 지키고 살 수
없다 하여 나를 능멸하고 나를 거역하
며 나를 욕되게 하는 자들이 너희가
과연 아니던가?
34 너희 스스로 오늘까지 온 그 발자취를

돌이켜 보면 내가 너희에게 불법을 한
자들이요, 내가 너희를 도무지 알지
못하는 자라 한다는 그 대답은
35 지금의 종교 집단 속에서 헤어나지 못
하는 백성 너희에게 내리는 벌임을
알아야 할 것이며, 너희에게 내리는
가장 무서운 뜻임을 너희는 알아야
할 것이니라.
36 지금까지 흘러오면서 수천 년 동안
그 역사 속에서 너희는 불법한 자들
이요, 불법한 행위를 한 자들이요, 그
행위로 하여 그득히 욕심에 젖어 있는
자들이라는 것을 알아야 할 것이니라.
37 이제 너희가 불법을 행하여 왔던 그
모두를 나의 법전을 읽고 깨우쳐 지금
이라도 반성하며 회개하는 백성으로
다시 거듭난다면, 내가 너희를 모른다
하지 아니할 것이요,
38 내가 너희를 구원하기 위하여 지금
내리는 나의 법전이요, 이 160권의 대
장정의 '하늘에 오르는 길'이요, '하나
님! 말씀하옵소서'라는 새로운 이 성
경을 접하지 아니하고 그걸 보고 깨우
치지 아니하는 자는 영원히 내가 너희
를 알지 못한다 하며 도무지 내가 기
억이 없다 그리 말해도 너희는 나를
원망하지 말며 나를 욕되게 할 수 있
는 것이 아님을 알라.
39 그때는 너희가 나를 욕되게 하고자
함도 아니요, 할 수도 없음을 알라.
40 지금 너희가 사는 이 순간에 나를 욕
되게 하며 나를 능멸하며 이 사악한
짓을 하는 것이 얼마나 잘못된 것인
지를 그때 알게 될 것이니 그리 알라.

6,859 번째 하나님 말씀

2003년 7월 26일 0시 47분

1 사랑하는 나의 아들아!
2 "네, 아버님! 말씀하옵소서."
3 지금 수천 년 동안 흘러오는 종교 집
단의 그 뿌리요, 그 물질적인 능력이
요, 그 수 또한 얼마며, 그들이 가지고
있는 모든 것이 얼마나 방대하더냐?
4 그와 같이 흘러온 세상 속에서 지금
나의 아들 네가 새로운 시대를 열어
가는 주역이요, 나로부터 명받은 자라
하여 너희가 나의 법전을 만들어 '하
늘에 오르는 길'이라 그리 가르치며,
5 새로운 성경이요, 나의 법전 '하나님!
말씀하옵소서'라는 이 책을 정독하지
아니하는 자는 정녕 하늘에 오르는 길
이 없다 그리 말하고 그리 전함이니,
6 그 모든 방대한 조직이요, 그 식구요,
물질적인 위대함에 의하여 저희가 정
녕 무너지지 않을 것 같은 그 철옹성
과 같은 그 조직 앞에 그와 같은 말을
하는 불쌍한 한 사람이 있으니,
7 그를 보기를 너희가 어찌 보는가?
8 정신 나간 노인이 쓸데없는 소리를 하
고 있다 그리 생각할 것이니라.
9 그러니 너희는 뭐라 말하는가?
10 정신 나간 노인이 바닷가에 앉아서 그
바닷물을 퍼내면서 하는 말이, 이 바
닷물을 다 퍼내어 이 바닷속에 있는
고기를 잡겠다고 말한다면, 정녕 누구
나 다 웃을 것이며 그 노인을 정신 나
간 자라 그리 말할 것이니라.
11 그리고 그를 믿지 아니할 것이니라.
12 그러나 그 물을 다 퍼내서 고기를 잡

는다는 그 노인을 보고 너희가 불쌍
히 여기며 욕하듯이, 그와 같은 형국
으로 지금 나의 아들을 너희가 볼 것
이며 그보다 더 잘못된 자라 그리 비
웃으며 그리 생각할 것이니라.
13 그러나 너희는 알아야 할 것이니라.
14 그 바닷물을 퍼내겠다는 그 노인이 물
을 퍼낼 때 바닷물은 줄기 시작하지
않겠는가?
15 그러니 바로 나의 아들이 나의 법전을
가지고 역사함이 곧 바닷물을 퍼내 고
기를 잡는다는 정신 나간 노인보다도
잘못된 자며 바보 같은 자요, 행할 수
없는 길을 역사한다 너희는 그리 말
하며 비웃을 것이니라.
16 그러나 너희는 알아야 할 것이니라.
17 고기를 잡는다는 그 노인이 바닷물을
퍼내면 그 물이 줄어들 것이며 퍼내면
퍼내는 대로 조금씩 줄어들지 않겠는
가?
18 그와 마찬가지이니라.
19 퍼내면 퍼낼수록 그 바닷물은 주느니
라.
20 다만, 그와 같은 생각을 하는 자가 정
신 나간 자요, 바보와 같은 자라 너희
가 그리 말하나, 그는 그걸 생각하고
있으며 그리할 수 있다 하여 대드는
자니라.
21 나의 법전이 과연 어떠한 역사를 이루
는지 알겠는가?
22 정신 나간 노인이 바닷물을 퍼내어 고
기를 잡겠다고 대드는 것처럼 나의 아
들의 오늘의 행동이 그리 보이나, 그
와 다르니라.
23 나의 법전은 서서히 바닷물을 퍼내어
하나씩 퍼내듯이 그 반대의 현상으로
써 나의 법전은 세상을 덮어 나가기
시작하며,
24 그 역사의 순리와 같이 나의 법전은
서서히 전해지며 만백성들은 이를 읽
게 될 것이며,
25 결국 바닷물을 퍼내어 그 물을 마르게
하지 못한다 하더라도 법전은 세상에
덮어짐이니,
26 이 법전이 한 권 한 권 전해지는 것이
바닷물을 한 주먹 한 주먹 퍼내는 것
과 반대의 현상으로써 이 법전은 세상
을 모두 다 덮을 것이며, 그와 같은 역
사가 반드시 이루어져 그 영광됨을 너
희가 보게 될 것이니라.
27 그러니 바닷물을 퍼내어 고기를 잡는
다는 정신 나간 불쌍한 노인이라 취급
을 받는다 해도 두려워하지 말라.
28 그 노인은 물을 퍼서 고기를 잡을 수
있다 생각하는 것이요,
29 너희는 나의 법전이 세상을 덮어 만백
성을 구할 것이라 믿고 가는 이 길은
그 노인이 하는 것과 너희가 하는 것
은 다름이니라.
30 너희가 가는 길에서는 나 여호와가 있
으며, 나의 법전 한 권 두 권이 내려가
는 것이 바닷물처럼 모두를 다 덮게
될 때가 있을 것이니,
31 너희는 여기서 주저하지 말며 그와 같
이 정신 나간 자요, 미친 자요, 될 수
없는 일을 하는 자라 그리 말해도 주
저하지 말라.
32 그 용기는 다 똑같으나, 이루어지는
역사는 나 여호와가 존재하며, 그 역
사는 다른 길을 가며 반대 방향의 역

사로써 모두 행하여질 것이고 이루어
질 것이라는 것을 굳게 믿고 그리 가
라.

6,860 번째 하나님 말씀

2003년 7월 26일 0시 54분

1 사랑하는 나의 아들아!
2 "네, 아버님! 말씀하옵소서."
3 수천 년 동안 오는 그 믿음의 종교 집
단이요, 지도자가 잘못 갔음이니, 나
에게 오르는 길이요, 나의 뜻을 그들
이 전함이 아니라,
4 욕심이라는 그 사탄의 뿌리를 버리지
못하고 사는 백성, 그들로 하여금 사
악한 씨가 뿌려졌으며, 그 뿌리가 사
탄이 되어 그 뿌리가 또 번져 가고 번
져 감은 무서우리만큼 번져 가는 그와
같은 이 세상 속이 되지 아니하였던가?
5 너희가 막을 수 없는 고질병인 전염병
이 퍼져 나가서 사람이 죽어 가듯이,
지금 그 잘못된 사탄의 뿌리들이 세상
에 전해지고 그 뿌리가 내려지고 내려
짐으로 인하여 무서우리만큼 이 세상
을 덮어 가며,
6 너희는 한쪽에서 전염병에 쓰러져 가
는 백성처럼 나의 사랑하는 아들딸이
지옥의 낭떠러지로 떨어져 가는 그와
같은 형국이 되어 있음을 너희는 알
아야 할 것이니라.
7 전염병처럼 더욱더 무섭게 퍼져 간 이
세상 속에서, 종교 집단이요, 그들이
가지고 있는 방대한 힘이요, 물질적인
능력이요, 그들이 가진 모든 조직이
요, 인간관계 속에서, 너희가 아무리
나의 법전을 가지고 전하고 전한다 해
도 그 법전에 대한 메아리는 돌아오지
아니하며 그 메아리가 없음이니,
8 나의 법전을 가지고 전하는 너희를
이단이요, 사탄이라 핍박하는 그 어려
운 시대 속에서 너희가 그들로 하여
금 적대시 당하며 멸시를 받아 가며
나의 법전을 전하고자 하는 그와 같은
고달프고 힘듦이 얼마나 어려운 것인
가?
9 너희를 존재하지 못하도록 적대시하
며 적보다도 더 무섭게 생각하는 그들
속에서 너희가 메아리가 없는 나의 법
전을 전한다는 것이 얼마나 어렵고 힘
든 길인지 나 여호와는 알고 있음이니
라.
10 그러나 너희는 힘들고 어렵다 하여 좌
절해서도 아니 되며, 세상사 모두를
원망스러움으로 봐서도 아니 됨이니
라.
11 너희 마음이 원망스러움으로 마음자
리를 내릴 때, 너희는 나의 법전을 전
하는 그 역사를 할 수 없는 자라는 것
을 알아야 할 것이니라.
12 종교 집단이요, 지도자는 두 마음을
가지고 갈 수 없다 하였거늘, 너희가
마지막 시대에 나 여호와로부터 선택
된 백성이요, 나의 뜻을 전하고 가는
너희가 좌절하며 원망스러운 마음을
갖는 그와 같은 마음을 가져서는 절대
로 아니 됨을 너희는 알아야 할 것이
니라.
13 반드시 너희는 승자이니, 나 여호와의
뜻이요, 이는 세상을 덮어 만백성을
구하는 그 대역사가 이루어질 것이니

라.
14 아무리 오늘의 종교 집단이 방대한 조
직을 가졌으며 방대한 물질적인 능력
을 갖추고 있다 해도 그는 다 거품처
럼 사라질 것이며 무너져 갈 것이니
걱정하지 말라.
15 악의 뿌리는 한계가 있으며 틀이 있음
이니라.
16 그 한계를 벗어나지 못함이니,
17 그 그릇이 차기 시작하면 차고 나면
서로 물고 늘어져 그들은 깨지고 무너
지는 그 형국이 오는 것이 악의 뿌리
요, 악이 존재함이요,
18 무너지지 아니하는 것은 나 여호와의
진리라는 것을 알아야 할 것이니라.
19 그러니 너희 말 속에 '참새가 봉황이
라는 새의 뜻을 어찌 아느냐'는 그와
같은 말을 하지 않는가?
20 바로 너희는 그 의미의 뜻을 알아야
할 것이니라.
21 인간인 너희가 어찌하여 나 여호와의
뜻을 알 수 있다는 말이냐?
22 너희는 알려 하지 말며 두려워하지
말라.
23 이제 너희는 사탄의 후예가 아니요,
그 사탄의 후예들이 아무리 너희를
핍박하며 덮어 나가려 하며 견디지 못
하게 핍박하고 밀어낸다 하여도 그들
이 설 자리는 점점 무너질 것이며,
24 너희가 다져 놓은 새로운 시대요, 새
로운 터전의 역사가 이루어진다는 것
을 절대 의심치 말라.
25 그들은 이제 서서히 반목하여 스스로
한계점에 도달하여 무너지기 시작할
것이며,
26 나의 법전은 힘차게 뻗어 나갈 것이
며, 이 세상 끝까지 한계요, 끝이 없이
퍼져 나가 만백성을 구하는 그 역사를
이루는 것이니, 두려워하지 말며 겁먹
지 말라.
27 그 모두는 그리 열릴 것이니 그리 알
도록 하라.

6,861 번째 하나님 말씀

2003년 7월 26일 08시 31분

1 사랑하는 나의 아들아!
2 "네, 아버님! 말씀하옵소서."
3 나의 피조물 만백성들이 구원의 길이
요, 하늘에 오르고자, 그리고 저희가
다음의 세상을 위하여 고통과 시련이
없는 지옥이라는 두렵고 무서운 곳에
들어가지 아니하며 천국이라는 곳에
와 영원히 천사와 같은 삶을 살아가는
것을 갈구하며 그를 위해 모두를 바치
는 백성이 있음이니라.
4 그러나 내가 나의 뜻을 뭐라 전하였느
냐?
5 십계명이 너희의 영혼을 구원하는 양
식이요, 오로지 그걸 지키고 사는 자
가 하늘에 오를 수 있다 하였음이니,
6 이는 곧 내가 친필로 써 내린 것이라
수천 번 기록하여 말하였음이니라.
7 어찌하여 너희는 그 간단한 길을 지
키지 아니하며, 돌고 돌아 험악하고
험악한 길을 오며, 잘못된 백성이요,
잘못된 지도자들의 그 사탕발림에 의
하여 너희가 다시 태어나는 귀중한
생명을 죽이며,
8 그리고 자유요, 모두를 다 바치며 너

희가 재물까지 바치면서 어찌하여 지
옥으로 가는 그 열차에 편승하고자 그
리 몸부림친단 말이던가?
9 내가 나의 십계명 다음에 한 줄을 기
록하여 너희에게 전하였으니, 그 뜻이
과연 무엇이 잘못되었던가?
10 너희는 십계명을 지키는 것이 하늘에
오르는 길이라 내가 그리 가르쳤던 것
을 지킬 수 없다고 말하니,
11 내가 십계명이요, 나의 아들을 통하여
한 줄의 그 귀중한 뜻을 내려보냈으
니, 나 여호와가 존재함을 먼저 믿으
라 하였음이니라.
12 '나 여호와가 존재함을 믿는 그 자체
가 너희가 구원의 길에 들어서는 길'
이라 하였음이니,
13 과연 너희가 나를 믿는다면 우상을
섬기지 아니하고 살아간다 하는 종교
집단이요, 지도자들이 과연 너희가 어
찌 살아가는가?
14 '다른 신을 너에게 두지 말라'는 것을
과연 너희는 어찌 지키고 사는가?
15 너희는 나 여호와가 존재함을 믿는 백
성이 아니니라.
16 너희가 나 여호와가 존재함을 믿는 그
백성이라면 아담과 이브로부터 너희
에게 그 사탄의 사악한 뜻에 따라 사
탄의 욕심이라는 것을 계승하여 받아
오니, 그 욕심을 내가 버리라 하였음
이니라.
17 욕심을 버리는 것이 너희가 하늘에
오르는 길이요, 나의 십계명대로 지키
고 사는 것이 나에게 오는 길이라 하
였거늘,
18 너희가 그건 지키지 아니하며 나에게
오겠다 그리 지금 갈구하고 소원하고
발버둥치는 것은 내 뜻이요, 하늘에
오르는 길은 접어 두고 넓고 편안한
지옥으로 가는 그 길을 선택하여 가는
것이 아니던가?
19 그러니 너희가 그를 알지 못하여 나
여호와가 존재함을 아는 그 자체를 내
가 깨우쳐 줌이니라.
20 내가 존재함을 믿는 그 자체를 너희가
믿는다면 과연 우상을 만들겠는가?
21 너희 마음속의 욕심이라는 그 뿌리를
버리지 못했으니, 다른 신을 섬기고
우상을 섬기는 것이 아니던가?
22 예수의 모형이요, 마리아의 모형이요,
십자가의 모형을 달고 들고 다니는 그
모두요, 천사를 깎아 놓은 그 형틀에
대하여, 형물에 대하여 기도하고 경배
하며 무릎 꿇고 기도하는 형국이니,
그것이 바로 우상을 섬기는 것이니,
23 그리 우상을 섬기지 말라 하면, 너희
가 나 여호와가 존재하는 것을 믿는
마음이 있다면 감히 그리할 수 없는
것이니라.
24 너희는 나 여호와의 뜻에 따라 십계
명을 지키고 살아가는 길을 가면 모두
가 다 하늘에 오르는 길이라 하였으나,
25 그게 힘들고 어렵다 하여 지키지 아니
하고 다른 길을 가고자 하는 것이며
편안한 길로써 나에게 오르고자 함이
니,
26 그와 같은 형태의 모든 마음이요, 믿
음은 바로잡기 위하여 내가 십계명 다
음에 그 귀중한 글귀를 내렸음이니라.
27 '나 외에 다른 신을 믿지 말라'는 제1
계명을 어기고 사는 너희에게 '나 여

호와가 존재함을 믿는 그 자체가 구원
의 길에 들어서는 기본이요, 근본이
라'는 것은,
28 너희가 내가 존재한다는 것을 굳게 믿
을 때 너희는 어떤 형상 앞에 무릎 꿇
고 기도하지 않을 것이며, 그 형상들
을 달고 다니며 그 형상 앞에 기도하
며 그 형상 앞에 소원을 비는 형식적
인 그러한 믿음을 감히 갈 수가 없을
것이니라.
29 너희가 얼마나 우상에 젖어 있으며
다른 신을 모시는 데, 다른 신을 받드
는 데 다 젖어 있고 지금 헤어나지 못
하는 것인지 알겠는가?
30 그리하여 그 구절을 심었음이니, 이를
명심하여 너희가 지키도록 하라.
31 이제 나의 아들을 따르는 지도자요,
나의 법전을 읽고 깨우친 백성 너희는
그 구절을 깊이 음미하라.
32 나 여호와가 존재함을 믿으며 내가 너
희와 같이하고 있다면, 내가 너희를
보고 있는데 추하고 더러운 행동을 할
수 있는가?
33 너 자신을 속일 수 있는가?
34 너 자신이 욕된 짓을 할 수 있는가?
35 남에게 거짓 하며 남을 무너트리고
네가 얻고자 하는 행위를 할 수 있는
가?
36 나 여호와가 존재한다는 것은 내가 너
희와 항상 같이하고 있는 것이니,
37 네 부모가 너희를 바라보는 것이며
창조주 나 여호와가 너희를 바라보고
있거늘, 어찌하여 너희가 흉하고 더럽
고 추한 짓을 할 수 있단 말이던가?
38 그건 나 여호와가 존재함을 믿지 않기
때문이니라.
39 나 여호와가 존재함을 믿는 것은 내가
너희와 항상 같이하고 있다는 것이니,
나와 같이하고 있는 자들이 어찌하여
그와 같은 길을 갈 수 있는가?
40 그러니 너희는 내가 존재함을 믿지
않는 것이니라.
41 그리하여 내가 너희에게 깨우쳐 주는
가장 소중한 가르침이니, '나 여호와
가 존재함을 믿는 그 자체가 구원의
길에 들어서는 기본이요, 근본이라'
하였음이니, 구원의 길에 들어서지도
못한 자들이 어찌 나에게 오를 수 있
단 말이던가?
42 그리고 '나의 법전을 가슴에 안고 정
독하는 자, 그걸 보고 깨우치는 자는
반석 위에 서서 하늘에 오르는 찬란한
빛을 본다' 하였음이니,
43 나의 법전을 읽고 깨우치는 너희야말
로 살아가는 길이 무엇이며, 하늘에
오르는 길이 무엇이며, 인간의 도리가
무엇이라는 것을 모두 다 알게 된다는
그 뜻이 거기에 있음이니라.
44 내가 오죽하면 너희에게 과제를 내주
었느냐?
45 나의 아들이 스스로 너희를 위하여
내가 대신 죽어 가겠다 하여 그 고통
의 길을 선택한 것도 아니요,
46 죽어서 모든 죄를 사하라고 내가 그에
게 명한 것도 아니요,
47 그를 죽게 하고 죽인 것은 너희면서,
그 피로 구원을 받았다고 말하는 자들
이 얼마나 어리석고 불쌍한 자들인가
그를 돌이켜 보라 하였듯이,
48 너희가 지금 얼마나 잘못 가고 있는가

를 생각해 봐야 할 것이며,
49 내가 왜 십계명 다음에 그 구절을 너
희에게 주었고 내렸으며 그리 살라 하
는지 그 의미를 깊이 알라.
50 내가 너희에게 일찍 깨우쳐 주었듯이
'팽이가 오른쪽으로 도는 것을 왼쪽으
로 돌게 하라' 하였음이니,
51 너희가 지금까지 살아온 그 믿음에서
모두를 다 반대 방향으로 반대쪽에서
생각하는 현명함을 얻으라.
52 그렇지 않으면 너희가 정답을 볼 수
없으며 나의 뜻을 알 수 없다 함을 잊
지 말라.

6,862 번째 하나님 말씀

2003년 7월 26일 08시 37분

1 사랑하는 나의 아들아!
2 내가 성서에 기록하여 뭐라 전했는지
알겠는가?
3 너희가 그 뜻을 과연 어찌 이해하며
어찌 받아들이고 사는가?
4 '누구든지 나의 말을 듣고 행하는 자
는 그 집을 반석 위에 짓는 지혜로운
사람과 같으니라' 나의 아들 예수는
너희에게 그리 부르짖었으며, 그리 가
르쳐 주었느니라.
5 나의 아들 예수를 구세주라 부르며 찬
양한다며 부르기만 하면 구원을 받는
다는 그 백성에게 그것은 잘못된 것이
며 절대 그것으로써 구원을 받을 수
없는 것이라, 나의 아들 예수가 너희
에게 미리 기록하여 전하였음이니라.
6 예수는 그리 말하였느니라.
7 나 여호와의 뜻에 따라 행하고 사는
자가 구원받는다 하였으며, 그렇지 않
은 자는 절대 구원을 받지 못하는 자
들이라 그리 말하였으며,
8 나 여호와의 뜻에 행하지 않는 자는
반석 위에 집을 짓는 것이 아니요, 모
래 위에 집을 짓는 그와 같은 어리석
은 짓을 하는 것이라 그리 말하고 가
르쳤음이니라.
9 지금 모든 종교 집단이요, 너희가 어
찌 왔는가?
10 너희가 바른 씨앗이요, 열매를 맺을
수 있는 씨앗을 심지 못하며,
11 너희는 나의 아들을 죽게 한 그 후예
들이요, 그들이 이끌어 간 그 방법을
그대로 계승하여 온 것이 오늘의 종교
집단이요, 그 지도자이기에, 너희는
그와 같은 방법에 매달리고 있으며 매
달려 가고 있는 것이 아니던가?
12 그러니 너희가 바로 모래 위에 집을
지은 자들이니라.
13 그러니 그 모래 위에 지은 집이 과연
얼마나 견디고 버틸 수 있다고 생각하
는가?
14 그리하여 오늘의 모든 종교 집단이 진
정한 반석 위에 집을 짓는 것이 아니
요, 모래 위에 집을 짓는 그 백성을 내
가 깨우치고자 미리 성서에 그리 전하
여 기록하지 아니하였던가?
15 너희가 나 여호와의 뜻이요, 참진리를
향하여 하늘에 오르고자 노력하는 것
이 아니라, 인간의 생각으로써 인간의
모든 교리요, 그 교회 법에 따라 모든
것을 이끌어 가는 것이 너희니,
16 과연 너희 자신이 편안하며 명성을 얻
고 재물을 얻고자 큰 성당이요, 큰 교

회를 지으며 많은 신도를 거느리고 군
림하고자 하는 것에 지금 모두를 다
바치고 가는 자들이 아닌가?
17 그러니 그곳에 진리가 없음을 너희는
알아야 할 것이니라.
18 순수성이 없으며 아름다움이 없으며
인간 본연의 밑바탕이 없으며, 나 여
호와가 너희에게 가르치고 전하고자
하는 그 뜻이 하나도 거기에 있지 아
니함이니,
19 그리하여 오늘의 너희는 모래 위에
집을 짓는 역사를 2천 년 동안 해 왔
음이니라.
20 그러니 그 집이 더 이상 견딜 수 없으
며 더 설 수 없으니 그게 무너지기 시
작함이니,
21 그게 바로 내가 나의 법전으로 너희
를 심판하러 내려감이니, 너희는 거미
줄을 칠 것이며 그 모두가 문을 닫는
다 함이 여기 있음을 알아야 할 것이
니라.
22 너희 모든 종교 집단이요, 지도자, 스
스로 누구보다도 자신이 더 잘 알고
있음이니라.
23 목사라 하여 설교하고 강론하는 자들,
그리고 또한 종교 지도자라 하여 서
있는 자들, 너희 스스로 너 자신을 매
우 잘 알 것이니라.
24 너희보다 더 잘 아는 자가 같은 백성
중에 없을 것이며,
25 그러나 너희는 너희 자신을 속이는
것까지도 나 여호와가 보고 있으며 알
고 있다는 그 무서운 사실을 인식하지
아니하고 사는 것이 종교 집단이요,
지도자이니라.
26 '나 여호와가 존재함을 믿는 그 자체
가 구원의 길에 들어선다' 했음이니,
27 너희가 나 여호와가 존재함을 믿는다
면 너희 자신을 속이는 행위는 하지
아니할 것이며 부끄러운 행위는 하지
아니할 것이니라.
28 지금과 같이 너 자신이 한 점의 부끄
럼이 없는 삶을 살아가지 못하는 종교
지도자는 나 여호와가 존재함을 믿는
자가 아니니라.
29 나 여호와가 존재함을 진심으로 믿지
못하는 자가 만백성을 구하여 하늘에
오른다 하니, 지금 이와 같이 험악한
세상이 되었으며,
30 그와 같이 기초가 없으며 뿌리가 없으
며, 반석 위에 집을 짓는 것이 아니요,
모래 위에 집을 짓는 너희는, 오늘의
세상에 다 존재하는 것, 곧 무너지고
쓰러질 것을 모르고 버티고 있는 그와
같은 행위를 하는 자, 그리고 모래 위
에 또 짓고 짓는 그와 같은 행위를 하
는 자는 이제 무너짐이니라.
31 그래서 내가 너희에게 일찍이 가르쳐
주지 아니하였더냐?
32 나 여호와의 뜻에 따라 행하는 자는
구원을 받으며 너희가 반석 위에 집
을 짓는 것이요,
33 그저 말로써 '구세주여, 예수여!' 찬양
하며 그저 '그 보혈로 구원받아 감사
합니다' 하며 울고불고 부르짖는 그것
은 구원을 받는 것이 아니라는 것을,
34 나의 아들이 직접 기록하여 너희에게
전한 그 대목을 다시 한 번 읽고 그 의
미의 깊이를 깨달으며 현실을 보도록
그리하며, 나 여호와가 원하는 것이

무엇인가를 보고 깨닫도록 그리하라.
35 그렇지 않은 자는 정녕 구원을 받을 수 없음을 알라.

6,863 번째 하나님 말씀

2003년 7월 26일 08시 45분

1 사랑하는 나의 아들아!
2 **"네, 아버님! 말씀하옵소서."**
3 내가 너희에게 일찍이 성서에 기록하여 깨우쳐 주기를, 비가 내리고 창수가 나고 바람이 불어 그 집에 부딪쳐도 무너지지 아니하는 이유는 어디에 있다 말하였느냐?
4 주춧돌을 반석 위에 올려놓았으며 그곳에 지었음이니, 그리하여 그게 넘어지지 않는다 그리 말하였음이니라.
5 그러나 그와 같은 단단한 반석이요, 주춧돌을 올려놓고 집을 짓는 것이 어떠한 형국이든 넘어지지 아니한다 하였으나,
6 나의 이 말을 듣지 아니하고 행하지 아니하는 자는 그 집을 모래 위에 지은 어리석은 백성과 같으니라 하여 그는 무너진다 내가 하였음이니라.
7 지금 수천 년 동안 믿음을 오는 종교 집단이요, 만백성을 구하는 그 역사를 한다는 너희가 바로 어떠한 행위를 한 줄 알겠는가?
8 나 여호와가 참진리요, 나의 아들을 통하여 내리고자 했던 그를 거둬들이고 받아들이지 아니하고,
9 너희는 지금 반석 위에 주춧돌을 놓은 것이 아니요, 모래 위에 주춧돌을 놓고 집을 짓기 시작한 것이 지금의 종교 집단의 어리석은 형국이니라.
10 그리하여 오늘의 너희가 그와 같은 어리석고 미련함을 내가 미리 지적하여 그와 같은 일을 범하지 말라 하였으나,
11 너희는 욕심이라는 그것을 버리지 못하여 모든 종교 집단이요, 시도사 너희가 나의 아름다운 발등 상에 지은 그 모두가 다 반석 위에 집을 지음이 아니요,
12 모래 위에 너희가 기거하기 위하여 사악한 죄악의 온상으로써 역사하고자 그와 같이 행함을 알아야 할 것이니라.
13 그러니 그를 내가 닫으려 하며 이제는 무너트리려 하며 스스로 너희가 무너트리는 그와 같은 역사가 너희 안에서 이루어지는 그 형국이 될 것이니라.
14 그리하여 내가 그들을 바로잡기 위하여 그와 같은 너희를 깨우쳐 주어 그곳에서 다치고 넘어져 죽는 자 없이 나에게 오르는 길을 갈 수 있게 하려고 내린 것이 바로 십계명이요,
15 또한 그와 같은 것을 지키고 사는 것이 반석 위에 주춧돌을 놓고 짓는 그와 같은 형국이라 그리 가르쳤으나, 너희는 나의 십계명대로 살 수 없다 함이니,
16 너희가 반석 위에 주춧돌을 놓는 것은 힘들고 어려움이니 그리할 필요가 없다 하며, 간단하게 모래 위에 집을 짓기 시작하는 형국이 오늘의 믿음의 역사가 흘러온 결과이니라.
17 내가 너희에게 가르치기를, '비가 내리고 창수가 나고 바람이 불어 그 집

에 부딪히매 정녕 그 무너짐이 심해
지리라' 그리 말하여 가르쳤음이니,
18 이는 바로 너희가 나의 뜻대로 살아
가지 아니하며 너희 임의대로 인간의
생각대로 모든 역사가 흘러옴이니,
19 그게 곧 모래 위에 지은 집이 무너진
다는 그와 같은 의미임을 알아야 할
것이니라.
20 그러니 내가 제3의 시대에 나의 법전
을 세상에 내려보내 모든 종교 집단의
문을 닫으며 너희를 내가 다스리고자
함이니,
21 너희는 그 뜻을 알아야 할 것이니라.
22 여기에서 거부하는 자, 어리석은 자라
말하는 자부터 먼저 무너지는 그와 같
은 역사가 있음을 너희는 알아야 할
것이니라.
23 이 모든 뜻을 내가 성서에 기록하여
전하였으며 너희가 이를 행하지 아니
하기에, 내가 나의 법전에 이와 같은
뜻을 기록하여 상세히 너희에게 전했
음이니,
24 여기서 이를 깨닫고 바로 서지 아니하
면 정녕 너희는 다 모래성에서 무너
질 때 너희가 다 무너지고 다치며 죽
음을 면하지 못할 것이니, 그게 바로
지옥으로 가는 길이라는 것을 잊지 말
라.
25 내가 너희에게 일찍이 깨우쳐 전하였
느니라.
26 성서에 의하여 너희를 깨우쳐 주었고,
지금은 나의 법전에 상세히 기록하여
너희에게 깨우쳐 주었거늘,
27 너희가 반석 위에 집을 짓는 것이 아
니요, 모래 위에 집을 지은 그 집이 영
원히 존재하며 영구히 존재할 것이라
그리 생각하지 말라.
28 이제는 너희가 지금까지 맹종이요, 맹
신하고 왔던 그 믿음 속에서 과연 나
여호와의 뜻이 무엇이며 하늘에 오르
는 길이 무엇인가 스스로 깨우쳐야 함
을 잊지 말라.
29 너희가 지금까지 오는 모든 믿음은 반
석 위에서 주춧돌을 놓고 집을 짓는
것이 아니요,
30 너희는 그저 모래 위에 그저 모래를
쌓아 올린 그와 같은 형국으로써 왔다
는 것을 잊지 말라.
31 이제 그게 무너지기 시작함이며 그게
넘어지기 시작하며 그 모두를 내가 다
뭉개는 그와 같은 내 심판의 시대가
이루어짐을 너희는 알라.
32 그곳에서 구원하고자 하며 살고자 하
면, 지금이라도 십계명대로 지키고 살
며 나의 법전대로 너희가 행하고 사
는 그 길을 가는 자는 바로 그곳에서
구원의 길을 볼 수 있으며, 너희는 나
에게 오를 수 있는 그 영광의 빛을 보
게 될 것이니 그리 알라.

6,864 번째 하나님 말씀

2003년 7월 26일 09시 06분

1 사랑하는 나의 아들아!
2 "네, 아버님! 말씀하옵소서."
3 내가 너희에게 뭐라 말하였느냐?
4 너희는 나 여호와가 창조한 이 지상
에 사는 수천수만 가지요, 그 셀 수 없
는 모든 생명체를 가지고 있는 것들에
대해 과연 그들이 존재하며, 그들이

쓰이고자 하며, 그들이 왜 세상에 존재하며, 나와 있는 것이며, 어떠한 것으로써 살아가는 것인가 그것 하나 완벽히 아는 것이 없다 하지 아니하였더냐?
5 그러니 이 세상에 더불어 살아가는 모든 생명체요, 나 여호와로부터 존재한 이 지상에 사는 그 모든 것 하나 제대로 너희가 아는 것이 없다 내가 그리 말하지 아니하였더냐?
6 그것이 나의 백성 너희가 살아가는 형태요, 연구하고 개발했다 하며 이 세상을 다 아는 것처럼 살아가는 너희의 자세라 내가 그리 말하지 아니하였더냐?
7 그러니 저 하나도 제대로 아는 것이 없는 너희가 과연 어떠한 자세로 어떠한 마음의 형태로써 지금 살아가야 하는지를 알겠는가?
8 너희가 좀 더 겸손하며 좀 더 겸양한 자세로 세상을 살아가는 것이 지혜로운 백성이라 생각하지 아니하는가?
9 지금 수천 년 동안 믿음을 오며 가는 그 백성, 사랑을 베푼다는 그 백성이 지금 어찌 살아가는지 아는가?
10 너희가 말하는 이방인이라는 백성보다도 더 오만하며 자만하는 자들이며,
11 그리고 스스로 그 못난 자존심 때문에 너희는 종교 집단 그 속에서 한 형제라 살아가는 그들 속에서 얼굴 붉히며 너희가 시시비비하며 살아가는 것이니,
12 과연 거기에 성령이 어디에 있으며 나의 사랑이 어디에 있단 말이던가?
13 그리고 너희는 그 속에서 또한 너희 자신의 욕심 때문에 그를 정녕 버리지 못하고 사는 것이니라.
14 그러니 너희가 그 욕심을 버리지 못하였기에, 서로 형제요, 자매라 하는 자들끼리 시시비비하며, 하나의 이해관계를 놓고 얼굴 붉히며 아는 사람을 언제 보았느냐는 듯이 모르는 사람보다 정적보다도 더 무섭게 치고받고 그리고 음해하는 그와 같은 행위를 하는 것이 종교 집단이요,
15 사랑을 베푸는 것이요, 하늘에 오르는 만백성을 구하는 그 백성이 지도자라는 자들이 그와 같은 행위를 하고 있음이니,
16 과연 너희가 믿음의 길을 가는 백성이요, 나의 선택된 백성이요, 진리를 가르치는 백성이라 너희가 가르칠 수 있겠는가?
17 그 속에 너희가 오만과 자만이요, 그 못난 자존심이라는 것 때문에 너희가 가장 위대한 자들이요, 남과는 타협하지 않으려 하며 남의 가르침도 들으려 하지 않으려 하는 것이 너희니,
18 문을 닫아 놓고 폐쇄된 백성이 바로 믿음의 길을 가는 백성 너희니라.
19 그러니 정녕 너희는 마음의 문을 열어 나의 법전을 정독하고 받아들이는 그 지혜로운 것도 그것마저도 선택할 수는 없단 말이던가?
20 너희가 나의 법전을 가슴에 안고 정독하지 아니하며 그를 받아들이지 아니하며 그와 같은 삶을 살지 않는 자 너희가 절대 나에게 와 심판을 받을 수 없으며 구원을 받을 수 없다 하였음이니, 그는 곧 무엇이더냐?

21 너희 몸에 성령이 임할 수 있는 것이
나의 법전대로 사는 것이요,
22 거기에 성령이 임할 수 있는 것, 하늘
에 오르는 길을 볼 수 있으며, 나의 뜻
을 모두 다 상세히 기록하여 너희를
깨우쳐 줌이니,
23 그를 보지 아니하는 자는 깨우칠 수
없다 함은 바로 내가 심판의 시대에
마지막 나의 성령이 세상에 내려간다
는 그 의미를 너희는 알아야 할 것이
니라.
24 이와 같이 소중한 나의 법전을 정독
하고 받아들이고 그걸 보고 깨우치고
자 하는 그 지혜 하나도 없단 말이던
가?
25 이것이 다 너희의 그 못난 자존심이
요, 오만방자함이니, 교만함이 너희를
그리 무너트리고 있다는 것을 알아야
할 것이니라.
26 너희는 여기서 알아야 할 것이니라.
27 너희가 모두를 다 버린다 하여도 모두
를 다 손에 놓는 한이 있더라도 나의
법전을 손에서 놓아서는 절대로 아니
된다는 것을 명심해야 할 것이니라.
28 어떠한 것을 다 버리고 어떠한 대가를
치른다 하여도 나의 법전을 놓는 그
순간에 너희는 이 세상의 모두를 다
잃는다는 것을 알아야 할 것이니라.
29 너희가 나의 법전을 손에서 놓고 들여
다보지 아니할 때, 너희는 지옥의 형
벌에서 벗어날 수 없는 길을 가는 자
들이니라.
30 그러기에 내가 나의 법전을 절대 어떠
한 형국에도 손에서 놓아서는 안 되
며, 나의 아들의 강론을 듣는 그 백성
이 등을 돌려서는 아니 된다는 뜻이
여기에 있음이니라.
31 법전을 정독하고 또 깨우치는 길만이
너희가 하늘에 오르는 길이요, 구원의
길이기 때문이니,
32 어떠한 고통과 시련이 있다 해도 너희
는 법전을 손에서 놓지 말며, 나의 아
들로부터 내리는 강론을 듣는 것을 게
을리하지 말며, 내가 너희에게 깨우치
고자 전하는 그 뜻을 너희가 소홀히
받아들여서는 아니 될 것이니라.
33 내가 명한 작고 큰 것을 너희 생명보
다 더 소중히 이 세상 것을 다 주고도
지키는 그와 같은 마음 자세로 살아야
한다는 것을 절대 잊지 말라.
34 너희가 법전을 읽고 정독하는 것만이
하늘에 오르는 길이요, 나를 볼 수 있
는 길이니,
35 어떠한 것에도 어떠한 형태든지 너희
가 그를 버리지 말고 놓지 말라.
36 너희가 말로써 나를 부르짖으며 나에
게 경배하며 나의 아들 예수를 '주여,
주여!' 부르며 찬양하고 무릎 꿇고 기
도하는 것이 구원을 받는다고 말하였
음이니,
37 그와 같은 말로써 행하는 것은 구원을
받지 못하며 정녕 너희 몸으로 행하는
그 선의 행함의 역사 그것이 있어야만
함이니,
38 그것을 이루지 못하는 그 마음을 다스
리고 바로잡을 수 있으며, 하늘의 이
치를 모르는 것을 깨우칠 수 있는 그
것을 나의 법전에 내가 다 상세히 기
록하여 너희에게 전하는 상이기 때문
이니 그리 알라.

6,865 번째 하나님 말씀

2003년 7월 26일 09시 12분

1 사랑하는 나의 아들아!
2 "네, 아버님! 말씀하옵소서."
3 너희가 어찌하여 그 소중한 인생의 삶을 살아가면서 나 여호와의 참진리요, 나의 성령에 귀를 기울이지 못하고 그리 어리석은 삶을 살아가는가?
4 너희가 지금 숨을 쉴 수 있으며 움직일 수 있으며 육의 세상에 살아 있을 때 구원을 받고 못 받는 그 모두가 거기서 결과가 이루어지며,
5 그 결과에 따라서 지옥이냐 천국이냐는 그와 같은 역사가 이루어진다 하였거늘,
6 어찌하여 지금 이 세속에서 육을 가지고 사는 이 삶을 그리 함부로 생각하며 소홀히 살아가는가?
7 너희의 오늘의 그 삶이 영원히 살며 다시 태어나느냐 태어나지 못하느냐는 그와 같은 것이 이루어진다 하였거늘,
8 어찌하여 너희는 나의 참진리요, 나의 십계명이요, 그리고 지금 내가 나의 아들을 통하여 내리는 나의 법전을 읽고 깨우쳐, 나의 음성이요, 내가 너희에게 내리고자 하는 그 모든 것을 귀를 기울여 이를 듣고 깨우쳐 너희 것으로 만들어 구원을 받는 길을 가는 것이 아니라, 외형에만, 형식에만 치우치며,
9 아무 관계도 없는 외형에만, 남에게 보이는 것, 보이고자 하는 것, 그리고 육의 세상의 그 알량한 자존심이라 하는 그와 같은 것 때문에 어찌하여 저 자신을 다스리지 못하고 지옥으로 보내지는 그와 같은 삶을 살고 있단 말이던가?
10 너희는 지옥의 문에서 통곡하는 자, 그때 그 고통의 비참함이 어떠한 것인가 과연 생각해 보았는가?
11 너희는 그 문 앞에 서기 시작하면서부터 통곡하며 아우성칠 것이니,
12 너희가 그 문에 들어서서 그 모든 죄의 대가를 영원히 그 암흑과 같은 세상에서 치르는 그것은 상상할 수 없는 것임을 알라.
13 그와 같은 지옥의 길을 가는 것이냐, 천국의 문에서 행복한 미소를 짓는 것이냐 하는 그 모두는 오늘의 너희 삶에 달렸다는 것을 잊어서는 아니 될 것이니라.
14 지금 그저 흘러가는 그 세월이요, 무의미하게 사는 세월이요, 육의 향락을 위해 온갖 추한 짓이요, 지금 살아가는 그 작태요, 잘못 살아가는 것, 그 모두를 가지고 그 결과에 따라 심판이 이루어지는 것이니,
15 오늘의 이 소중하고 귀한 그 시간을 함부로 살아가는 어리석은 삶을 살아서는 아니 될 것이니라.
16 모든 것은 너희의 각자 손에 달렸으며 오늘의 행함에 달렸다는 것을 명심하고 또 명심해야 할 것이니라.
17 그러나 너희는 참진리요, 나 여호와의 성령이요, 거기에 귀 기울여 살아가면 될 것이니,
18 너희는 이를 모르거든 십계명을 암송하고 또 암송을 하며 십계명대로 살고

자 몸부림치는 삶을 살라.
19 그리고 너희가 거기에서 눈을 뜨게
되면 나의 법전이 세상에 나온 이유를
알 것이며, 나의 법전이 어떠한 것인
가를 알게 될 것이니,
20 그 깨달음이 있거든 나의 법전을 가슴
에 안고 정독하고 정독해서 하늘에 오
르는 길의 영광을 얻도록 그리하라,
사랑하는 나의 아들딸들아!
21 그것만이 너희가 내 품에 올 수 있으
며 나에게 오는 길이기에 나 여호와
가 이 시간에 나의 아들을 통하여 이
리 나의 법전에 기록하여 나의 성령을
전함이니라.

6,866 번째 하나님 말씀

2003년 7월 26일 11시 17분

1 사랑하는 나의 아들아!
2 **"네, 아버님! 말씀하옵소서."**
3 인간 세상에 너희가 살아가면서 '상,
중, 하'라는 그와 같은 단어를 쓰고 있
음이니라.
4 너희가 인간이 자기가 노력한 것만큼
얻으려 하는 자, 그리고 노력하지 아
니하고 더 얻으려 하는 자, 그리고 남
에게 양보하는 그와 같은 마음을 가진
자, 너희 마음을 또한 그리 표현할 수
있는 것이니라.
5 제가 이루어 놓은 것은 없으면서 좋은
자리를 차지하려는 자, 그리고 노력한
것만큼 그 자리를 차지하려는 자, 그
리고 양보하며 낮은 자리를 찾으려는
그와 같은 사람으로 그리 분류되는 것
을 너희는 볼 수 있을 것이니라.
6 모든 것은 제가 역사하지 아니하고
더 가지려 하는 것이 욕심이 있는 자
요, 사악한 자요,
7 그저 한 만큼 거두려는 자는 그래도
중심을 잡는 사람이요,
8 많은 것을 역사했으나 양보하는 마음
을 가지고 사는 자는 믿음을 갖춘 사
람의 사는 자세가 아니더냐?
9 그러나 너희가 지금 하늘에 오르는 그
구원의 길이요, 그 구원의 역사는 과
연 너희가 거기서 이루고 이루지 아니
한 그와 같은 것으로써 너희 마음대로
그 역사를 이룰 수 있다고 생각하는가?
10 인간 세상에서 살아가는 것은 목소리
큰 자요, 억지를 쓴 자요, 무식한 자
요, 저밖에 모르는 그와 같은 자는 10
이라는 것을 역사하고 100이라는 것
을 갖고자 저희가 억지를 쓰고 떼를
쓰면 그것이 통할 수도 있을 것이며,
50이라는 것을 역사한 사람은 50만큼
챙길 것이요, 또한 50을 한 사람이 또
양보하여 10을 챙기는 그와 같은 것
이 있으나,
11 너희가 하늘에 오르는 구원의 길을 받
는 것은 바로 그것이 무엇이던가?
12 나 여호와와 너희와 관계된 일이니라.
13 그러니 너희가 과연 50을 하고, 또는
10이라는 것을 역사해 놓고 100을 차
지하고자 하는 그와 같은 행위를 한다
해도, 그것이 과연 통하고 역사할 수
있다고 생각하는가?
14 너희가 마음으로 가진 것, 네가 모르
는 그 마음까지도 나 여호와가 아는
것이 나의 뜻임을 너희는 왜 모르는가?
15 너희가 지금 가고 있는 그 삶을 위해

서 몇 살에 너희가 죽으며 어느 시기
에 너희가 죽어 인간의 삶의 종말을
거두는 것인지 너희는 그것을 모르고
있지 않은가?
16 그걸 나는 알고 있음이니라.
17 그것뿐이더냐?
18 너희가 지금 가는 길이 목적지를 향하
여 걸어가는 그 자체도 너희는 목적
지를 향해서 걸어가나, 가고 못 가는
것, 중간에 이루어지는 그 모든 변화
는 나 여호와는 알고 있으나, 너희는
행하면서도 모르는 것이니라.
19 너희가 손안에 쥐고 있는 그 물건이
언제 떨어지고 안 떨어지는지, 너희로
부터 버려지고 버림을 받지 않는 것도
너희의 그 마음에 의하여 좌우된다 하
나,
20 네 마음보다도 나 여호와가 더 정확히
알고 있다는 것을 너희는 어찌 모르
는가?
21 그러니 너희가 우매한 백성이니라.
22 지금 모든 종교 집단이요, 지도자요,
몇천 년 동안 흘러오면서 구원을 받았
다는 그 백성이 나와는 관계없는 내
뜻을 거역하는 그와 같은 길을 가면
서, 나에게 구원을 받을 수 있으며 나
에게 오를 수 있다 하며 그리 가는 백
성은 바로 무엇이던가?
23 저희가 이루고 역사하는 것은 열이면
십 분의 일도 역사하지 못하면서 저
희가 백이라는 것을 누리고 차지하고
갖고자 하여 그와 같은 행위를 하는
자들이 가장 대표적인 백성임을 너희
는 알아야 할 것이니라.
24 그러나 그저 평범하게 살아가는 백성
은 제자리를 지키는 백성이요, 나는
죄인이라 생각하는 백성은 믿음을 갖
추며 겸양을 갖춘 백성이라는 것을
알아야 할 것이니라.
25 감히 나 여호와 앞에 와서 행함을 소
홀히 하는 자, 그리고 내 앞에 와서 열
이라는 것을 역사한 자가 백이요, 천
을 했다며 나에게 달라 하는 그와 같
은 어리석은 행위를 하고자 하여 지금
그걸 믿고 그것이 이루어질 것이라
생각하고 가는 것이 모든 종교 집단이
요, 지도자들이 가는 형국이니라.
26 종교 집단에서 지도자 저희가 하는 행
위를 내가 모를 것이며, 저희가 속이
는 것을 내가 모를 것이며, 저희가 엉
터리 짓을 하며 사악한 방법으로 나
의 피조물 만백성들의 재물을 거둬들
이고 사악한 짓을 하는 것을 내가 모
를 것이라 생각하나,
27 저희가 하는 것, 저희가 역사하는 것
까지, 저희가 무슨 생각을 하는 것인
지 저도 모르는 생각을 나 여호와는
알고 있다는 그 두려움과 무서움을,
그들이 지금 창조주 나 여호와를 모름
이니라.
28 그러니 그들처럼 어리석은 백성으로
서 가서는 아니 될 것이니라.
29 나의 법전을 읽고 깨우친 백성이요,
나의 아들의 가르침을 듣는 만백성 너
희는 알아야 할 것이니라.
30 정녕 열밖에 하지 않는 자가 백을 취
하고자, 백을 얻고자 그와 같은 사악
한 마음 자세요, 형태로써 살아가는
백성으로 살 것인가,
31 너희 자신의 분수요, 네 위치를 아는

백성으로 살 것인가,
32 겸양하고 양보하는 아름다운 미덕의
마음을 가지고 살 것인가,
33 이것은 너희가 선택해야 할 것임을
알아야 할 것이니라.
34 다만, 내가 나의 법전에 기록하여 나
의 아들을 통하여 너희에게 전함이니,
35 나를 속이려 하는 자, 나를 기만하는
자, 그리고 내 앞에 와서 모든 것을 다
손바닥으로 하늘을 가리듯이 가릴 수
있다고 생각하는 자, 그들이 바로 무
엇인 줄 알겠느냐?
36 수천 년 동안 흘러온 종교 집단이요,
지도자로 역사한 자들의 그와 같은
행위임을 알아야 할 것이니라.
37 저희 조상이 나의 그 귀한 아들 예수
를 죽여 놓고 저희가 그 피로써, 그 은
혜로써 구원을 받았다고 지금 부르짖
는 그와 같은 백성, 자신의 위치를 모
르며 죄인이라는 것을 모르는 그들이
바로 나를 속이려 하며 나를 기만하려
는 자들이며,
38 노력하지 아니하고 역사하지 아니하
고 큰 것을 챙기며 큰 것을 누리며 부
귀영화를 누리고자 하는 자들이니,
39 하늘의 천국의 문을 감히 들어설 수
있다고 생각하나, 너희는 여기서 알아
야 할 것이니라.
40 나 여호와는 너희가 알지 못하는 것,
행하지 못하는 것까지 다 알고 있거늘,
41 나 여호와를 속이려 생각하는 것은 너
희의 육신의 생명이 붙어 있는 그 한
도 안에서는 그것이 가능할 것이나,
42 너희가 숨을 거두는 그 순간부터 그
모두는 하나도 통할 수 없으며 하나도
역사할 수 없으며 하나도 속일 수 없
으며,
43 번갯불보다 빨리 진행하는 너희의 그
사악한 짓 하나도 기억 안 하는 것이
없이 다 기록된다 하였음이니,
44 이 무서움과 두려움을 안다면 너희가
과연 어떠한 형태로 살아가야 하는가
를 알아야 할 것이며,
45 이제 너희는 그 사악한 종교 집단의
그 무리에 들어가지 말며 그들을 두려
워하지 말며 그들에게 가고자 하는 그
와 같은 생각을 하지 말라.
46 너희는 거기서 나오는 길의 힘들고 어
려운 그 역사를 했거늘, 어찌하여 뒤
돌아보며 그 옛날을 그리워하며, 까마
귀들 노는 속에 들어가고자 하는 그와
같은 생각을 지금도 버리지 못하는 것
이 나의 아들을 따르는 자들이요, 나
의 강론을 들은 백성이 그와 같은 생
각을 하는 자가 있음인가?
47 너희가 바로 정신을 차리지 아니하면
너희 자신도 내가 손을 놓는다는 그
무서운 사실을 잊지 말라 그들에게 전
하라.

6,867 번째 하나님 말씀

2003년 7월 26일 11시 28분

1 사랑하는 나의 아들아!
2 "네, 아버님! 말씀하옵소서."
3 너희가 인간관계에서 살아가는 그 생
활 속에서 불화의 원인이 또한 무엇이
라 생각하는가?
4 좋은 관계요, 형제지간이요, 부모 사
이요, 그리고 이웃과 살아가면서 나의

백성이 불화의 그 원인은 무엇이던가?
5 그는 바로 너희 가슴속에 있는 그 욕
심의 사악한 뿌리를 버리지 못했으며,
욕심이라는 그 우상을 섬기고 있으며,
그 욕심이 남아 있어서 그 마음이 고
개를 들기 때문이니, 그러함을 너희는
알아야 할 것이니라.
6 정녕 너희가 욕심이라는 그 마음이
고개를 들지 아니한다면, 너희는 불화
와 얼굴을 붉히며 사는 그와 같은 인
생의 삶은 절대 살지 아니할 것이니라.
7 너희가 그리 말하느니라, 말로써는 같
은 교회요, 같은 믿음의 길을 가는 자
들, 같은 성전에 있는 자들이 자매요,
형제라 하여 온갖 정성을 다 들여 그
를 사랑하는 것처럼 그와 같이 가는
것이 종교 집단 속에 있는 너희가 살
아가는 형태이니라.
8 그러나 너희는 인간적인 작은 이해관
계요, 너희의 이름 석 자의 명예에 대
해 오점을 남길 것 같은 것, 또한 불합
리한 어떤 것이 이루어지고 발생했을
때 너희는 과연 어찌하는가?
9 그것은 바로 불화로 이어지며 감정의
대립으로 변화되는 것이 너희니, 과연
진정한 사랑이라는 것을 가지고 사는
백성인가,
10 그리고 자매라 부르며 형제라 부르던
그 종교 집단들의 그 부름이 진정한
진실이었던가?
11 모두 위장된 것이며 가식이니라.
12 내가 너희에게 말하지 아니하였던가?
13 너희가 천금을 남에게 주며 또 너희
에게 무엇을 베풀어 주었다 해도, 그
것이 진심으로써 이루어지는 것이 아
니면 아무런 가치가 없는 것이라 그리
하였음이니라.
14 너희가 남에게 대접하면서, '어렵고
바쁜 시간에 나같이 어리석은 사람에
게 이와 같은 대접을 할 수 있는 시간
을 주신 그들에게 감사하다' 말하는
것, 그것이 진심이 아니고 위선으로써
말하는 것은 모두 죄악이며, 그건 나
로부터 용서받을 수 없는 길이라 하였
거늘,
15 너희가 한 교회요, 한 집단이요, 종교
집단에서 살아가면서 평소에는 형제
요, 자매라 서로 그리 말하는 자들이,
작은 이해관계가 발생했을 때 불화로
발생하며 고성을 지르며 언성을 높이
는 그와 같은 형국으로 돌변하니,
16 너희는 과연 자매라는 것이 위장이요,
사랑이라는 것이 위장이요, 가증스러
운 삶을 사는 것이 너희의 삶이 아니
던가?
17 그러니 너희는 인간관계의 불화 속에
서 교회는 교회 간에 불화가 생기며,
신도와 신도 간에 적대심을 품고 살
며, 영원히 등을 돌리는 그와 같은 인
간관계를 가지며,
18 한 성전이요, 한 교회에서 설교를 들
으며 너희가 기도하고 울고불고 나에
게 모든 것을 보여 주며, 나를 위해 살
아가는 것이며, 나만을 생각하고 살아
가는 것이며, 나 여호와를 기쁘게 하
는 행동이라 그리 생각하면서,
19 교회에 있는 그 백성이 서로 갑론을박
하며, 불화하고 감정이 나서 고개를
마주하지 아니하며 눈을 마주하지 아
니하면서, 그 속에서 사랑이 있으며

나를 위한 삶이며 나 여호와의 기쁨을
위해 사는 삶이라 그리 말하니, 얼마
나 가증스러운 것이더냐?
20 한 가정에서도 부모 앞에 있는 그 형
제들이 한 상에 앉아 밥을 먹으면서,
자식 간에 대화하지 아니하며 자식 간
에 눈길을 주지 아니하면, 앉아 있는
노쇠한 부모의 마음이 과연 어떠하겠
는가?
21 누구의 잘잘못을 가릴 수 없는 것이
부모의 마음이니라.
22 너희가 배우고 가르치기를 '열 손가락
을 깨물어 아프지 않은 손이 없다' 하
였음이니,
23 잘하고 잘못하는 것을 평가하기 어려
운 것이 그 노부모의 마음이라는 것을
너희는 조금이라도 생각해 보는가?
24 너희가 나의 성전이라는 곳에서 치고
받으며 불화하는 행위를 할 때, 나 여
호와의 마음이 과연 어떠하겠는가?
25 그리하여 그곳이 바로 만백성을 지옥
으로 이끌어 가는 죄의 온상이라 함을
너희는 잊어서는 아니 될 것이니라.
26 그뿐이던가?
27 너희는 지도자와 신도 간에, 회원 간
에 불신과 분열이 일어나며, 그와 같
은 행위를 하는 것이 있다면, 과연 너
희는 이를 어찌 믿겠는가?
28 너희는 절대 그러한 일이 없다 그리
말할 것이나,
29 나 여호와가 내려다보는 너희 손으로
지어 구원을 받는다는 모든 성전이요,
교회라는 곳이 그보다 더 사악한 형국
으로써 이루어지고 흘러가는 그 속사
정을 너희가 감추려 하나, 나는 알고
있음이니라.
30 감히 너희는 그와 같은 믿음의 길을
가는 백성이 아니라 말하지 말라.
31 그 입이 봉해질 날이 머지않았음을
알아야 할 것이니라.
32 너희는 불신과 분열이 이루어지는가
하면, 이해관계 없는 그와 같은 곳에
도 시시비비를 가리고 나서는 것이 지
금의 사랑이요, 믿음의 길을 가는 백
성 너희가 아니던가?
33 너희가 그러하니, 일반 백성의 인간관
계가 이루어지는 것은 과연 어떠하겠
는가?
34 보통 인간들이 살아가는 그 인간관계
에서는 정도요, 그 길을 가고자 하는
것이 백성들이니라.
35 너희는 형제요, 자매라 하는 자들도
작은 인간관계에서 등을 돌리며 한 성
전에 한 교회에서 눈을 마주 보지 않
으니, 보통 인간관계에서 이루어지는
그 인간의 거래에서는 과연 어떠하겠
는가?
36 너희는 우월주의와 교활한 자들로서
다른 인간과의 교류나 관계는 상상할
수 없을 만큼 사악하고 잔인하며 표독
한 행위로 갈 수 있는 자들이라는 것
을 알고 있는가?
37 너희는 보통 인간들과는 얼마나 무섭
게 돌변할 수 있으며 배신할 수 있는
자들이며 그를 구렁텅이에 밀어 넣을
수 있는 자들인가?
38 항상 같이 하는 교회 안의 신도요, 형
제요, 자매라 하는 자들도 유사시에
작은 이해관계에서 그리 등을 돌리니,
보통 백성과 거래하는 것은 너희가

얼마나 간악한가?
39 그러니 너희가 하는 일이나 역사하는
곳에 일반 백성이 투자하지 아니하려
하며 그곳에 가지 아니하려 하며 그곳
에서 발길을 돌리려 하는 것이 보통
백성이 살아가는 것이니라.
40 너희가 사랑을 베풀며 진정한 나눔으
로 간다면, 모든 백성이 너희가 역사
하는 곳에 가서 역사함을 기뻐할 것
이며, 너희가 짓는 곳에 주춧돌 하나
갖다 놓는 것을 일반 백성이 기쁘게
생각하며, 거기에 부름을 받아 같이
동참하는 것이 기쁨이요, 영광이라 생
각해야 하거늘,
41 너희에게 이해관계의 대금을 주며 일
을 하고 대금에 따라서 거래를 한다
하여도, 일반 백성이 너희를 의심하고
의혹하며 그곳에 가는 것을 불명예스
럽게 생각하는 이와 같은 것이 오늘의
현실이니,
42 바로 너희가 사탄이요, 사악한 자요,
악마의 자식이요, 그 후손이라는 것이
며,
43 오늘 모든 종교 집단이요, 지도자들이
가고 행하는 것이라는 것을 절대 잊
어서는 아니 됨을 알아야 할 것이니
라.
44 너희는 과연 사랑이라는 것을 알고 있
는가?
45 사랑이란 그 아름다운 말조차 할 자격
이 없는 백성이라는 것을 너희는 알
아야 할 것이니라.
46 오늘의 모든 종교 집단이요, 지금의
믿음의 형태가 이와 같이 흘러가고
있음을 너희는 알아야 할 것이니라.
47 그러한 곳이 나의 성령의 집이라 말할
수 있는가?
48 그리고 내가 임할 수 있으며 내가 휴
식할 수 있는 나의 집이라 말할 수 있
는가?
49 너희는 어찌 말하는가?
50 그저 모여들기만 하면 긁어모아서 재
물을 거둬들이면서,
51 말로써 나의 아들 예수를 믿기만 하
면, 나의 아들 예수를 찬양하며 나의
아들을 '주 예수'라, '구세주'라 부른다
면 그 보혈로써 구원을 받을 수 있다
고 그리 말하느니라.
52 오늘 너희가 지은 죄요, 미래에 짓는
죄까지 다 용서를 받을 수 있다고 말
함이니,
53 과연 스스로 너희가 그와 같은 말을
할 수 있는 종교 집단이요, 믿음의 길
을 가는 백성이라 말할 수 있는가?
54 여기서 나의 아들을 따르는 제자요,
만백성 너희는 들어야 할 것이니라.
55 너희는 나의 성령이요, 내 집을 짓는
곳이라면, 너희는 나의 성령이요, 나
의 뜻에 의한 그 아름다운 꽃을 피우
는 집이 되어야만 할 것이 아니던가?
56 그러나 지금 너희가 지은 교회요, 성
당이요, 성막이요, 회당이라는 것은
나의 꽃을 피우는 것이 아니요,
57 나의 꽃을 꺾어 버리며 짓밟아 버리며
나의 꽃을 시들게 하며 남들마저도 구
경하지 못하도록 나의 꽃을 꺾고 짓이
겨 시들게 하는 그와 같은 자들이니,
58 그와 같은 집이 바로 오늘의 교회요,
성당이요, 너희 회당이 다 그와 같이
전락하였음이니라.

59 나의 성령의 아름다운 꽃을 피우는 집
이 아니라, 나의 아름다운 성령의 꽃
을 꺾으며 시들게 하는 그것이 바로
너희가 오늘날 전락하여 있는 사탄이
요, 죄의 온상으로 전락하였다는 뜻이
여기 있음이니,
60 나의 아름다운 꽃을 피우는 것이 아니
라 꺾어 버리고 짓밟는 행위만 하는
것이 너희니라.
61 이제 나로부터 선택된 백성 너희는
남의 것, 남이 살아가는 것, 남이 행하
는 것을 거울삼아 나의 법전을 읽고
깨우쳐 밑거름으로 살아야 할 것이며,
62 나의 법전을 행하여 나의 법전대로,
십계명대로 지키고 사는 데 너희가
최선을 다하는 그와 같은 삶을 살아
야 함을 절대 잊어서는 아니 되느니
라.
63 오늘의 나의 법전이요, 십계명대로 가
는 길은 어렵고 힘든 길이나, 그 길이
바로 나의 성령의 꽃을 피우는 길이
요,
64 나의 꽃으로써 그 향기를 피워 만백
성들이 그걸 보고 따를 수 있는 그와
같은 나의 꽃을 피우는 일임을 너희는
알아야 할 것이니 절대 잊지 말라.
65 너희가 모이는 곳이요, 너희가 상주하
는 곳은 나의 꽃이요, 그 향기로운 꽃
을 피우며, 그 향기로운 향기가 안개
처럼 무럭무럭 피어나 만백성들이 이
를 보고 느낄 수 있도록 그와 같은 일
을 역사하는 것이요,
66 너희가 하나가 모이고 둘이 모였으면
불화하여 시비하고 시시비비하는 사
악한 말을 하는 것이 아니라,
67 아름다운 나의 성령의 꽃을 피워 그
꽃의 향기가 무럭무럭 피어나도록 그
런 삶을 살아야 할 것이며, 그와 같은
것으로써 가는 것이 너희가 가야 할
길이라는 것을 절대 잊지 말라, 사랑
하는 나의 아들딸들아!

6,868 번째 하나님 말씀

2003년 7월 26일 11시 36분

1 사랑하는 나의 아들아!
2 "네, 아버님! 말씀하옵소서."
3 너희는 내가 임하는 곳이요, 내가 거
할 수 있는 곳은 나의 피조물 만백성
의 고혈을 갈취하여 그 재물을 모아
지은 교회요, 성당이요, 회당이라는
그 사랑이 없는 곳이 내가 임하는 곳
이 아님을 알아야 할 것이니라.
4 나 여호와가 임하며 너희가 나의 성령
을 들으며 나를 만나고자 한다면,
5 나 여호와는 너희가 사랑이 만발해
있는 곳, 진실이 있는 곳이요, 너희가
진실과 사랑 속에서 아름다운 모습으
로 살아가고자 하는 그와 같은 마음을
가진 백성이 있는 그곳에 나 여호와가
임한다는 것을 잊지 말라.
6 여호와가 임하여 너희와 같이할 수 있
는 곳은 사랑이 있는 곳이요, 진실이
있는 곳에 나 여호와가 임한다는 것,
7 그곳에 오면 너희가 나를 만날 수 있
다는 것을 알아야 할 것이며, 너희가
사랑과 진실이 있는 곳에 나 여호와가
거한다는 것을 절대 잊지 말라.
8 사랑이 없고 불화와 증오가 있는 너희
가 지은 지금 그 호화로운 교회요, 그

궁궐과 같은 성전이라는 곳, 교회라는
곳, 그곳에는 정녕 나는 너희와 같이
임하지 아니함을 알아야 할 것이니라.
9 나 여호와가 임하는 곳은 사랑이 있는
곳이요, 진실이 있는 곳이요, 아름다
움이 있는 곳이요, 양보함이 있는 곳
이요, 나눔이 있는 그와 같은 삶을 사
는 백성이 있는 그곳에 내가 있음이
니, 이는 곧 무엇인 줄 알겠느냐?
10 그와 같은 곳이 곧 깨어 있는 곳이요,
살아 있는 곳이기 때문이니 그와 같은
곳에 내가 존재함이니라.
11 나는 죽어 있는 곳, 썩어 있는 곳에 나
여호와가 임하지 아니함을 너희는 알
아야 할 것이니라.
12 너희가 나의 꽃을 피우려고 나의 뜻
을 피우려고 움직이고 존재하는 곳은
살아 있는 곳이니, 그곳에는 나 여호
와가 기쁨으로써 너희에게 같이 임하
나,
13 너희가 시기 질투요, 사랑이 없으며
진실이 없는 곳, 그리고 오만한 곳, 자
만한 자들이 모여 있는 그곳에는 나
여호와가 절대 임하지 아니하는 곳이
니라.
14 그곳은 죽어 있는 것이요, 썩은 냄새
가 진동함이니, 내가 거기에 임하지
않는다는 것을 너희는 알아야 할 것
이니라.
15 내가 임한다는 것은 무엇이더냐?
16 너희가 나를 위하는 길, 나의 뜻을 거
역하지 않는 백성이 살아가는 것이니
라.
17 그러나 지금 믿음의 길이요, 하늘에
오르려는 많은 백성이 수천 년 동안
살아가면서 어찌하여 그리도 사악한
짓을 하며 나의 뜻을 거역하는 짓만을
하고 지금까지 존재하고 있단 말이더
냐?
18 그리하여 내가 2천 년 동안 너희를 방
치했으며 내가 너희를 돌아다보지 아
니하였으며 내가 너희를 보지 아니하
였으니,
19 암흑의 세상에서 지금 사악한 그 사탄
들이 독버섯처럼 이 세상을 지배하는
이와 같은 형국으로 되어 있음이니라.
20 그러나 사탄은 한계가 있으며 짜인 그
것을 벗어나지 못함이니, 너희 스스로
무너지기 시작하는 역사가 내부에서
시작된다는 나 여호와의 무서운 그 뜻
을 너희는 알아야 할 것이니라.
21 이제 나의 뜻을 거역하는 짓을 그만
중단하라.
22 그리고 너희가 그 사악한 짓을 중단하
라.
23 나의 사랑하는 피조물 만백성으로부
터 주는 것 없이 그 재물을 거둬들이
며 그들을 지옥으로 인도하는 그와 같
은 행위를 이제 그만 중단할 때가 되
었음을 알라.
24 중단하지 않는 자는 구원을 받지 못할
것이니라.
25 너희가 지금은 나의 뜻에 따라 나를
위하여 기도하고 경배하는 것이요, 궁
궐 같은 것, 그리고 호화로운 대궐같
이 짓는 그 교회요, 성전이요, 성당이
다 나를 기쁘게 하는 길이요, 나를 역
사하는 길이라 그리 만들고 전하나,
26 그와 같은 행위를 하는 자는 죽어 나
에게 왔을 때 단 하나의 답이 있느니

라.
27 '나는 너희를 모르느니라.' 그 답밖에
너희에게 줄 수 없음이니,
28 너희가 오늘 이루는 역사에 사랑이 없
으며 진실이 없으며 진정한 믿음이 없
으며 가증스러운 그와 같은 삶을 살면
서,
29 그 모두가 나의 뜻에 따라 나를 기쁘
게 하며 하늘의 뜻을 역사한다 하며,
오늘의 변화가 없이 살아왔을 때 내가
너희에게 내리는 답은 단 한 가지니
라.
30 '나 여호와는 너희를 모르느니라.' 그
답을 들을 때 너희가 나를 원망하며
몸부림치지 말라.
31 지옥문 앞에 눈물 흘리며 발버둥치지
말라.
32 그를 대비하여 내가 나의 아들을 통하
여 160권의 대장정의 법전을 세상에
내려보내어, 하얀 눈처럼 세상을 덮어
너희가 그저 손만 뻗치면 볼 수 있으
며 가슴에 안을 수 있도록 내가 그 역
사를 이룸이니,
33 그런데도 너희가 이게 사탄이요, 사악
한 자라 찢어 버리고 태우는 그와 같
은 광란의 짓을 하며, 나를 태우며, 나
를 욕되게 하며, 나의 가슴에 못을 박
으며, 나의 옷을 갈기갈기 찢으며, 내
마음을 찢어 버리는 그와 같은 사악한
행위를 하는 자들은 그로써 정녕 구원
을 받을 수 없다는 것을 알라.
34 나는 너희에게 깨우쳐 주었음이니라.
35 사랑이 있는 곳, 진실이 있는 곳, 거짓
이 없는 곳, 가식이 없는 곳에 나 여호
와가 임하며,
36 너희가 형식적이요, 가증스러운 생각
이요, 육의 삶을 위해 남을 밀어붙이
는 것을 서슴없이 행하는 그와 같은
사악한 자들, 그 썩은 냄새가 진동하
는 곳에 나 여호와는 절대 임하지 아
니한다 그리 말하였음이니,
37 너희가 어떠한 삶을 살 것인지 선택하
는 삶을 살라.
38 지금의 모든 종교 집단이요, 믿음의
길이 이 형국으로 계속 살다 나에게
온다면,
39 너희는 나에게 와 심판을 받기 전에
하늘에서 들리는 그 나의 음성은 '나
는 너를 모르느니라' 그리 말하는 답
밖에 없음을 알라.
40 내가 미리 나의 아들을 통하여 내가
너희를 모르는 자라 그리 명함이니,
이 두렵고 무서움을 알라.
41 너희가 죽어 와 나에게 심판을 받을
때 내가 너희를 모르는 자라 그리 말
할 것을 나의 아들을 통하여 지금 너
희에게 전함이니,
42 이는 내 아들이 세상에 내려감이요,
나의 성령이 세상에 내려가, 너희가
살아 움직일 수 있으며, 고칠 수 있으
며, 바로 설 수 있으며, 물을 마실 수
있으며, 자고 싶을 때 자며, 음식을 취
할 때 취하며, 선한 일을 하고 싶을 때
선한 일을 할 수 있으며, 악한 짓을 하
고 싶을 때 악한 짓을 할 수 있는 네
마음대로 육과 영혼을 다스릴 수 있는
지금,
43 내가 너희를 모른다는 그 무서운 답
을 내림이니,
44 그 답을 너희가 지금 들었다면 어찌

살아야 할 것인가를 깨우쳐 하늘에 오
르는 그 역사의 찬란한 빛을 보도록
그리하라.
45 그러하지 못한 자는 지옥 문 앞에 와
통곡할 날이 머지않았음이니,
46 너희가 언제 나에게 불려 오는지를 모
르며, 육의 죽음이 언제 와 종말을 거
두는지 모르는 어리석은 백성 너희가
오만과 자만 속에서 깨어나야 함을
잊지 말라.

6,869 번째 하나님 말씀

2003년 7월 26일 11시 45분

1 사랑하는 나의 아들아!
2 "네, 아버님! 말씀하옵소서."
3 내가 성서에 기록하여 너희에게 얼마
나 정확히 가르쳤으며, 하늘에 오는
길의 모든 본보기로써 내가 세상에 내
려보냈지 않더냐?
4 너희는 성서에 기록된 그 역사의 한
단면 하나하나를 너희 것으로 만들어
깨우쳐 살아가는 그것이 곧 하늘에 오
르는 길이니라.
5 그러나 그 길이 어렵고 힘들기에, 너
희는 나의 아들 예수의 보혈로써 그
저 믿기만 하면 구원을 받으며 예수를
찬양하고 부르면 구원을 받는다 하여
지금 그와 같이 울고불고 광란의 짓을
가고 있지 않은가?
6 내가 오늘 나의 아들을 통하여 너희에
게 하나하나 기록하여 나열함이니, 이
를 보고 너희가 그와 같은 삶을 살라
하여 너희를 깨우치기 위해 성경에
기록하였으니,
7 노아의 방주를 만든 그 역사를 내가
너희에게 가르쳐 주지 않았던가?
8 방주를 만들어 그 홍수에 대비하라는
그 명을 따라 그걸 만든 노아의 그 순
종함을 보고 그대로 인생을 살아가는
것을 순종의 의미로 살아가면 되는 것
이니라.
9 너희가 순종하지 아니하는 것은 나를
거역하는 것이며 아무것도 깨달을 수
없는 것임을 알아야 할 것이니라.
10 너희는 모세의 그 역사함을 보지 않았
던가?
11 모세가 80이 넘어 나에게 명을 받아
그가 죽을 때까지 그 모든 역사를 이
루었던 것은 그것은 또 무엇이더냐?
12 모세 또한 나의 명령이요, 나의 뜻을
충실히 지키고자 살아왔던 것이니라.
13 그러니 그와 같은 모세의 삶을 살면
되는 것이요, 노아가 방주를 만드는
순종을 그대로 받들면 될 것이니라.
14 아브라함의 그 행함은 무엇이던가?
15 100살이 다 되어 얻은 그 어린 자식을
나에게 바치라 하여 그가 제물로 바치
려 했던 그 순종함이요, 그 행함이 본
보기요, 그와 같은 삶이요, 그것이 믿
음이라는 것을 너희에게 깨우쳐 주었
거늘,
16 그와 같은 것을 지키고 행하고 산다
면, 성경의 구약과 신약이라는 것이
무엇이 필요하며 그 내용이 무엇이 필
요하던가?
17 너희는 그 모두를 지키고 살아가는 그
와 같은 본보기로 내가 세상에 다 내
려보냈음이니라.
18 욥의 역사함은 어떻던가?

19 그는 제 몸이 모두 썩어 구더기가 나
올 때까지 나를 버리지 아니하였으며,
사탄의 시험에 응하지 아니하고 버틴
그와 같은 믿음이요,
20 어떠한 상황에서도 나를 버리지 아니
하며 내가 존재함을 믿는 그와 같은
마음으로써 가는 것을 이미 내가 다
깨우쳐 주지 아니하였던가?
21 내가 나의 법전에 기록하여 너희에게
뭐라 전하였느냐?
22 너희가 절벽에서 양손에 남의 자식과
네 자식을 붙잡고 있어 둘 중의 하나
의 손을 놓으면 죽을 때, 네 자식의 손
을 놓을 수 있는 그 믿음이요, 그것이
사랑이요, 그것이 너희가 행하는 길이
라 하지 않았는가?
23 너희가 절벽에서 너희 자식의 손을 놓
는다 하여도,
24 나 여호와가 존재하며 나를 믿음이니
그는 죽지 않고 살 것이라는 그 믿음
이요, 나에 대한 믿음이 너희가 부족
하기에,
25 네 자식을 끌어올리며 남의 자식의
손을 놓는 자가 지금의 모든 백성이
니,
26 과연 네 자식을 놓고 남의 자식을 끌
어올릴 수 있는 것이 있는가?
27 그것이 바로 내 사랑이요, 하늘에 오
르는 자요, 믿음의 길을 가는 백성이
요, 그것이 나에 대한 믿음이라는 것
을 내가 모두 기록하여 상세히 너희에
게 가르쳐 주었거늘,
28 어찌하여 너희는 그 모든 역사함은
저버리며, 그저 너희는 말로써 육의
삶을 위하여 편하고 평탄한 넓고도 넓
은 길만을 하늘에 오르는 길이라 하여
그 믿음의 길을 가는가?
29 예수의 역사함은 또 무엇이던가?
30 나의 아들 예수는 죽음으로까지 사랑
을 베풀었으며,
31 또 그가 죽어 가면서 그의 어미 마리
아를 부탁함이니,
32 육의 세상에 존재하는 것, 부모에게
육의 세상에서 다해야 할 것이며,
33 위로는 하늘을 위한 삶이요, 하늘에
역사하는 것을 또한 다해야 할 것이니,
34 육을 가진 백성 너희는 육의 세상에
서 다하며 하늘에 다하며 그와 같이
사는 것이 나에게 오는 길이라 너희에
게 성경을 통하여 가르쳤거늘,
35 어찌하여 너희는 그대로 행하고 그대
로 실천하려 하지 아니하며 그를 들으
려 하지도 아니하는가?
36 너희가 들으려 하지 아니하며 그리 행
하려 하지 아니함이니, 과연 너희가
거기서 얻어지는 것이 무엇이 있겠느
냐?
37 내가 성서에 기록하여 너희에게 임하
였음이니라.
38 과일을 얻고자 하면 좋은 씨를 뿌려
그 나무를 잘 가꾸어 거두었을 때 그
결과의 과일을 얻듯이,
39 너희가 가라지와 엉겅퀴를 심어 놓고
과일을 얻기를 바란다는 것은 꿈에도
생각해서는 아니 되며, 그는 정녕 역
사할 수 없다는 것을 너희는 알아야
할 것이니라.
40 이제 사랑하는 나의 아들이요, 나의
아들을 따르는 제자요, 그리고 나의
법전을 읽고 깨우친 백성, 너희는 알

아야 할 것이니라.
41 지금의 모든 종교 집단이요, 지도자들
이 가는 형국이 무엇이더냐?
42 오아시스 없는 그 사막에서 오아시스
가 있으며 평원이 있을 것이라 하여
가는 형국이니,
43 그들은 결국 사막에서 여행하다가 물
을 만나지 못하면 사막에 죽는 자들이
니라.
44 그들이 바로 오늘과 같은 믿음의 길이
요, 구원의 길을 모르고 가는 자들이
니,
45 목적지에 가기 전에 다 사막에서 죽어
가는 그들에게 구원의 빛이요, 생수를
전해 주는 그 역할을 너희가 해야 할
일이며 너희가 가야 할 길이라는 것
을 잊지 말라.
46 그 불쌍한 백성을 위하여 깨우치고
그들을 가르치는 것이 너희가 해야
할 일이니라.
47 세상 것 다 준다 해도, 너희는 어떠한
것을 잃더라도 그들을 구원하는 데 최
선을 다해야 될 것이며,
48 재물과 물질에 너희 자신을 파는 그와
같은 백성이 되어서는 아니 될 것이니
라.
49 지금의 모든 종교 집단이요, 지도자는
세상에 있는 아름다운 말이요, 모든
단어를 다 갖다 붙이며 나의 백성을
흥분케 하며 광분케 하여 구원받았다
하며,
50 감언이설과 말장난으로 유인하여 그
들이 가지고 있는 재산이요, 시간이
요, 부모형제지간의 사랑과 나눔까지
도 다 송두리째 그들에게서 빼앗아 갔
으니,
51 그것이 바로 아무것도 없는 사막을 여
행하는 자와 같으니라.
52 그리 사막을 여행하며 죽음을 기다리
고 가는 자, 죽음밖에는 남지 않은 그
불쌍한 백성에게 너희가 나의 법전을
전하여 그들을 깨우쳐 주고 그들을 구
원하도록 그리함이 너희가 해야 할
일임을 잊지 말라.
53 성서에 하나도 빼고 더하지 말라 말하
면서, 송두리째 모두 빼 버리고 던져
버리는 그들이 과연 어찌하겠는가?
54 달리는 기계의 몸뚱이요, 그 중요한
부분을 다 빼서 집어던지고 껍데기만
가진 기계가 기능을 발휘할 수 있으며
달려갈 수 있더냐?
55 그 능력을 발휘할 수 없으며 역사할
수 없음이니라.
56 사랑과 믿음이라는 것을 버린 그 백성
은 모든 기계의 심장부인 그 중요한
부속이 없이 겉만 남아 있는 것이니,
57 세월이 흐르면 그 기계는 그 자리에서
썩어 고물이 되듯이, 사막에서 죽어
가는 그 불쌍한 백성을 살리는 것이
너희임을 알라.
58 그리고 그들에게 전해 주라.
59 너희가 성서가 어쩌고저쩌고 갑론을
박하기 전에, 나의 법전이 사탄이요,
이단이요, 이러고저러고 시시비비하
며 갑론을박하기 전에,
60 노아가 역사한 그 순종함이요, 모세의
그 역사함이요, 아브라함의 그 행함이
요, 욥의 그 행함이요, 예수가 역사했
던 그 모두를 가슴 깊이 하나하나 새
겨 그와 같은 삶을 살아가는 백성으로

거듭난다면, 너희는 십계명을 찾게 될
것이며,
61 십계명을 읽고 깨우치면 너희가 눈을
뜰 것이니, 나의 법전을 너희가 찾게
된다는 그 엄연한 이치를 벗어나는 자
는 궤도를 벗어나는 기계와 같음이니,
존재할 수 없다는 것을 깊이 깨우쳐
주라.

6,870 번째 하나님 말씀

2003년 7월 26일 11시 56분

1 사랑하는 나의 아들아!
2 "네, 아버님! 말씀하옵소서."
3 너희는 나의 아들 예수가 2천 년 전에
생수요, 생명수를 가지고 세상에 내려
가 나의 진리요, 나의 뜻을 너희에게
깨우치고자 내려갔던 나의 아들을 과
연 누가 그와 같이 처참하게 그 간악
한 방법으로 십자가에 피 한 방울까지
말려서 죽이는 그와 같은 행위를 했으
며,
4 그가 걸친 옷까지 다 갈기갈기 찢어
가는 그와 같은 사악한 형국을 만들었
던가?
5 그것은 그 당시의 정치인이요, 그 시
대를 다스린 이방인들이 한 것이 아니
니라.
6 지금 믿음의 길을 가는 백성 너희의
조상이요, 지금 나에게 구원을 받은
길을 인도한다는 종교 집단이요, 지도
자요, 바로 너희 조상인 대제사장이
요, 믿음을 인도했던 자들이 나의 아
들 예수를 죄수로 만들었으며,
7 십자가에 못 박아 그렇게 고통스럽게
나의 아들을 죽게 한 장본인이 너희
조상이라는 것을 알고 있는가?
8 지금의 믿음의 길을 가는 종교 집단
너희의 조상이니라.
9 예수가 살아서 너희에게 전하고자 했
던 새로운 생수요, 나의 성령인 그 뜻
까지도 그 흔적을 감추려 했으며,
10 그 흔적조차도 찾아보지 못하도록 지
워 버리려 했던 것이 바로 너희 조상
이 한 짓이니라.
11 그러니 나 여호와가 전하고자 했던 뜻
이요, 나의 아들 예수가 역사하고자
했던 것을 그 흔적조차도 지워 버리며
없애 버리려 그리 발버둥친 것이 오늘
의 믿음의 조상이 한 짓이니라.
12 그러니 나의 아들 예수가 역사한 것을
많은 세월이 흘러 그 제자가 전하는
것을 또 그의 제자가 전한 것을 기록
하여 만든 것이 오늘의 성경이니라.
13 이 성경을 가지고 너희가 이게 하늘
에 오르는 길이요, 한 획도 고쳐서는
아니 되며 지워서도 안 되며, 나의 아
들의 보혈로써 구원을 받았다 그리
말함이니,
14 너희를 구원하고자 내려보낸 나의 아
들이 너희 조상에 의하여 그리 죽였으
며, 가장 소중했던 그 생명이요, 나의
아들의 그 생명이 왜 존재했던가?
15 너희를 깨우치고자 함이었음이니라.
16 그러나 가장 소중한 생명까지도 너희
는 나의 아들에게서 앗아 갔으며 그를
고통으로 몰아넣은 것이 너희니라.
17 그러니 그와 같이 사악한 죄를 지은
지금의 종교 집단 지도자, 너희 조상
이 한 그 행위를 오늘의 너희 후손은

과연 어찌해야 할 것이며, 그를 어찌
받아들여야 할 것이며, 너희가 어찌
행하고 살아가야 할 것인가를 과연
회개하며 반성하는 마음을 무릎 꿇고
가져 본 백성이 어디에 있는가?
18 나의 아들 예수를 그와 같이 처참히
만든 것이 너희 조상이요, 오늘의 그
믿음의 길을 가는 그들이 후손이니,
19 그들이 그 흔적조차도 지워 버리려 했
으니,
20 그들이 전하는 나의 성령의 뜻을 얼
마나 왜곡되게 만들었으며 그를 다 분
산시켰겠는가?
21 그러하기에 그 제자들이 그걸 만들지
못하며, 그 제자가 전하는 말을 그 제
자의 제자가 듣고 기록하는 이와 같
이 처참하고 슬픈 결과로 이루어진 것
이 오늘의 성경이거늘,
22 그 성경 앞에 너희가 손을 얹어 말하
기를 한 획도 고쳐서는 안 되며 더해
도 빼도 안 된다 말하는 것이 나의 아
들을 죽게 한 그 조상의 후예들이며,
그 보혈로써 구원을 받았다 하며 하
늘을 향하여 울부짖는 것이 너희의
그 행위이니,
23 과연 너희는 어떠한 마음으로 살아가
야 하는 것이 오늘의 종교 집단의 지
도자인지 아는가?
24 너희 조상이 사악하여 진정한 진리를
깨우치지 못한 것을 이제 너희는 회
개하고 깨우치며,
25 그 진리요, 나 여호와가 나의 아들을
통하여 전하고자 했던, 너희 조상이
갈기갈기 헤쳐 놓고 찢어 놓은 그 원
천의 가르침을 너희는 알아야 할 것
이니라.
26 그리한다면 너희가 천사와 같이 변할
수 있으며, 천사와 같이 되는 길이거
늘,
27 너희는 그걸 찾아 천사와 같이 변하는
것으로써 나에게 용서받을 수 있는 그
일밀의 역사를 이루고자 하는 것이 너
희여야 하거늘,
28 어찌하여 그와 같은 뜻을 찾아 바로
고치려 하지 아니하며,
29 나의 아들을 그리 고통스럽게 죽게 한
너희 조상의 가르침이요, 그 모두를
묻어 버리고, 인간의 생각으로 만든
그 성경이요, 그 말을 가지고 너희가
오늘 임하려 하는가?
30 그러고도 너희가 성경에 임하고 사는
자들이라 말할 수 있는가?
31 이제 너희가 그 모두를 다시 찾아 역
사하기에는 너희 능력의 한계가 있으
며, 너희 깨우침으로써는 그리할 수
없음이니,
32 내가 너희에게 명하니 욕심을 버리도
록 그리하라.
33 너희가 욕심 하나를 버리고 나면, 그
속에서 변화되는 것을 알 수 있을 것
이니,
34 너희가 예수를 그리 죽게 했고 소중한
나의 아들을 그리 핍박하여 그 모두를
다 헤쳐 버린 너희 조상의 죄요,
35 그와 같은 후손으로서 오늘의 믿음의
길을 가는 자는 그 사악한 조상의 뜻
을 따라가지 아니하고 거듭나려 한다
면, 오늘의 그 욕심을 버려야 할 것이
며 부끄러운 줄을 알아야 할 것임을
그리 잊지 말라.

36 그리하여 너희가 나에게 오를 수 있
는 길을 먼저 찾아야 할 것이며, 그 빛
을 봐야 할 것이며, 반석 위에서 나의
백성을 인도하는 자로 거듭나야 한다
는 것을 잊지 말라.
37 너희가 과연 해야 할 일이 무엇이더냐?
38 너희가 해야 할 일을 나의 법전을 읽
고 난 다음에 먼저 깨우쳐 행해야 할
것이니라.
39 그러한 너희가 나의 아들이 너희 죄
를 대속했으며, 그 보혈로써 구원을
받았으며, 그리고 재물을 바치면 하늘
에 오른다 하는가?
40 창조주 나 여호와가 나의 아들의 목숨
을 던져 주고 너희에게 재물을 거둬
들여 하늘의 창고에 쌓아 놓기를 바라
는 것이며,
41 나의 아들의 목숨을 사악하게 죽인 너
희에게, 내 아들의 목숨을 던져 주면
서 오늘의 이와 같은 형태로써 나를
욕되게 하며 지도자들이 재물을 거둬
들여 인간의 부귀영화를 살아가는 그
걸 위해서 내가 나의 아들을 던져서
너희에게 주었단 말이던가?
42 너희는 여기서 알아야 할 것이니라.
43 육의 세상의 부모도 제 자식을 죽여서
남으로부터 재물을 거둬들이는 그와
같은 행위는 할 수 없으며, 그와 같은
행위는 절대 하지 아니할 것이니라.
44 하물며 인간 세상에서도 그건 있을 수
없거늘, 어찌하여 나 여호와가 나의
아들의 그 귀중한 생명을 던져서 하늘
의 창고에 재물을 그득히 쌓으며 너희
에게 재물을 거둬들이는 나 여호와로
그리 나를 욕되게 하는가?
45 여기서 너희는 반성해야 할 것이며
깨달음으로 다시 태어나는 역사를 이
루지 아니하면 아니 될 것이니라.
46 나 여호와를 그리 말하지 말라.
47 나는 그런 여호와가 아니니라.
48 인간의 부모도 할 수 없는 그 짓을 행
하는 나 여호와가 아님을 알라.
49 나 여호와는 너희에게 재물을 거둬들
여 하늘의 창고에 쌓으며 나의 아들의
그 귀중한 생명이요, 그가 그 고통스
럽게 죽어 간 그 대가로써 내가 너희
에게 재물을 받아들이려 하는 것이 아
니니라.
50 그러니 이는 바로 종교 지도자들이 재
물을 거둬들이며 재물을 챙기기 위하
여 나의 아들이요, 나의 이름을 파는
것이 아니던가?
51 너희는 알아야 할 것이니라.
52 나의 고귀한 아들을 죽게 했던 것이
과연 누구던가?
53 하나밖에 없는 나의 아들을 고통스럽
게 죽어 가게 한 것이 과연 누구이던
가?
54 그 백성의 후예는 누구며 그 백성의
줄기는 무엇인가?
55 그렇다면 너희는 오늘날 어떠한 길을
가야 할 것인가를 깨우쳐야 할 것이
니라.
56 너희가 재물을 바쳐 하늘에 쌓음으로
구원을 받으며, 웅장한 성전을 짓는
것이 구원을 받으며,
57 내가 소중한 나의 아들을 죽여 너희에
게 던져 주었으므로 그 고통의 대가
로 재물을 하늘에 쌓으며,
58 너희가 크나큰 성전을 지어 나에게 바

치는 것이 내 아들의 죽음으로써 그 대가를 주었다는 오만한 생각, 그 사악한 생각, 교활한 생각을 버리라.
59 그 교활한 생각 속에서 너희가 나의 피조물 만백성으로부터 재물을 거둬들이며 사악한 짓을 계속하고 있음이니,
60 이를 내가 심판하고 다스리고자 하여 내가 오늘 나의 아들을 내려보내어 160권의 대장정의 법전이 역사하는 두려움을 알라.

6,871 번째 하나님 말씀

2003년 7월 26일 23시 14분

1 사랑하는 나의 아들아!
2 "네, 아버님! 말씀하옵소서."
3 네가 나의 성령을 받으며 나의 뜻을 받아 책으로 만듦이니, 네가 나의 십계명을 암송하고 또 암송한 것이 그 수를 헤아릴 수 없음이니,
4 오늘의 네가 나의 십계명을 암송하면서 나의 성령을 받아 네가 새로운 법전을 만드는 그 역사를 하며 과연 네가 십계명을 암송하는 그 마음에 닿는 것이 무엇이더냐?
5 "네, 아버님! 그렇사옵나이다.
6 십계명을 제가 암송하고 암송하여 이제 그 뜻을 다 알고 있사오니, 지금의 모든 백성이요, 믿음의 길을 가는 사람들이 그 십계명을 하나하나 다 거역하는 짓을 하고 살고 있으며,
7 그걸 거역하는 행위를 하고 사는 것이 지금 믿음의 길을 가는 백성이요, 아버님으로부터 생명을 받아 이 세상에 나온 백성이 살아가는 그와 같은 처참한 형국에 이르렀음을, 제 가슴이 미어지는 그 아픔을 느끼고 있사옵나이다.
8 '다른 신을 네게 있게 하지 말라'는 그 말씀조차 그들은 욕심이라는 그 신이요, 육의 삶을 위하여 모두 다 신을 수 없이 가슴에 안고 삶이니,
9 그 1계명부터 10계명까지 하나도 지키는 것이 없으며 그걸 다 거역하는 삶을 사는 것이 저희며, 또한 종교 집단이요, 지도자요, 구원을 얻었다는 그 백성이라는 것을 이제야 저는 뼈저리게 가슴속에 와 닿으며 오늘 이 밤에 깊이 깨닫고 있사옵나이다.
10 다른 우상을 섬기는 것은 두말할 것이 없으며, 아버님의 이름을 욕되게 하는 것은 또한 무엇이며, 그들이 다 그와 같은 것을 그리 행하고 있으며,
11 하나도 실천하지 아니하고 사는 것이 지금의 모든 종교 집단이요, 아버님으로부터 생명을 받아 나간 백성이 사는 모습이옵나이다.
12 부모를 공경하는 자가 없으며, 거짓하지 아니하는 자가 없으며, 쾌락을 위해서 못된 짓을 하지 아니하는 자가 없으니,
13 오로지 그들은 십계명을 거역하기 위하여 세상에 태어난 것처럼, 십계명을 지키고 사는 것이 하늘에 오르는 근본이요, 인간이 사는 도리라는 것을 생각하지 못하며,
14 그걸 거역하는 것이 도리를 지키는 것이며 하늘에 오르는 것처럼 지금 그와 같이 모든 백성이 살아가는 것을 제

가 오늘 이 깊은 밤에 깊이 깨달았사
옵나이다.
15 하나하나 십계명을 놓고 따져 볼 때
그것을 거역하는 것, 그걸 거부하기
위하여 이 세상에 태어나 살아가는
것처럼, 그리고 그걸 거부하기 위하여
모든 종교 집단이 지금 존재하고 가는
것처럼 그러니,
16 아버님의 뜻을 직접 친필로 써 내린
그 십계명을 거역하기 위하여 사는 백
성이라면, 그가 바로 사탄이요, 사악
한 자의 후손이라는 것을 이제는 두말
할 것이 없음을 깊이 깨달았사옵나이
다.
17 감히 인간이 십계명을 지킬 수 없다
그리 말한다면, 종교 집단이요, 지도
자요, 믿음의 길을 가는 백성이 '우리
는 신이 아니기에 십계명을 지킬 수
없다' 그리 말하는 것은,
18 아버님이 지키라 명하는 것을 그걸 거
역하기 위하여 존재하는 자들이며, 그
걸 거역하기 위해 사는 그와 같은 백
성이라는 것을 이제야 깨달았으며,
19 그 말 한마디가 얼마나 무서운 의미
인가를 깊이 깨달았사옵나이다.
20 그러니 모든 종교 집단이요, 지도자
요, 그 밑에서 구원을 받았다는 그 백
성, 그리고 저를 따르는 제자들이요,
또 법전을 읽고 깨우친 모든 백성도
다 십계명을 거역하기 위하여 살아가
는 그와 같은 삶을 살아가는 백성이
라 그리 깨달았사옵나이다.
21 다만, 이제야 저를 따르는 제자들이
요, 아버님께서 선택해서 법전을 읽게
한 그 백성은 십계명을 지키고 사는
것이라 늦게라도 그리 깨우쳐 주었음
이니,
22 그리하여 그와 같이 그걸 지키고 사는
것이 인간의 도리요, 그걸 지키고 사
는 것이 너희가 말하는 인간이기에
지키지 아니하는 것이 아니라,
23 신에 가까운 천사와 같은 삶을 삶으로
써 그것을 지키는 것이 아버님께 가는
길이며, 아버님을 기쁘게 하는 길이라
는 것을 이제야 그걸 알았사옵나이다.
24 십계명을 지키라 강요하셨으며, 십계
명을 지키는 것이 영혼의 양식이라 했
던 말씀을 이제야 그 뜻을 깨달았으며,
25 그걸 지키고 살아가고자 하는 것이 바
로 아버님께 가는 길이요, 아버님을
가장 기쁘게 하는 길이라는 것을,
26 그와 같은 것을 거역하며 그걸 이룰
수 없다 하는 것이 바로 아버님께 거
역하는 자요, 능멸하는 자요, 아버님
을 욕되게 하는 자라는 것을,
27 그리하여 지금까지 모든 백성이 살아
온 것이 아버지께서 친필로 써 내린
그 십계명을 지키기 위한 것이 아니
요, 지키지 아니하는 것을 위하여 삶
을 살아왔다는 이 험악한 죄와 죄인들
의 마음이요, 죄인들의 삶을 바라보는
그 마음이 얼마나 아프실 것인가를,
28 그리고 그를 바로잡기 위하여 얼마나
오늘날까지 기다리셨는가 하는 것을
제 가슴이 미어지는 그 아픔으로 인
하여,
29 오늘 밤 아버님께서 내리시는 이 성령
의 뜻을 기록하여 전할 수 있는 그 마
음이요, 지금 저 자신이 무너지는 것
같사오며 힘이 없어 저 자신이 주저

앉는 그와 같은 느낌을 느끼고 있사옵
나이다.
30 아버님께서 친필로 내리신 십계명을
지키고 사는 것이 근본의 도리이거늘,
31 저희가 아버님의 은혜로써 생명을 받
아 이 세상에 살아온 백성이 그걸 지
키는 것이 아니고, 지키지 아니하기
위해 사는 그와 같은 삶을 사는 그 형
국으로 뒤집혔음이니, 이와 같은 것을
깊이 깨달았사옵나이다.
32 저의 제자들이요, 법전을 읽고 깨우친
아버님의 선택된 그 백성에게 이와
같은 깊은 뜻을 전하고 또 전하여 저
부터 저희부터 십계명에 대한 그 뜻
을 이제 다시 한 번 가슴에 새기는 그
와 같은 삶을 살겠사옵나이다.
33 아버님께서 저의 제자들에게 직접 십
계명을 써서 간직해 놓으며 이웃에게
전하여 주는 그와 같은 역사를 하라는
그 뜻이, 이제는 그 백성이 그게 얼마
나 자랑이며 영광된 것인가를,
34 모든 아버님의 은혜로 태어난 백성이
지키는 것이 십계명이거늘, 아버님이
명한 것을 거역하기 위한 삶을 사는
그 백성에게 아버님의 뜻을 따라 사
는 것이 하늘에 오르는 길이라는 말없
이 전해지는 그 십계명이 소중한 역사
를 할 수 있는 그 의미를 이제야 깊이
깨달았사옵나이다."

6,872 번째 하나님 말씀

2003년 7월 26일 23시 21분

1 사랑하는 나의 아들아!
2 "네, 아버님! 말씀하옵소서."
3 수천 년 동안 흘러오는 그 모든 종교
집단에 속해 있는 그 백성 너희가 지
금까지 오며 생각한 삶이 과연 어떠한
생각에서 살아왔더냐?
4 너희는 기도만 하며 울고불고 광란의
짓으로써 나 여호와를 찾으며 나의 아
들 예수를 구세주라 부르며 찬양하는
그와 같은 기도를 드리기만 한다면,
5 너희가 원하는 것이 하늘에서 눈이 내
리는 것처럼 소복소복 쌓여 그 소원이
다 이루어지는 것처럼 그리 생각하는
것이며,
6 너희가 기도하고 경배하는 것이 그 소
원이 눈이 내리듯이 하늘에서 그와 같
이 쌓여 역사하는 것같이 가르친 종교
집단이요, 지도자들의 그 가르침에 현
실적으로 그와 같이 이루어지는 것으
로 착각하고 지금 믿음의 길을 가고
있지 않은가?
7 그러니 너희가 기도하며 원하는 것은
하늘에서 눈이 내려서 소복소복 쌓이
듯, 너희는 인간 세속에 살아가는 것
은 구원의 길을 받는 것이 아니라 하
며,
8 어찌하여 너희는 나에게 기도하는 것
이 눈이 내리듯이 너희에게 모든 복이
요, 축복이 내려 주기를 바라며 내려
줄 것이라 그리 생각하고 기도를 하는
가?
9 너희가 말하기를 정녕 육의 세상에서
이루어지는 것은 나 여호와에게 오는
길이 아니요, 나에게 기쁘게 하는 일
이 아니요, 내가 원하는 길이 아니라
그리 언성을 높여 모든 백성에게 부르
짖고 가르치면서,

10 어찌하여 나와는 아무런 관계도 없으
며, 너희가 나에게 올 수 있는 그 심판
의 대상도 안 되는 그와 같은 축복이
요, 인간 세상에 관계된 것을,
11 내가 눈이 내리듯이 너희가 기도하고
울고불고 광란의 짓을 하면 내려 준
다고 생각하는가?
12 그러면 나 여호와는 아무런 관계도 없
다는 그 인간 세상의 삶에 대한 그것
을 내가 너희에게 축복을 내려 주는
나 여호와란 말이던가?
13 너희는 인간관계에 살아가는 것이 나
에게 오르는 길에 아무런 관계도 없으
며, 그저 너희가 나의 아들 예수요, 나
를 부르기만 하면 구원을 받는다 하니,
14 나 여호와 또한 너희가 나하고 관계
없는 그와 같은 축복이요, 그와 같은
인간 세상에 내리는 너희가 기도하고
원하는 그 소원을 내려 줄 필요가 없
으며 들어줄 필요가 없음이니, 너희는
이와 같은 뜻을 알아야 할 것이니라.
15 너희는 나에게 오르는 데 육의 세상의
삶은 나와 관계가 없으며 어찌 살든
관계없다면서,
16 어찌하여 육의 세상에서 이루어지는
것을, 나와 관계도 없는 그 축복이요,
영광을 내려 달라 기도하고 몸부림치
며 광란의 짓을 하는가?
17 그러니 너희가 얼마나 잘못된 백성이
며, 성경의 진리요, 그 기본도 모르는
불쌍한 자인가?
18 너희에게 내가 다시 한 번 기회를 주
기 위하여 지금 법전을 내리고 있음을
알아야 할 것이니,
19 이를 받아 기록하기 위하여 밤낮을 가
리지 않고 기도하며 경배하는 나의 아
들이 이루는 그 역사를 사탄이요, 이
단이요, 거짓 선지자요, 거짓된 책이
라 너희가 그리 평하고 그리 욕된 행
위를 하지 말라.
20 그와 같이 역사한 자는 어떠한 체벌
이요, 그 죄의 대가를 치르는가 알아
야 할 것이니,
21 너희는 성령을 거역하는 자는 절대 용
서받을 수 없다고 그리 말하지 않던가?
22 지금 내려가는 '하늘에 오르는 길', '하
나님! 말씀하옵소서'라는 이 새로운
성경인 법전이 곧 나의 성령이니,
23 너희가 나의 성령을 능멸하며 나의 성
령을 욕되게 하며 나의 성령을 짓밟는
그와 같은 행위는 절대 용서받지 못한
다는 것을 알듯이,
24 너희가 지금 용서받지 못하는 그와 같
은 행위를 하고 있음을 알아야 할 것
이니라.
25 나 여호와가 너희에게 지금 무엇이라
말하더냐?
26 너희가 말하고 소원하는 것은 육의 세
상에서 이루어지는 것이며 바라는 것
이니,
27 그와 같이 육의 세상에서 살아가며 너
희가 행동하며 잘 살고 못 살고 죄 짓
고 사악한 짓 하는 것, 그것은 나에게
오르고 안 오는 것과 관계없다 함이니,
28 그 모두는 나와 관계없음이니, 너희가
나와 관계없는 그 축복이요, 은혜를
내려 달라 기도하고 소원하는 그와 같
은 행위를 하지 말라.
29 그 기도는 내가 듣지 아니한다 그리하
지 아니하였던가?

30 너희는 내가 뭐라 가르쳤더냐?
31 성령이 너희에게 임하는 것은 어찌하
여 성령이 임할 수 있다 했더냐?
32 너희가 욕심이라는 것, 그 사악한 마
음을 모두 비워야만 나의 성령이 임한
다 했음이니,
33 곧 너희가 마음을 비워 나의 성령이
임한 자만이 하늘에 오르는 길을 볼
수 있으며, 하늘에 오르는 참진리를
알고 들을 수 있다 내가 그리 말하지
아니하였던가?
34 그러니 지금 이루어진다고 기도하는
것, 그리고 눈이 내려 소복소복 축복
이 쌓이는 것처럼 그리 기도하며 그리
설교하며 너희에게 재물을 거둬들이
는 그 불쌍한 종교 지도자 앞에 축복
받겠다는 그 철없는 생각을 고쳐야
함을 잊지 말라.
35 너희가 철부지와 같은 그와 같은 어리
석은 마음으로 가는 믿음이요, 오늘의
행하는 그 길이 나의 뜻에 의하는 것
이 아니요,
36 잘못된 종교 지도자요, 그저 품삯을
받기 위하여 저희들이 배불리 먹고 살
기 위하여 육의 삶을 위해 지도자라
하여 단상에 서서 설교하는 자들에
의하여, 너희가 거듭 태어나는 소중한
그 역사를 지옥 불로 인도하는 그들에
게 팔지 말라.
37 너희는 어찌하여 재물을 바치면서 영
혼을 파는 그와 같은 행위를 하는가?
38 너희가 세상에서 주고받는 것은 거래
함이니라.
39 너희는 받은 만큼 대가를 치르는 것
이 아니더냐?
40 그러나 너희는 갖다 바치면서 너희의
생명까지 덤으로, 그리고 다시 태어나
는 축복이요, 영광까지, 하늘의 나에
게 오르는 것까지도 같이 팔아 버리니,
41 너희는 재물을 갖다 바치며 소중한 것
까지 다 갖다 그리 바침이니, 거기에
는 오고 가는 거래가 없으며 인간 세
상의 기본도 안 되어 있으며,
42 지금 돌아오는 것 없이 그저 재물을
바치며 축복과 영광의 표를 샀다고 몸
부림치는 것이니라.
43 너희는 물건을 사려고 재물을 바치는
것이 아니요, 재물을 바치며 다시 태
어나는 하늘에 오르는 그 축복의 영광
까지도 같이 싸잡아서 갖다 바치며 버
리는 그와 같은 행위이니라.
44 재물을 바치며 얻는 것이 아니요, 재
물을 갖다 바치면서 가장 소중한 것까
지 갖다 집어던지는 그와 같은 사악한
행위를 하고 있음이니, 이를 깊이 깨
우치도록 그리하라.

6,873 번째 하나님 말씀

2003년 7월 26일 23시 43분

1 사랑하는 나의 아들아!
2 **"네, 아버님! 말씀하옵소서."**
3 오늘 이 밤 내가 너에게 이 성령의 나
의 뜻을 기록하여 너희에게 전하며
책망하는 나 여호와의 아픈 마음을 과
연 아는가?
4 너희는 나의 아들 예수가 그 죽음의
고통을 겪고 죽은 것은 무엇이라 지금
까지 깨우치며 가르치고 있는가?
5 예수의 죽음이요, 그 모든 고통의 역

사를 한 것은 너희가 지은 죄 때문에
또한 그 죄를 사해 주기 위하여 그와
같이 죽음의 길을 갔다 그리 말하고
있지 않은가?
6 그리고 너희는 그리 믿고 있느니라.
7 나의 아들 예수를 죽게 한 자는 과연
누구인가를 오늘의 믿음의 길을 가는
백성 너희는 한 번 생각해 봐야 할 것
이며,
8 그와 같은 사악한 역사를 이룬 그 뿌
리의 근본의 그 백성을 찾아봐야 할
것이니라.
9 2천 년 전에 나의 아들이 스스로 너희
가 지금까지 지은 죄요, 너희가 지을
죄까지 모두 다 대속하여 너희를 용
서하며 너희를 대신하여 그리 죽어
갔다 말하며 또한 그걸 철석같이 믿고
있음이니라.
10 그리하여 너희는 나의 아들 예수가
죽은 것이요, 그가 그와 같은 고통의
길을 감으로써 그 생애를 마친 것이
너희에게는 큰 영광이요, 축복이요,
말로 다 표현할 수 없는 것이라 그리
말하며,
11 나의 아들 예수를 찬양하며 나의 아들
예수를 부르기만 하면 구원을 받는다
고 말하니,
12 그와 같이 나의 아들의 고통스러운 그
죽음을 영광이요, 축복의 은혜라 말하
면서, 모든 종교 집단이요, 지도자는
나의 백성으로부터 재물을 거둬들이
는 그와 같은 사악한 역사만 지금 2천
년 동안 흘러왔다면 과연 너희는 어
찌 생각하겠는가?
13 그와 같은 그 사악한 집단의 지도자
그들의 세 치 혓바닥에 나의 피조물
만백성들이 지옥으로 가는 그와 같은
삶을 살아왔으며,
14 나의 아들 예수의 죽음의 그 고통에
대한 애도의 뜻이요, 그 깊은 의미는
너희가 깨우쳐 보려 하지도 아니하며
알려 하지도 않는 것이니라.
15 그저 가르치는 대로 '아멘, 할렐루야!'
그저 영광이요, '주여, 주여!' 찬양한
다고 소리 지르면 모두 다 끝나는 것
으로 알고 있음이니라.
16 그리하여 내가 오늘 이 밤 상세히 그
뜻이요, 그 역사함을 너희가 돌이켜
볼 그 기회를 나의 법전에 기록하여
내려 줌을 알아야 할 것이니라.
17 나 여호와는 너희의 그 죄를 사해 주
기 위하여 너희를 대신하여 그 죄를
다 지고 나의 아들을 그리 죽게 만든
것이 아니라는 것을 알아야 할 것이
니라.
18 너희의 그 죄를 속죄하기 위하여 잘
못 가는 자, 사악한 죄를 짓고 사는
자, 현재요, 미래까지 너희가 짓는 모
든 죄를 무조건 용서해 주기 위하여
나의 아들을 그리 내가 죽으라 명한
사실이 없음을 너희는 알아야 할 것
이니라.
19 너희는 어찌하여 귀중하고 소중한 나
의 아들이 너희가 살면서 지은 죄를
대속하는 재물로써 양과 소를 잡아 바
치는 것처럼 나의 아들 예수의 죽음을
그와 같이 비교하며 거기다 비유하여
너희가 오늘 그 대속을 받았다 감히
그리 말하는가?
20 나는 변하는 자, 그리고 천사와 같이

살고자 하는 그와 같은 백성을 깨우
쳐 하늘에 오르게 하고자 내 아들의
그 고통스러운 죽음에 손을 놓았으며,
그를 내가 구제하지 아니하였으며,
21 내가 그에게 비상 약을 내려 구원하지
아니한 그 아픈 마음을 정녕 어디까지
헤아리며 알고자 하는가?
22 그러니라, 나의 아들 예수 또한 너희
죄를 대신하여 나의 아들 예수가 죽는
다고 너희에게 그와 같이 역사한 적이
없으며 너희에게 가르쳐 준 사실이
없음을 알라.
23 너희의 지금의 지은 죄요, 미래의 그
죄를 다 나의 아들 예수가 죽음으로써
그 죄를 대속하며 그 죽음으로써 너희
의 모든 죄를 대신 짊어지고 가려고
죽는다고 너희에게 전한 사실이 없으
며,
24 나 여호와 또한, 너희의 그 죄를 대속
하려고 나의 아들을 너희에게 내려
주며, 그와 같이 고통스럽게 죽게 한
것은 너희 죄를 다 대속해 주기 위하
여 무조건 너희가 인간 세상에서 살
면서 지금까지, 그리고 미래에 지을
그 모든 죄를 대신 지고 간다 하여 나
의 아들을 죽게 한 것이라 그리 명한
적이 없다는 그 엄연한 사실을 너희는
알아야 할 것이니라.
25 나의 아들 예수를 그리 죽게 한 자들
이 무엇이던가?
26 너희 조상의 뿌리요, 나의 아들 예수
를 숭배했던 그 제자라는 자들이 등을
돌리며 그를 팔기 시작하였으며,
27 또한 그 모든 제사장이요, 또 종교 집
단에 있는 그와 같은 백성이 나의 아
들을 그리 파는 행위를 한 것이요, 그
들의 합작품으로써 이루어진 그 결과
가 되지 아니하였던가?
28 그러니 너희의 조상이 나의 아들 예
수를 팔았으며, 또 대제사장이요, 또
믿음의 길을 가는 너희의 뿌리가 합
작하여 그와 같은 사악한 행위를 했다
는 것을 너희 스스로 깨달아야 할 것
이니라.
29 나의 아들 예수가 스스로 함도 아니
요, 나의 명에 의한 것도 아니요,
30 너희 조상이며 지금 믿음의 길을 가
는 백성 너희의 뿌리인 대제사장과 믿
음의 지도자들과 그들의 음모에 의하
여 그들이 나의 아들을 그와 같이 죽
게 한 그 불씨를 먼저 붙였으며,
31 그 불씨를 붙이는 시작은 너희 조상
이며 믿음의 길을 가는 너희 뿌리들이
그리하였음을 알아야 할 것이니라.
32 나의 아들을 죽게 하였음이니라.
33 그리고 생사람을 죽인 것이 바로 너희
조상이라는 것을 알아야 할 것이니라.
34 너희 조상이 나의 아들을 죽게 하고
너희 죄를 대속하기 위하여 스스로 선
택하여 생명을 끊고 그 고통의 십자가
를 짊어진 것처럼 둔갑시키고 지금 그
와 같은 행위를 하고 있지 않은가?
35 그 모든 불씨는 너희가 붙였음이니라.
36 나의 아들 예수가 너희가 바로 살며
하늘에 오르는 길을 위하여 너희에게
그 목숨을 던졌으며, 나 여호와가 그
와 같이 역사하여 나의 아들이 생명을
거뒀으며,
37 너희 죄를 사해 주기 위하여 너희 죄
를 대속하기 위하여 그와 같은 고통의

길을 간 것이 아니며,
38 또한 그 고통의 길의 불씨는 바로 너
희 조상이 붙였음을 지금 알아야 할
것이며, 그 부끄럼을 알아야 할 것이
며,
39 너희 조상이 행한 사악한 것에 대한
것을 그대로 답습하여 오늘과 같이 이
세상을 사악하게 만드는 그와 같은 삶
을 사는 것이 아니라,
40 너희가 깨우쳐 천사와 같은 삶으로 사
는 그와 같은 변화의 역사를 이루기를
나 여호와는 묵묵히 2천 년이라는 길
고도 긴 세월을 기다렸음이니라.
41 그러나 너희는 그와 같은 변화를 이
루지 아니하였음이니라.
42 그 백성보다도 더 사악한 행위를 하고
있는 것이 오늘의 그들의 후손들이니,
과연 그 보혈로써 구원을 받았다 하는
너희가 얼마나 사악한 자이며 잘못된
백성인지 너희는 알아야 할 것이니라.
43 너희는 나의 아들 예수의 죽음을 양이
나 소를 죽여 너희 죄를 대속하며 죄
를 빌고 또 사함을 받는 그와 같은 형
국의 행사로써 나의 아들을 그리 취급
하지 말라.
44 나의 아들은 그와 같은 것으로써 죽은
것이 아니며, 너희를 위해 피를 흘린
것이 아니라는 것을 알아야 할 것이
니라.
45 아무것도 모르는 소와 양을 죽여 그
피를 뿌리면서 그것으로써 너희가 죄
사함을 받았다 그리 말함이니,
46 소와 양이 과연 자신의 피를 뿌려 너
희가 지은 죄를 사하는 그것에 그들이
동참하였으며, 거기에 쓰이는 것을 그
들이 기쁜 마음으로써 그리 행했다 생
각하는가?
47 너희 때문에 죽어 가는 그 소와 양은
독을 품고 죽어 갔음을 너희는 알아
야 할 것이니라.
48 너희가 그와 같이 짐승의 피로써 죄를
사한 것처럼 나의 아들 예수를 제물로
생각하여 그 피로 구원받았다 그리하
지 말라.
49 나의 아들은 너희를 깨우치는 것이며,
내가 이루고자 하는 그 사랑의 뜻이
요, 그 사랑의 뜻을 배워 너희가 깨우
쳐 영원히 나에게 오를 수 있는 길을
올 수 있도록 하여,
50 천사와 같이 변하는 백성으로서 너희
를 변하게 하기 위하여 본보기로서
그것을 가르치려고 희생된 나의 아들
의 죽음이라는 것을 알라.
51 그러나 그 모든 불씨는 사악한 너희
조상이 불 질렀으며, 그 원인은 그들
이 제공하였으며, 그와 같이 몰고 간
자들이 그들이니라.
52 그러니 나 여호와요, 나의 아들이 그
와 같은 뜻에 따라 내려왔으며 내가
그를 위하여 역사했다 해도,
53 너희는 감히 그와 같이 말을 해서는
아니 되는 것이며, 그것을 자랑인 것
처럼 그리 생각해서는 아니 될 것이
며, 그것이 너희에게 내려진 영광이
요, 축복이라 그리 생각해서도 아니
될 것이니라.
54 그러나 너희는 그와 같은 것을 영광이
요, 축복이라 생각하며, 재물을 거둬
들이는 데 나의 아들 예수의 죽음을
팔며 나의 이름까지 파는 사악한 자들

로서 전락하였음이니,
55 그리하여 그들의 밑에 가 있는 백성
너희도 더불어 알지도 못하며 지옥으
로 가는 자들이니,
56 그리하여 너희가 깨우쳐 하늘에 오르
는 진리의 뜻을 바로 보라 하여 내가
오늘 이 밤 이와 같은 내용을 너희에
게 기록하여 전함을 알라.
57 오늘의 이 사악한 짓, 나의 아들 예수
를 죽게 한 그 불씨를 저지른 것은 과
연 누구던가?
58 그리하여 나의 아들로 하여금 사랑이
요, 새로운 생수를 내려 너희가 바로
깨우치며 그 생수를 마셔 썩지 않고
하늘에 오르는 그와 같은 역사를 이룰
수 있도록 내가 그리했거늘,
59 너희는 그를 다 접어 버렸으며 덮어
버렸으며, 그걸 받을 수 없도록 한 것
이 너희 조상임을 이제 알아야 할 것
이니 그리 알라.

6,874 번째 하나님 말씀

2003년 7월 26일 23시 52분

1 사랑하는 나의 아들아!
2 **"네, 아버님! 말씀하옵소서."**
3 나의 아들 예수가 그 고통과 고난을
받으며 그가 죽음의 길을 간 것은 오
로지 나의 아들의 죽음으로 인하여 만
백성 너희를 구원하기 위하여 그와
같은 역사의 죽음의 길을 갔으며, 그
리하여 구원을 받았다고 그리 말하나,
4 너희는 그와 같은 말을 함부로 해서는
아니 됨을 알아야 할 것이니라.
5 너희 조상이 고난을 주어 나의 아들을
그렇게 죽게 한 그 자체의 행위부터
부끄럽을 먼저 생각해야 할 것이며,
6 거기에 대해 너희 자신의 살아갈 길이
무엇이며 너희가 어떠한 형태로 살아
가야만 그 은혜와 영광스러움에 보답
하는 길인가를 먼저 생각해야 할 것
이니라.
7 나의 아들 예수의 죽음의 그 고난으로
너희가 구원을 받았다는 말을 하지 말
며,
8 나의 아들 예수를 죽게 한 너희 조상
의 뿌리들이 한 행위에 대하여 그 자
체부터 너희가 부끄러움을 생각하는
그와 같은 겸손한 백성으로서 믿음의
길을 가야 함을 잊지 말라.
9 너희 조상이 저지른 만행을 부끄럽다
생각하며 그게 부끄러운 줄 아는 백성
이 되어야 할 것이니라.
10 그렇다면 너희가 어떠한 삶을 사는
것인가를 알게 될 것이며,
11 그와 같은 깨달음이 있는 백성은 나의
아들 예수의 죽음으로써 구원을 받았
으며 축복이요, 영광이요, 하늘에 오
를 수 있는 그 자격을 갖춘 자라 그리
말하기 전에,
12 내가 너희에게 직접 써 내린 십계명을
지키고 사는 삶의 그 길부터 찾아가며
그 길을 위해서 살아가는 마음 자세로
변화될 것이니라.
13 그와 같은 쪽으로 동화되지 아니하는
자는 나의 아들 예수의 고통스러운 죽
음으로써 축복받으며 영광 받으며 구
원받았다는 그 욕심의 뿌리에 젖어 있
는 자들이요,
14 그를 죽게 한 너희 조상의 행위에 대

한 부끄러움이요, 그 고통을 무릎 쓰
고 사랑을 베풀려고 죽어 간 나의 아
들 예수의 너희를 위한 그 죽음에 감
사하는 마음으로써 살지 않는 백성이
니라.
15 그러니 부끄러운 마음부터 생각하는
자만이 십계명이라는 것을 지키고 살
수 있는 그 깨달음을 얻게 될 것이며,
16 십계명을 지키고 사는 것이 나의 아들
예수의 죽음에 보답하는 길이며 그
은혜에 감사하는 길이라는 것을 알게
될 것이며, 그와 같은 삶의 길부터 찾
게 될 것이니 그리 알라.
17 그와 같은 마음으로 변화되지 않는 자
는 정녕 변화되는 삶을 살 수 없으며,
18 예수가 무슨 뜻으로써 어떤 의미로써
너희에게 무엇을 요구하고 너희에게
무엇을 이루어 주기를 바라는지를 정
녕 알지 못하는 그와 같은 삶을 살다
나에게 와 심판받음을 너희는 알아야
할 것이니라.
19 정녕 나의 아들이 너희를 위하여 그
고난을 받았으며 예수가 그와 같이 죽
음의 길로 마다치 않고 간 그 길을 생
각한다면, 과연 너희가 어떠한 길을
가야 하겠는가?
20 너희는 말을 하고 있느니라.
21 너희는 십계명을 지키며 그와 같은 것
으로 그 길에 보답하는 길이라 생각하
지 아니하고,
22 '저도 그 고난과 같은 길을 갈 수 있도
록, 예수가 받은 그 고통과 죽음의 시
련을 저도 그 길을 갈 수 있으며 고통
의 길을 제가 몸소 체험할 수 있도록
그리하여 주옵소서' 그리 나에게 기도
를 말로써만 하는 자들이 너희가 아
니던가?
23 너희는 그리 말하느니라.
24 정녕 내가 너희에게 나의 아들의 죽
음을 애도하며 그 슬픔을 알고 그 감
사함을 안다면, 십계명을 나 여호와가
내린 것이요, 친필로써 내린 것이므로
이를 지키고 살아야 한다는 그와 같은
마음으로써 겸허한 자세로써 너희의
삶을 그리 다스려 가며 하나하나 지키
고 살아가는 그와 같은 변화의 삶을
살면 되는 것이거늘,
25 너희는 하늘을 향하여 눈물 짜며 콧물
짜며 그리 말하느니라.
26 '주여!' 그리고 너희는 나 여호와의 이
름을 부르면서 그리고 예수를 찬양하
면서,
27 '저도 그 고난의 길이요, 예수님의 십
자가를 지고 그 죽음의 고통이요, 그
십자가에 매달려 만백성을 사랑한다
는 그 말씀을 나누며 피 한 방울 마를
때까지 그와 같은 시련과 고통에서 죽
어 간 예수님과 같이 저도 살아갈 수
있고 그 길을 갈 수 있도록 하여 주옵
소서.' 너희는 말로써 청산유수와 같
이 되씹으며 또 되씹으며 나에게 그
지키지 못할 약속을 수없이 평생 하고
있느니라.
28 그러나 너희는 말로써 그리하지 말라.
29 말로써 하는 것은 너희가 나를 욕되
게 함이니라.
30 그러니 너희가 정녕 그와 같은 길을
가고자 한다면, 내가 불로 써 내린 그
십계명을 못 지킨다 말하지 말며,
31 내가 나의 아들을 통하여 내리는 새로

운 성경이요, 이 법전이 사탄의 것이
라 말하지 말며,
32 이를 읽어 보고 인간은 누구도 지킬
수 없다는 그와 같은 말을 하지 말라.
33 그와 같은 말을 하는 너희는 '정녕 예
수의 그 고난의 길을 가게 하여 주옵
소서' 하는 기도를 할 자격도 없으며
그와 같은 마음도 없는 자들이니라.
34 아무런 마음도 없으면서 이웃이 듣는
것, 옆에 있는 사람이 듣는 것, 종교
지도자에게 대단한 믿음이라는 것을
보여 주기 위한 허울 좋은 말로써 그
리 말하지 말라.
35 빵 한 조각도 이웃에게 나눠 주지 못
하는 주제요, 사랑을 베풀지 못하는
자요, 나눔을 베풀지 못하는 자요,
36 하늘에 오르는 길이 무엇이며 너희가
행해야 할 길이 무엇인가를 아무것도
모르는 그와 같은 어리석은 백성이 바
로 너희니라.
37 너희는 이웃을 위해 봉사할 수도 없음
이니라.
38 그저 믿음의 길을 가는 너희끼리 형
제요, 자매요, 하며 나누어 먹는 듯 사
랑하는 것처럼 하나,
39 작은 이해관계 하나에 따라 쌀 한 톨
이요, 콩 한 알만큼이라도 이해관계
가 다르면 언제 그러했느냐는 듯이
언성을 높이며 멱살을 잡으며, 서로
죽기 살기로 편을 가르며,그리고 또
종교 지도자는 너희에게 재물을 거둬
들이기 위하여 이리 갈라 놓고 저리
갈라 놓고 이간질하며 불화를 조장하
는 그와 같은 추한 자들이니,
40 정녕 너희가 일반 백성에게는 쌀 한
톨, 빵 한 조각도 나누어 주지 못하고,
사랑을 베풀고 나누어 주지도 못하는,
41 이 세상에 가장 편협하게 문을 닫고
사는 자들이며, 겉과 속이 다른 자들
이며, 사악한 자들이 믿음의 길을 가
는 지금의 백성 너희라는 것을 알라.

6,875 번째 하나님 말씀

2003년 7월 27일 0시 07분

1 사랑하는 나의 아들아!
2 "네, 아버님! 말씀하옵소서."
3 나의 아들 예수가 죽음의 그 순간에
과연 뭐라 말하였느냐?
4 그 고통 속에서 마지막 숨을 거두는
그 순간에 나 여호와의 뜻에 순종하는
그 고통 앞에서도 그리 말하였느니라.
5 낳아 준 그 육의 어머니를 잘 보살펴
주기를 바란다며 그가 아는 자들에게
부탁하며 숨을 거두었음이니라.
6 과연 그 고통과 시련 속에서 나 여호
와의 뜻에 역사하는 나의 아들 예수가
육으로써 낳아 준 부모를 아는 자에게
부탁하며 숨을 거두는 그를 보고, 과
연 종교 집단이요, 지도자들은 무엇을
가르쳤으며 그리고 무엇을 깨우쳤는
가?
7 그리고 모든 백성은 과연 무엇을 거기
서 느끼고 깨우쳤는가?
8 이를 너희는 깊이 깨우쳐야 할 것이니
라.
9 나의 아들이 그 고통의 죽음 속에서도
너희에게 육의 부모를 부탁하며 숨을
거두는 것은
10 하늘에 나 여호와의 뜻에 따라 순종하

며 하늘의 역사에 거역하지 아니하며,
하늘의 길을 위하여 하늘에서 이루어
지는 그 모두를 충실히 수행하며 순종
하는 그와 같은 모습으로써 죽어 가면
서,
11 위로는 하늘의 뜻을 거역하지 아니하
며 행하는 것이 백성이 가야 할 길이
며, 아래로는 육의 본분을 다해야 함
이 인간의 도리라는 것을 너희에게
가르쳐 주고 깨우쳐 주었음을 알아야
할 것이니라.
12 나의 아들 예수가 육의 세상에서 본분
을 다하며 육의 세상에서 한 점의 부
끄럼이 없는 삶을 살며 할 도리를 다
하고 사는 것이 하늘에 오르는 길이
라는 것을 만백성들에게 깨우쳐 주고
자 그와 같은 말을 남겼음을 너희는
깊이 깨우쳐야 할 것이니라.
13 그러나 지금 너희가 가는 형국이 어
떠하더냐?
14 형제요, 부모 간에 부부와 부모 간에
화목하지 못한 그와 같은 삶을 사는
것이 너희가 아니던가?
15 모든 종교 집단이요, 지도자, 그리고
신도라는 백성 너희가 형제요, 부모와
그리고 부부요, 가족 간에 더욱이 이
웃에 화목하지 못한 그와 같은 삶을
사는 대표적인 백성이라는 것을 알아
야 할 것이니라.
16 너희는 그와 같은 삶을 살면서 뭐라
말하느냐?
17 예수를 찾으며 예수를 찬양하며 그저
부르짖으며 나 여호와를 경배하며 나
를 찾기만 하는 것으로써 구원을 받으
며 하늘에 오르는 길이라 그리 가르치
고 있으며,
18 그걸 믿는 백성이 부모와 형제와 부
부와 또는 가족과 이웃의 모든 관계가
다 원만하게 이루어지지 못하며 경계
의 담을 쌓는 것이 너희임이니,
19 과연 이 세상에 직분을 다하고 사는
것이 하늘에 오르는 길이라 하여 나의
아들 예수가 마지막에 남겼던 육의 부
모를 부탁하며 전한 말의 뜻을 너희는
과연 그리 깨닫고 그리 가르침을 가고
있는가?
20 오늘 내가 나의 아들을 통하여 법전의
그 의미의 뜻을 가르침이니, 이를 가
슴 깊이 새겨 너희가 세상의 직분을
다하는 삶을 살도록 그리해야 할 것이
니라.
21 너희가 지금 형제지간에 불화요, 이웃
과의 불화요, 그리고 그와 같은 믿음
만으로 나 여호와를 찾으며 나의 아들
예수를 찬양하는 것으로써 모두는 다
구원을 받는 것이며,
22 육의 세상의 인간관계는 별 관계가 없
으며 소중하지 않다고 가르치는 그 방
법이요, 수법이 어디서 나왔는지 너희
는 알겠는가?
23 그와 같은 수법이 왜 등장했는지 알겠
느냐?
24 우리 부자의 이름을 팔아 재물을 거둬
들이며 그리고 그 재물을 모아 너희
육의 삶을 편안히 살고자 그 육의 삶
을 위한 간교한 방법으로써 이를 등장
시켰으며,
25 그와 같은 형국으로 나의 피조물 만백
성들을 가르치고 인도하여 그들을 그
리 세뇌시켜 온 것이 바로 너희가 나

의 백성으로부터 재물을 거둬들이기
위한 그 방법임을 너희는 잊지 말아
야 할 것이니라.
26 나 여호와는 그를 알고 있기 때문이니
그리 알라.
27 인간에 대한 그 모든 의무를 다하지
못했을 때, 너희는 그 심판의 기준이
된다는 것을 잊지 말라.
28 그 심판의 두려움을 알아야 할 것이
니라.
29 인간의 의무를 다하지 아니하고 살아
도 너희가 나에게 와 심판을 받을 때
그것에 좌우되지 아니하며,
30 나의 아들 예수를 찬양하며 구세주라
부르며 나를 부르고 나에게 경배의 기
도를 하며 울고불고 찬양하며 광란의
짓을 하는 그 믿음으로써 구원을 받
는다는 그 착각 속에서 깨어나는 사람
이 되어야 할 것이니라.
31 철없는 아이들과 같은 믿음에서 발버
둥치고 소리 지르고 광란의 짓을 하다
어느 날 지옥문 앞에서 그 문을 들어
가지 아니하려고 통곡하는 그 모습을
보는 나 여호와의 아픈 마음을 너희는
모를 것이니 그리 알라.
32 너희가 지옥문에 들어선 순간에 그를
들어서지 아니하려 발버둥치는 그 모
습은 이 세상의 어떠한 것보다도 더
항변할 수 없으며 거부할 수 없으며
항거하는 그와 같은 행위가 없음을 너
희는 알라.

6,876 번째 하나님 말씀

2003년 7월 27일 0시 21분

1 사랑하는 나의 아들아!
2 "네, 아버님! 말씀하옵소서."
3 나의 아들 예수가 가시나무 관을 쓰며
그 십자가를 스스로 짊어지며, 그리고
십자가에 못 박혀 피 한 방울 마를 때
까지 그 고통이요, 그 어려움 속에서
죽어 간 나의 아들 예수를 과연 너희
는 뭐라 말하느냐?
4 나의 아들 예수가 그와 같이 고통스럽
게 죽어 간 것으로 인하여 너희는 죄
사함을 받았으며, 미래요, 과거요, 현
재의 모든 죄를 다 사함을 받는 영광
을 얻었다 그리 말하지 않느냐?
5 그리 말하면서 너희는 나의 아들 예
수를 찬양하기만 하면 된다고 가르치
고 있으며, 그리해서 '주 예수요, 주
예수 찬양합니다, 찬양합시다' 그리
모든 백성을 가르치고 있지 않은가?
6 그리하여 너희는 길거리에 나가 외쳐
대느니라.
7 그리고 모든 사람에게 공해요, 남에게
누가 되는 것인지 그 자체도 모르면서
'예수를 찬양합시다' 하며 찬송을 부
르며, '예수 찬양, 구세주 찬양' 그리
부르짖는 자들의 그 모습이요, 그 형
태를 한번 보라.
8 그 얼굴에 인자함이 있으며 사랑함이
있으며 아름다운 모습이 있는가?
9 그와 같은 모습으로써 나의 아들 예수
를 찬양한다며 '찬양합시다' 하고 그
리 밖에서 부르짖으며 너희 손으로
지은 교회요, 성전 안에서 부르짖는

것이 너희가 지금 하고 있는 행위가
아니던가?
10 너희가 그와 같이 소리 지르고 광란의
짓을 하고 있는 그것으로써 구원을 받
는다 그리 생각하나, 너희는 여기서
하나 알아야 할 것이 있음을 알라.
11 너희가 육의 삶을 어찌 살았느냐에 따
라서 나에게 와 심판을 받는 그 소중
한 육의 삶의 그 세월이 지금 흘러가
고 있음을 너희는 알아야 할 것이니
라.
12 지금 구원의 길이요, 너희가 나에게
오를 수 있고 회개하고 반성하는 그와
같은 삶을 살 수 있는 것, 너희가 구원
을 받고 못 받는 그 소중한 시간은 계
속 흘러가고 있음이니,
13 돌아오지 않는 그 시간이요, 다시 돌
아올 수 없는 너희에게 주어진 한정
된 그 시간이 계속 소모되어 없어짐이
니라.
14 그리하여 너희는 죽음이라는 그 길을
향하여 가고 있지 않은가?
15 그러니 너희가 그 죽음을 향하여 가
는 그 속에서 나의 참진리요, 나 여호
와에게 오르는 진정한 길을 찾지 못
하며,
16 그저 나의 아들 예수를 찬양합시다,
찬양합시다 하며, 찬양만 하면 구원을
받는다 하며 천국에 오른다 하며, 행
함은 중요하지 않다 그리 부르짖다 너
희가 결국 어찌 되는가?
17 너희가 그 귀중하고 소중한 시간을
다 허송세월하여 그저 그리 낭비해 버
리고 너희는 어느 날 갑자기 나에게
불려 옴이니,
18 너희는 갈 곳이 없는 자들이니라.
19 그리하여 너희가 가는 곳은 지옥의
문을 통하여 그 죄의 대가를 치르러
감이니,
20 내가 일찍이 너희에게 말했듯이, 지옥
의 문에서 들어가지 아니하려고 몸부
림치는 그 모습이요, 통곡하는 그 모
습을 나는 정녕 볼 수 없으며 너희의
그와 같은 형국을 보는 내 마음이 얼
마나 아픈지 알겠는가?
21 나는 모두를 다 사랑하여 모두를 구원
하기를 바라며 너희가 모두 다 나에게
오르기를 바라는 것이니라.
22 그러나 너희가 스스로 노력해 그 길을
찾아야 하며, 스스로 역사해야 하는
것이 너희가 가야 할 길이고 행할 길
이니라.
23 그러니 너희가 하늘에 오를 수 있도록
행할 수 있는 모든 기초를 다 너희에
게 내려 주지 아니하였더냐?
24 노아의 방주요, 모세의 역사함이요,
그 모두를 다 본보기로 하여 그와 같
은 삶을 살며 나에게 올 수 있도록 내
가 다 일찍이 그 역사를 기록하여 전
해 주지 아니하였던가?
25 욥에 대한 그 믿음이요, 그 모두 하나
하나 행하고 살면 하늘에 오를 수 있
도록 내가 다 그리 명하여 주었으며,
26 예수를 통하여 사랑이 무엇인가를 보
여 주었으며, 사랑이 하늘에 오르는
그 근본이라는 것을 내가 보여 주지
아니하였더냐?
27 그리고 내가 나의 법전에 기록하여 상
세히 바닥에서부터 진리의 뜻을 가르
쳐 누구나 다 깨우칠 수 있도록 그걸

내려보내 너희 손에 쥐여 주었거늘,
어찌하여 너희는 그를 보고 깨우쳐
하늘에 오르려 하는 것이 아니요,
28 그 소중하고 두 번 다시 돌이켜 오지
않는 시간이요, 돌이킬 수 없으며 돌
아올 수 없으며 잡을 수 없는 너희가
구원을 받는 그 소중한 시간을 '찬양
합시다, 찬양합시다' 하고 소리만 지
르면 구원을 받는다는 편안한 방법으
로 소리 지르고 몸부림치고 울부짖다
그 귀중한 시간을 다 낭비함이니,
29 그 시간을 그리 낭비했을 때 그 대가
가 얼마나 무서운 것인지 깊이 깨우
쳐 알아야 함을 잊지 말라, 사랑하는
나의 아들딸들아!

6,877 번째 하나님 말씀

2003년 7월 27일 0시 54분

1 사랑하는 나의 아들아!
2 "네, 아버님! 말씀하옵소서."
3 너희가 인간 세상에 살아가면서 잘못
된 것은 지적하며 또한 잘못된 것은
바로잡아 가며 고쳐 가며 그와 같이
살아가는 것이니라.
4 너희가 어떠한 병마요, 어떤 질병과
그 모든 것이 너희 몸을 괴롭힌다 해
도 그것을 너희 스스로 다스려 나가
고 또한 고쳐 갈 수 있는 것이니라.
5 그리고 정신적인 변화요, 변화시키고
자 하는 그 모든 것도 너희가 역사하
는 것에 따라서 치료될 수 있으며 또
고쳐 갈 수 있는 것이 너희가 역사하
는 삶을 삶이 아니던가?
6 병들고 어려운 자는 고쳐 가면 되며,
정신적으로 어렵고 쓰러지는 자 또한
고치고 다스려 갈 수 있는 것이니라.
7 그러나 정녕 고칠 수 없는 병마가 있
음이니, 그 고칠 수 없는 것이 바로 무
엇이던가?
8 너희 육의 정신에서 육의 죽음이라는
그 병마이니라.
9 육의 죽음에서는 그 죽음이라는 병마
는 고칠 수 없으며 그 병은 바로잡을
수가 없으며, 그 병에 걸리는 자는 영
원히 이 세상이요, 너희의 모든 삶을
정리하는 것이니, 그것은 누구도 고칠
수 없는 것이 죽음의 병마니라.
10 또한, 정신의 병마는 무엇인 줄 알겠
느냐?
11 정신적으로 너희가 무너지며 타락된
것이니라.
12 그와 같이 무너진 그 정신세계가 있음
이니, 그것은 바로잡기 어려운 것이
며, 그건 바로 죽음과 같은 것이 아니
더냐?
13 고칠 수 없는 정신세계요, 변화되지
못하는 정신세계 그것이 바로 영의 죽
음이요, 나에게 구원을 받을 수 없는
그 병마라는 것을 너희는 알아야 할
것이니라.
14 너희가 모두를 치료하고 다 고칠 수
있으나, 육의 죽음의 병마요, 무너진
정신세계의 병은, 그 죽음은 바로잡을
수 없는 것이 너희가 가진 넘지 못하
는 것임을 알아야 할 것이니라.
15 그러니 너희가 고칠 수 없는 죽음의
병마요, 그리고 무너진 정신세계요,
구원을 받지 못하며 영원히 무너지는
그와 같은 죽음을 대비하고 준비하고

바로 세우기 위해 너희가 노력하는
것이 바로 무엇이던가?
16 그게 바로 너희가 믿음의 길이요, 신
앙의 길을 가는 것이 바로 그것이 아
니던가?
17 그리하여 너희가 그 모두를 다스리며
그를 넘어 초월하며 그 모든 역사함을
얻고자 하는 것이 믿음의 길이요, 신
앙의 길을 가는 것이며 오늘의 생활이
아니던가?
18 그러니 너희가 그 모두를 바로잡는
것이 믿음이요, 신앙의 근본 자세라는
것을 알고 있을 것이며, 또한 이는 부
정할 수 없는 사실임을 알아야 할 것
이니라.
19 그러나 너희는 지금 그 길을 알면서도
그 어렵고 힘든 길을 잊고 살며, 그걸
지키지 않으려 하며 생각을 하지 아니
하려는 것이니라.
20 죽어 가는 육신이요, 무너져 가는 그
영혼의 자세를 위하여 그걸 바로 세우
는 것이 구원의 근본이며, 하늘에 오
르는 길이라는 것을 잘 알고 있으면서
도,
21 너희는 그 길을 잊고 살며 그 길을 생
각조차도 하기 싫어하며, 그저 오늘의
삶이 영원히 지속하는 것이라는 그와
같은 착각 속에서 살기에,
22 그 모두 변화되는 것, 그리고 변화시
킬 수 있는 것, 그 어렵고 힘든 길은
제대로 알지도 못하며 그와 같은 길을
위한 삶을 살지도 않으려 하는 것이
오늘의 너희니라.
23 그리하여 너희는 그와 같은 미래를
준비하지 않고 살며, 그 준비하지 않
는 속에서 너희는 나 여호와의 존재
함이 흔들리는 것이며,
24 내가 존재함이 흔들리는 그 마음은 정
녕 너희가 죽어 나에게 와 심판을 받
는다는 그 자체도 무너짐이니,
25 바로 그와 같이 무너진 마음 자세이기
때문에 악함을 행하는 데 주저하지 아
니하며, 추하고 더러운 것, 나의 십계
명을 지키지 아니하며 위배하는 것,
그 자체도 두려운 줄을 모르며 그게
죄가 되는 줄을 모르며,
26 그로 인하여 너희가 지키지 않았을
때 어떠한 죄의 대가를 치르는 것인
가, 그와 같은 것도 너희는 지우려 하
며 잊고 살고자 하는 것이기에,
27 지금 주저 없이 해서는 안 되는 그와
같은 행위를 하면서도 그 죄에 대해
무서움을 모르고 살아가는 것이 나의
백성이 아니더냐?
28 너희가 지금 잘못 가며 고칠 수 없고
돌이킬 수 없는 죽음의 병마요, 무너
진 그 정신세계요, 변화되지 않는 세
상이요,
29 그 모두 제대로 이루어지지 못하는 그
와 같은 삶을 살아가면서도 그 결과가
어떻게 오는지, 그 결과가 얼마나 무
서운지 알지 못하고 그와 같은 삶을
살아가는 것이 아니더냐?
30 모두가 끝나니, 너희가 모두를 다 저
버리고 던진다 해도 그와 같은 삶을
준비하는 그 삶을 살지 아니하면 아니
됨을 알아야 할 것이니라.
31 이 세상에 어떠한 소중한 것도 아무리
귀한 것이라 하여도 너희가 죽어 가
는, 그리고 죽음이라는 그 병마, 너희

가 고칠 수 없으며 돌이킬 수 없는 그
병마요, 무너진 정신세계요,
32 너희의 영혼이 죽어 가는 그와 같은
삶을 기억하며 그걸 대비하고 준비하
는 삶을 사는 것보다 이 세상에 더 귀
하고 중요한 것이 없음이니,
33 모두를 다 잃는다 해도, 모두를 다 놓
는다 해도 그걸 대비하는 삶을 사는
데 최선의 노력을 다해야 함을 잊지
말라, 사랑하는 나의 아들딸들아!

6,878 번째 하나님 말씀

2003년 7월 27일 01시 01분

1 사랑하는 나의 아들아!
2 "네, 아버님! 말씀하옵소서."
3 '나 여호와가 존재함을 믿는 그 자체
가 구원의 길에 들어서는 기본이요,
나의 법전을 가슴에 안고 정독하는 자
반석 위에서 하늘에 오르는 찬란한 빛
을 본다'는 그 의미를 너희는 깊이 깨
우쳐 그 소중함을 알아야 할 것이니
라.
4 그 길이 곧 나를 믿으며 나에게 오를
수 있는 길의 원천임을 너희는 알아
야 할 것이니라.
5 나를 믿음이 곧 나 여호와의 뜻에 순
종하는 길이며, 그 길에 서는 자만이
나에게 왔을 때 구원의 길에 들어설
수 있기 때문이니,
6 순종함이 얼마나 중요한 것인지를 마
음속에 깊이 새겨야 함을 너희는 잊
어서는 아니 될 것이니라.
7 나 여호와가 존재함을 믿지 못하는 모
든 백성이요, 그들이 바로 흔들림이니,
8 흔들리는 자는 바로 설 수 없으며 진
정한 진리의 길을 볼 수 없는 것이니
라.
9 이 세상 모두를 알고 있는 나 여호와
이거늘,
10 정녕 무엇 하나도 제대로 아는 것이
없으며, 이 세상의 미물이요, 식물이
요, 동물에 대해 한 가지도 제대로 알
지 못하며, 불어오는 바람이요, 내리
는 비에 대한 그 모두를 다 역사하지
못하며 그와 같은 것을 제대로 알지
못하는 백성이 어찌하여 나의 뜻을 거
역하며 내 뜻에 거역하는 그와 같은
삶을 살 수 있단 말이던가?
11 아무것도 알지 못하며 역사하는 그 자
체도 모르며, 눈으로 보고 피부로 느
끼는 것밖에 모르는 나의 백성 너희가
나의 뜻을 어찌하여 거역하며,
12 너희가 거역하고 살았을 때 과연 어떠
한 형국이 이루어지며, 어떠한 변화의
역사가 이루어지는 것인지를 생각해
보았느냐?
13 이 세상에 내가 창조한 그 많고 많은
그 가짓수도 다 외우지 못하며, 이 세
상에 존재하는 미물이요, 생물이요,
식물이요, 동물의 그 이름조차도 기억
하지 못하며, 그들이 가지는 특성 하
나도 제대로 알지 못하는 너희가 어
찌하여 나의 뜻을 거역하며,
14 나에게 순종하지 않고 살았을 때 그
결과는 어떠한 것이 생기며 어떠한 일
이 이루어지는지 알고 있는가?
15 나 여호와는 너희 자신보다도 더 깊이
너희를 알고 있다면, 과연 그 말을 믿
겠느냐?

16 너희 자신보다도 너희가 생각하는 것
보다도 나 여호와가 앞에 있으며 그
이루어질 생각까지도 나 여호와가 알
고 있다면, 너희는 과연 어찌하겠는가?
17 너 자신보다도, 너희가 생각하는 것보
다도 앞에 알고 있으며 미래를 다 보
고 있는 나 여호와 앞에 순종하지 아
니하며 나의 뜻을 거역하고 산다면,
과연 그 결과는 어찌 될 것인지 너희
스스로 생각해 봐야 함을 잊지 말라.
18 너희가 육을 가지고 사는 세상에서 피
부로 직접 느끼고 부딪치는 것, 몸으
로 부딪치며 눈으로 보고 손으로 만져
그와 같이 직접 확인하는 것, 그리고
변화되는 것을 보는 것, 그와 같은 것
보다도 내가 더 너희를 깊이 알며,
19 너희가 피부로 접촉하는 것, 부딪치는
것, 만지고 굴리며 지금 눈으로 보고
평가하는 모든 것보다, 너희가 보지
못하는 세상, 생각하지 못하는 미래에
이루어지는 것을 나 여호와가 다 알고
있다면, 너희는 어찌하겠는가?
20 나 여호와가 더 잘 알고 있음이니라.
21 내가 다 이해하고 있다면 너희는 어
찌하겠는가?
22 이는 당연한 사실이며 엄연한 사실임
을 너희가 알아야 할 것이니라.
23 너희가 알지 못하는 것, 이루어질 미
래까지 다 아는 나 여호와이기에,
24 순종이 으뜸이요, 그 순종이 나에게
오르는 길이요, 나의 마음을 기쁘게
하는 길임을 내가 너희에게 수차 말
하여 깨우쳐 줌이 거기에 있음이니라.
25 나 여호와가 존재함을 믿는 그 자체가
너희가 순종하는 그 뜻이기에, 나의
뜻에 순종하는 자, 나를 믿는 자, 나
여호와가 존재함을 믿는 것이 하늘에
오르는 기본이요, 기초라 하는 것을
잊지 말라.
26 너희가 이 세상에 살아가면서도 어떠
하던가?
27 작은 그릇이 큰 그릇을 덮어씌워 지
배하려는 그와 같은 형국이 있다면,
28 모든 집단이요, 또한 작은 가정이요,
세상사는 순리적으로 갈 수 없으며
조용할 날이 없이 불화와 반목 속에서
이루어지는 것이 인간 세상에 있는 것
이 아니더냐?
29 불화와 얽히고설킨 시시비비가 끝나
지 아니하는 것이니라.
30 작은 자가 큰 자를 다스리려 하는 그
와 같은 역사이니,
31 과연 아무것도 모르는 나의 피조물 만
백성들이 오늘이요, 미래까지도 다 알
고 있는 나 여호와의 뜻에 순종하지
아니한다면,
32 그 순종하는 의미를 터득하지 못하며
나의 뜻을 거역하며 살아가는 백성이
되어서는 절대 아니 됨을 너희는 알
아야 할 것이니라.
33 그러니 너희가 십계명을 거역하는 그
모두가 미래에 이루어지는 것, 미래에
역사하는 것을 거역하는 행위라는 것
을 잊어서는 아니 될 것이니라.
34 아무것도 제대로 알지 못하는 백성 너
희는 순종하는 그 삶이니,
35 지금 나의 십계명을 지킬 수 없다고
말하며 그걸 거역하는 백성이 얼마나
나를 욕되게 하며 크나큰 죄의 짓을
행하고 있는지 너희는 죽어 내 앞에

왔을 때 반드시 그걸 알게 될 것이나,
지금은 모를 것이니라.
36 그러니 너희가 십계명대로 지킬 수
없다는 말을 해서는 아니 되며, 내가
나의 아들을 통하여 다시 내리는 새로
운 성경이요, 이 법전을 지키고 살 수
없다는 그와 같은 말을 하지 말라.
37 그것이 얼마나 무서운 미래의 죄목이
요, 성령을 거부하는 것이며, 성령을
능멸하며 성령을 욕되게 하는 행위인
지 잊지 말라.

6,879 번째 하나님 말씀

2003년 7월 27일 01시 08분

1 사랑하는 나의 아들아!
2 "네, 아버님! 말씀하옵소서."
3 너희가 육의 세상에 사는 삶에서 죄를
지었으며 부끄러운 삶을 사는 자는 천
사만 사는 나의 천국이요, 나의 나라
에 올 수 없다 하였으며,
4 온다 해도 너희 자신이 거기에서 견
딜 수 없기에 스스로 지옥으로 가는
길을 선택하는 것이 하늘의 법도며,
하늘에 사는 자들의 그 역사함이라
내가 너희에게 일찍이 그리 가르쳐
주었음이니라.
5 그러나 너희는 너희 육의 행함으로
인한 모든 죄의 사함을 지금 나의 아
들 예수의 보혈로써 받았다고 말하며,
그것으로써 너희는 죄가 없는 백성이
요, 하얀 눈과 같은 백성이요, 하얀 마
음으로 변화된 너희라 그리 말함이니,
6 과연 어찌해야 너희가 이 시점에서
깨우쳐 하늘에 오르는 길을 봐 구원
을 받을 수 있단 말이던가?
7 너희가 현재와 미래에 짓는 죄를 다
사함을 받았다 말하나,
8 너희는 육의 죄를 갖고 결코 나를 볼
수 없으며 내가 있는 천국에 올 수 없
다는 내가 너희에게 명하는 나의 이
뜻을 받아들이지 아니한다면, 너희는
정녕 구원의 길을 볼 수 없게 됨이니,
이를 어찌해야 할 것인가?
9 내가 이 깊은 밤에 너희에게 나의 아
들을 통하여 다시 한 번 전하느니라.
10 너희가 이 세상에 육의 삶을 살면서
육이 짓고 지은 그 죄를 갖고, 그 죄를
다 사함을 받지 아니하며 그 죄를 용
서받지 못한 자는 절대 나를 볼 수 없
을 뿐만 아니라,
11 천국의 문을 들어설 수 없으며 나의
나라에 올 수 없다는 그 무서운 뜻을
깊이 깨우쳐야 할 것이니,
12 너희는 지금 여기서 하나를 깨우쳐야
할 것이니라.
13 너희가 세상을 살면서 똑같이 산다 그
리 말하자.
14 너희가 나 여호와를 믿으며 나의 아들
예수를 구세주라, 주라 찬양하며 믿는
것도 다 좋다 그리 말하자.
15 그와 같이 사는 자가 육의 세상에 사
는 것은 나와 관계없다 하여 육의 세
상을 함부로 사는 그와 같은 너희와,
나 여호와를 찾으며 나의 아들 예수를
찾으며 나의 십계명대로 삶을 사는 자,
16 너희와 똑같이 사는 백성 중에서 육
의 세상에 사는 것이 심판의 기준이라
는 두려움을 알고 육의 세상을 바르게
산다면,

17 과연 내가 누구를 더 높이 평가하고
내가 누구를 나의 아들딸이라 받아들
일 수 있겠는가?
18 여기서 그 이치를 깨닫는다면, 너희는
후자의 길을 가는 것이 바른길이요,
나에게 오는 길이니라.
19 똑같은 믿음의 길을 가는 백성 중에서
한 사람은 육의 세상은 심판을 받는
데 관계없다 하여 오만방자한 온갖 죄
상을 다 저지르며 부끄러운 줄 모르고
사악하게 산 자요,
20 그러나 한 사람은 육의 세상이 심판의
기준이라 하여 아름답고 곱게 나 여호
와가 예수를 통하여 내렸던 그 사랑을
실천하고 산다면,
21 과연 너희는 누가 더 내 앞에 왔을 때
당당한 것이며, 어떠한 자가 나로부터
은혜와 축복을 받겠는가?
22 이는 내가 일찍이 말했듯이 후자의 삶
이 나로부터 상을 받는다는 것은 당연
하지 않던가?
23 그러면 너희가 상식적으로 평가하고
판단해서 나로부터 상을 받을 수 있는
길을 선택하면 되는 것이지,
24 어찌하여 나의 뜻을 거역하는 것이요,
나로부터 선택받을 수 없으며 사랑을
받을 수 없는 그와 같은 길을 선택해
서 가는 것이 나에게 오를 수 있는 길
이라 그리 말하느냐?
25 그를 믿고 따르는 나의 사랑하는 피조
물 만백성 너희가 얼마나 불쌍하고
가련한 자들인 줄 알겠느냐?
26 너희를 구원하고자 내가 오늘의 이 역
사의 어렵고 힘든 길을 나의 아들을
달구고 또 달궈서 이리 가도록 함을
알라.
27 이 죄를 다 사함을 받지 않고는 육의
세상에서 이루어진 그 죄를 사함을 받
지 않고는 결코 나를 볼 수 없으며 나
에게 올 수 없으며 나에게 어떠한 것
도 얻을 수 없음을 명심하라.
28 그리고 내가 너희에게 도움을 줄 수
없으며, 너희가 도움을 받을 수 없다
는 그 엄연한 사실을 알라.
29 그러면 너희가 그 죄를 사하는 길은
과연 무엇이라 내가 가르쳤느냐?
30 내가 일찍이 나의 아들을 통하여, 육
의 세상의 너희 죄를 사하며, 나에게
와 삶에 대한 그 죄의 대가를 받지 아
니하고 그 죄를 사할 수 있는 길을 내
가 나의 법전에 수차 기록하여 전하였
음이니라.
31 말로써 광란의 짓을 하는 그 믿음은
나에게 구원을 받을 수 없으며,
32 너희가 구원을 받는 길이요, 내가 너
희를 반길 수 있는 것은 잘못된 모든
죄상을 원상복구시키는 것이요,
33 그리고 원상복구시킬 수 없을 때는
너희가 지은 그 죄를 열 배 이상의 그
대가를 치렀을 때 나로부터 선택된 백
성이 될 수 있으며, 선택된 백성이 가
야 할 길이며,
34 그 길만이 내가 너희를 기억하며 너
희가 나를 볼 수 있으며 내가 너희에
게 은혜의 기회를 준다는 것을 절대
잊어서는 아니 됨을 그리 알라.

6,880 번째 하나님 말씀

2003년 7월 27일 09시 01분

1 사랑하는 나의 아들아!
2 "네, 아버님! 말씀하옵소서."
3 내가 나의 성령을 받아 만백성을 구하
는 나의 법전을 만듦이니, 내가 너에
게 내리는 작은 메시지요, 나의 성령
의 그 뜻을 소중히 간직하며 그를 명
심하여 행하라 그리하였음이니라.
4 작은 나의 명령이든 큰 나의 명령이든
구분하지 말고, 작든 크든 그 모두를
내가 똑같이 소중히 생각하여 이루라
하였음이니라.
5 그 이루어지는 결과는 작다 해도 그
결과가 얼마만큼 커질 것이며, 크다
해도 그 결과가 얼마나 작게 끝날지
그것을 너희는 모르기에,
6 나의 뜻이 어느 것이 더 소중하며 어
느 것이 크고 작은지 구분하지 말며
모두를 똑같이 소중히 다루라 그리하
였음이니라.
7 그러니 지금 너의 제자들이요, 또한
나의 법전을 읽고 깨우친 백성 너희는
이 세상에 살아가면서 나로부터 은혜
요, 축복이요, 영광은 나의 은혜라 기
도하고 경배하는 것이 아니더냐?
8 그러면서 고통과 시련이 역사했을 때
는 감사하다는 기도를 하지 아니하는
그와 같은 믿음의 길을 가는 것이 지
금 모든 백성이 가고 있는 길이니라.
9 작든 크든 내가 명한 것은 모두 소중
히 다루라 하였음이니,
10 너희가 고통과 시련을 겪는 것은 육에
서 그만큼 잘못 살아온 그 모두를 다
터는 그와 같은 기회가 되는 것이며,
11 또 축복을 내리는 것은 또 그만큼 받
을 만한 축복의 영광이 있기에 내가
너희에게 내려 주는 것이니라.
12 그러나 너희는 어찌하여 그와 같은
것을 모르며, 부귀영화요, 너희에게
좋은 것은 나에게 기도하고 감사하다
그리 생각하면서,
13 힘들고 어려운 역사, 또한 그때는 내
가 그리 명하여 주기 때문에 너희가
가야 할 길을 가야 하거늘, 어찌하여
그건 감사하다는 생각을 하지 못하며
은혜라 그리 생각하지 못하는가?
14 수천 년 동안 믿음을 오는 그 백성이
지금까지 그와 같은 생각을 하고 왔음
이니라.
15 그들은 뭐라 말하였느냐?
16 저희가 은혜를 받으며 깨우치는 것은
은혜요, 영광이요, 그리고 시련과 고
통의 길을 가는 것은 연단이요, 시험
이라 그리 말하였느니라.
17 나 여호와는 너희에게 시험하지 아니
한다 그리하지 않았던가?
18 이제는 내가 시험을 하지 않는다는 그
의미를 알겠는가?
19 너희가 어렵고 힘든 고통의 시련을 겪
는 것은 너희가 그걸 지켜야 하며, 그
걸 행해야 하며, 그걸 넘지 않으면 아
니 되는 것이 너희가 가는 길이라는
것을 알라.
20 너희가 그러한 어렵고 힘든 고비를 안
고 감으로 인하여 하나의 멍에를 벗는
것이며, 새로 태어나는 그와 같은 깨
우침을 얻게 되며,
21 너희가 새 생명으로 태어나며 나에게

오를 수 있는 훈련 또한 그와 같은 역
사는 반드시 거쳐야 하며, 너희 자신
이 인간 세상에서 넘어야 할 벽이라
생각한다면,
22 너희는 어렵고 힘든 것도 감사하다
기도드리며 또한 축복과 영광이라 생
각하는 그것도 감사드려야 할 것이니,
23 너희가 육에서 얻어지는 눈으로 보이
는 것은 감사하나,
24 고통이요, 시련이요, 어려운 훈련을
받는 그것이 영적인 구원이요, 영혼을
구원하는 바탕이 된다면, 그것이 부귀
와 영화보다도 더 큰 영혼을 구원하는
은혜가 된다면,
25 과연 너희는 그걸 은혜라 생각하겠는
가, 고통과 시련이요, 시험이라 생각
하겠는가?
26 내가 너희에게 일찍이 가르쳐 주었느
니라.
27 남들을 위하여 대접한 자가 감사하다
하라 했으니, 그것은 영혼이 와 크나
큰 은혜를 얻을 수 있는 것이기 때문
에 그리하라 하지 않느냐?
28 그러니 육의 세상에서 고통과 시련이
요, 그 모두는 다 너희가 나에게 와서
영혼의 세상의 은혜를 입을 수 있는
길을 오늘 너희가 단련하는 것이며
훈련하는 것이며,
29 너희가 넘어야 할 산을 당연히 넘고
가는 그와 같은 역사의 은혜요, 영광
의 축복이라는 것을 절대 잊지 말라.
30 그러니 매사에 감사하는 마음, 은혜로
운 마음, 나에게 감사하는 마음을 갖
고 살라 함이 여기 있음을 잊지 말라.
31 그와 같은 길이 너희가 가는 길이요,
나 여호와가 욕심이 있는 아버지요,
나만을 위한 아버지라서 내가 그리하
는 것이 아니라,
32 너희가 깨우쳐 하늘에 오르는 진정한
길을 볼 수 있도록 안내하고자 함이
니, 이를 명심하고 또 명심하도록 그
리하라.

6,881 번째 하나님 말씀

2003년 7월 27일 09시 07분

1 사랑하는 나의 아들아!
2 "네, 아버님! 말씀하옵소서."
3 수천 년 동안 믿음의 길을 오는 그 백
성이요, 종교 지도자들이 얼마나 나에
게 거짓 약속을 하며 거짓 증거를 하
는가?
4 너희에게 하늘에도 거짓 약속이요, 땅
에도 거짓 약속이요, 저 자신에게도
거짓 약속이요, 저를 속이는 위증을
하지 말라 내가 그리 말하였거늘, 나
의 피조물 만백성들이 어찌 살아가는
가?
5 그들은 그저 항상 찬송하며 눈물로써
기도하면서 뭐라 하는지 아느냐?
6 나 여호와의 기쁨을 위하여 저 자신을
제물로 바쳐 나의 아들 예수가 간 그
길을 따라, 그 뜻에 따라 살아가겠노
라 그들은 수없이 말을 하느니라.
7 오로지 그 길로써 모든 은혜에 보답하
며, 그 길로써 저희가 구원의 길을 가
겠노라, 저 자신의 육신의 생명을 바
쳐 제가 예수의 가는 길을 그대로 따
라 나에게 기쁨이요, 영광을 돌리겠다
고 수없이 기도하고 또 기도하느니라.

8 그러나 너희가 과연 돌아서서 사는
그 삶을 그와 같이 사는가?
9 너희가 너 자신을 제물로 바쳐 나의
기쁨을 얻고자 하며 하늘에 오르는 길
을 오고자 한다면 진정한 사랑을 베풀
줄 알아야 할 것이며,
10 만 가지 살아가는 그 뜻이 나의 뜻에
따라 사는 자라 하여 너희가 반목하
는 짓, 남을 미워하는 짓, 시기 질투하
는 짓, 그리고 네 앞에 무엇인가 더 쌓
아 놓고자 하는 만 가지 생각을 다 버
리며, 아름다운 쪽으로 생각하고 살아
가는 그와 같은 삶을 살아가야 할 것
이니라.
11 저 자신이 하나밖에 없는 그 목숨을
나 여호와에게 제물로 바쳐 나를 기쁘
게 하며 나의 뜻을 이루고자 한다는
그 백성이 살아가는 그 뒷모습을 보
라, 얼마나 추하고 추한 모습인가?
12 그 약속을 수천수만 번 하면서도 지
키지 아니하는 자요, 언행이 일치하지
못하는 자들이니,
13 그게 바로 너희가 그 약속을 할 때마
다 나를 기만하여 너희가 하나의 거
짓된 죄를 가슴에 안는다는 것을 알라.
14 나의 십계명에 거짓 하지 말라 기록
되어 있는 것을 너희가 정녕 무섭게
생각하고 두려움을 안다면, 그와 같이
거짓 약속을 수없이 할 수 없을 것이
니라.
15 너 자신의 제물이 무엇이더냐?
16 그리 말하는 너희가 과연 너 자신을
버리기 전에 너희 마음속에 있는 마
음 하나를 정리할 수 있는 그 욕심이
라는 그 뿌리 하나를 버리고 사는가?
17 내가 너희에게 목숨을 제물로 나에게
바치기 전에 욕심이라는 그 뿌리를 버
려 천사의 마음으로써 거듭나기를 바
라는 것이 나 여호와이니라.
18 너희는 너 자신을 나 여호와를 위하여
제물로 바치겠다는 그 눈물 속의 거짓
약속을 이후부터 절대 하지 말라.
19 너희가 그와 같이 거짓 약속을 할 때
마다 너희에게 죄만이 가중되며 나 여
호와를 능멸하는 것이며, 너희가 얼마
만큼 나 여호와를 우롱하는 그 죄를
짓고 있는지 알겠는가?
20 나 여호와는 너희가 그 생명을 그리
바쳐 너희를 제물로 쓰고자 하는 것
이 아니니라.
21 어찌하여 내가 너희의 그 귀중한 생
명을 제물로 바치는 것을 원하며 그를
거둬들이고자 한단 말이던가?
22 너희가 육의 세상에 살면서 욕심을 버
리며 시기 질투하는 마음을 버리며 그
모두의 으뜸인 사랑을 실천하며 살아
가는 그와 같은 것을 내가 너희에게
바라는 것이니라.
23 너희가 나에게 바칠 수 있는 제물이
요, 너희가 나를 가장 기쁘게 할 수 있
는 제물은,
24 욕심을 버리며, 사랑을 베풀며, 예수
의 삶을 본받아 사랑하는 것, 그리고
목숨을 바쳐서라도 십계명을 지키고
살겠다는 그와 같은 각오와 삶을 살아
가는 것,
25 그리고 내가 나의 아들을 통하여 내리
는 160권의 이 법전이 나의 성령임을
깨달아 그걸 읽고 깨우쳐 그대로 행하
는 삶을 사는 것이니,

26 그 속에 기록된 것이 너희를 잘못 가
르치고 잘못 인도하는 것이 있는지 한
번 들여다보라.
27 그걸 들여다보는 자가 심판대에 설 수
있는 자격이 있다는 나의 뜻을 그리
소홀히 들어 넘기지 말라.
28 너 자신의 제물이나 말장난으로써 믿
음을 가지 말며 나를 경배한다 하지
말라.
29 그 모두는 내가 원하지 않는 것이요,
오로지 그와 같은 것으로 너희는 지
옥으로 가기 위하여 죄의 덕목을 하나
하나 짊어지고 가는 자라는 것을 잊지
말라.
30 나 여호와는 그 욕심의 제물을 원하지
않으며,
31 너희가 천사와 같은 마음으로 변화되
는 삶의 마음을 나에게 바치면 그것보
다도 더 나에게 기쁘고 소중하며 너희
가 축복받을 수 있는 제물이 없음을
알라 그리 전하라, 사랑하는 나의 아
들딸들에게.

6,882 번째 하나님 말씀

2003년 7월 27일 12시 08분

1 사랑하는 나의 아들아!
2 "네, 아버님! 말씀하옵소서."
3 너희가 진정한 믿음의 길이요, 그 믿
음으로써 제대로 가는 백성이 하나도
없다 하였음이니라.
4 너희가 믿음의 길을 바로 가기 전에
나 여호와가 존재함을 믿는 그 자체가
얼마나 소중하고 귀한 그 의미가 있는
지 너희는 알아야 할 것이니라.
5 내가 너희에게 하나의 예를 들어 오늘
가르치고자 함이니, 이미 성서에 기록
되어 뭐라 전하였느냐?
6 '너희가 남의 눈에 들어 있는 작은 티
는 볼 줄 알며, 제 눈에 들어 있는 대
들보와 같은 것은 보지 못하는 어리석
은 백성이 너희라' 그리하였음이니,
그걸 보는 백성으로 살아가라 하였음
이니,
7 너희가 그 한 구절만 알고 깨우쳤다
면 그 뜻의 그 의미대로 그리 살면 무
엇이더냐?
8 너희가 남의 허물을 가지고 시시비비
하나, 제 허물을 모르는 어리석은 백
성이라 내가 그리 가르친 것이 아니더
냐?
9 그러니 이것 하나만 바로 지키고 그대
로 행하면 곧 무엇이더냐?
10 너희는 남을 놓고 시시비비하며 남의
허물을 놓고 감히 말할 수 없는 것이
너희거늘, 그리고 저 자신의 허물을
들여다보기도 바쁜 것이 너희의 삶이
아니더냐?
11 그것을 지키고 못 지키는 것은 무엇이
더냐?
12 그것이 나 여호와의 성령이요, 내가
가르침이요, 내가 깨우치고자 하는 것
이요, 내가 존재한다는 것을 믿는다면
그와 같은 삶을 철저히 지켰을 것이며,
13 그리 지켜 왔다면 오늘의 이 백성이
서로 반목하고 질투하고 시기하며 남
을 놓고 시시비비하는 그와 같은 행
위는 절대 하지 아니하였을 것이니라.
14 내가 너희에게 성서에 기록하여 지키
라는 것을 지키지 아니하는 것은 내가

존재함을 모르며 내가 명한 것의 두려
움을 모르는 백성이기 때문에,
15 그와 같은 일을 행하고 살면서도 저
자신이 무엇을 지금 역행하는 줄도
모르느니라.
16 남의 눈에 들어 있는 작은 티를 시시
비비하는 자는 그것이 성령이요, 나의
뜻을 거역하는 행위이며 나를 능멸하
는 것임을 너희는 어찌 그것까지 생
각하지 못하느냐?
17 너희가 가장 무서운 죄요, 용서받지
못할 죄가 무엇이라 내가 말하였더냐?
18 성령을 거역하는 자요, 성령을 훼방한
자는 용서하지 못한다 했으니, 너희가
내가 그와 같이 기록된 그 내용 하나
도 지키지 못하는 것은 결국 무엇이더
냐?
19 너희가 성령을 능멸하는 것이며 성령
을 두려운 줄을 모르며 지키지 못하는
자들, 너희의 그 죄가 얼마나 무섭고
두려운지를,
20 지금은 말 한 마디 던지는 것이 가벼
우며 아무것도 아닌 것 같으나,
21 너희가 죽어 나에게 와 그 무게를 달
때는 너희가 선한 것 천 번 만 번을
해도 그 한 마디를 눌러 이길 수 있는
무게가 없다는 것을 너희는 알아야
할 것이니라.
22 그리하여 내가 너희에게 명하기를, 나
여호와가 존재함을 믿는 그 자체가 중
요하다는 것을 내가 나의 아들을 통하
여 가르쳤으며, 오늘 나의 법전에 그
대목을 공부하도록 하였음이니, 너희
는 그와 같은 것을 생각해야 할 것이
니라.
23 그리고 너희가 이제는 나의 성경을 읽
고 공부하되, 거기서 원하는 것이 무
엇이며 행하고자 하는 것이 무엇인가
를 들어 빼고 더할 것 없이 그대로 행
하도록 하면, 너희는 지옥문에 가서
울고불고 몸부림치는 그것만은 면할
것이니라.
24 그리고 나의 법전을 읽고 깨우치면서
거기에 기록하고 내가 전하는 것을 하
나하나 그리 행하고 살아가는 그와 같
은 삶을 살아야 할 것이니라.
25 너희가 천 가지 만 가지를 들으면 무
엇하는가?
26 하나도 실천하지 아니하면 다 그것은
무효가 됨이니라.
27 하나를 들었다 해도 그것을 실천하여
너희 것으로 만드는 것이 가장 소중
함을 알아야 할 것이니라.
28 바로 지금 모든 백성이 흘러온 것이
그리하여 나와 관계없는 것이며, 내가
원하는 길을 가지 않는 백성이 바로
무엇인 줄 알겠느냐?
29 내가 성경에 기록하여 너희에게 깨우
쳐 주었으며 전했던 것을 작든 크든
그대로 행하고 실천하지 아니함이니
라.
30 그대로 행하고 실천하는 것이 어렵고
힘들기 때문에 스스로 편한 길을 찾고
자 하여 너희가 알면서도 행하지 아
니함이니,
31 하늘에 오르는 길은 오른쪽으로 온다
고 내가 그리하였음이니, 아무리 어렵
고 힘들어도 오른쪽의 길을 선택해서
오는 것이 너희가 하늘에 오르는 길
이요, 나에게 오르는 길이거늘,

32 넓고 넓은 길이라 하여 왼쪽으로 간다
면 너희는 구원을 받을 수 없으며 나
에게 오를 수 없는 것은 정확한 답이
아니더냐?
33 그것이 바로 성서에 있는 것을 빼지도
말고 더하지도 말라는 그와 같은 그
귀중한 의미가 또 거기 있다는 것을
알라.
34 너희가 마음대로 가감하지 말라는 것
이 무엇이더냐?
35 가감함으로 나의 뜻이 달라짐이니, 있
는 그대로 받아들이고 깨우치며, 그리
하여 너희가 마음이 변하며 천사와
같이 변했을 때, 성경에 기록된 가감
한 것이요, 잘못된 것을 너희 스스로
알게 될 것이니,
36 이제 너희는 성경을 보되 거기에 기
록된 내용을 하나하나 음미해서 깨우
침을 얻으라.
37 너희가 깨우침을 얻으며 거기서 깨달
음을 얻는 것처럼 이 세상의 어떤 종
교 지도자도 그리 얻을 수가 없음이니
라.
38 너희는 나의 법전으로 다스려졌으며,
너희가 나의 법전을 읽고 공부한 만큼
나의 성령이 너희 가슴 한구석에 임
하기 시작하였으며,
39 그 성령이 작게 임한 그 성령의 마음
이요, 너희 마음이 100이라는 것에 지
금 50이라는 성령이 지금 임하였으니,
40 그 50의 성령이 눈을 뜨고 성경을 보
고 내 법전을 보면 너희가 거기서 어
떤 것을 행해야 할 것인지, 잘못되고
잘된 것을 알게 될 것이니라.
41 내가 너희에게 오늘 다시 한 번 전함
이니라.
42 너희가 지금 나의 명령을 거역하며 지
키지 않고 사는 것이니라.
43 내가 '남의 눈에 작은 티는 보면서 제
눈에 있는 그 들보 같은 것은 보지 못
한다'는 이것 하나도 지키지 못하기에.
44 너희가 남의 말을 함부로 하며 남을
시시비비하며 남을 올려놓고 흔드는
그와 같은 사악한 짓을 하는 것이니,
45 그게 얼마나 어리석은 짓이며, 그게
성령을 거역하는 큰 죄요, 용서받지
못할 죄라는 것을 모르고 있음이니,
46 이제 너희는 남의 눈에 있는 그 티를
빼 줄 것을 생각하며 그걸 탓하지 말
며 시시비비하지 말라.
47 남의 눈에 있는 그 티를 너희가 빼 주
면 되는 것이요, 그러면 그가 눈을 제
대로 뜰 것이며 제대로 볼 것이거늘,
48 빼 주어서 바로 서게 가르치지 아니하
고 어찌하여 그 눈을 더 아프게 하며,
그 눈의 티는 빼 주지 아니하면서 그
것으로 시시비비하며 욕하는 그와 같
은 마음을 사느냐?
49 모든 종교 집단이요, 만백성들이 그걸
빼 주지 않는 마음으로 산다 해도,
50 너희는 힘들고 어렵다 해도 그것을 씻
고 닦아서 그 눈에 있는 티를 빼 주는
그와 같은 일만 할 것이며, 그걸 가지
고 시시비비하는 그와 같은 어리석은
삶을 살지 말라.
51 후자와 전자를 선택하는 것이 너희에
게 얼마나 영광이요, 축복인 줄 알겠
느냐?
52 남의 눈에 티가 들어 있는 것을 불어
주고 씻어 빼 주는 그 마음 자세와, 그

걸 보고 욕하고 허물을 평하는 그와
같은 그 마음은 하늘과 땅의 차이이
니, 너희가 한 입에서 나오는 말이 그
리 무서우니라.
53 그러니 너희가 정녕 두 혀를 가진 그
와 같은 사탄으로서 살아가고자 아니
한다면, 오로지 나의 정도요, 나의 뜻
에 따라 사는 한길만을 보라.
54 모두는 내가 오답과 정답이 있다 했으
니, 너희는 정답만을 찾아 행하는 그
와 같은 백성으로 살라.
55 남의 눈에 들어 있는 티를 뽑아 주고
또 닦아 내고 빼 주는 그와 같은 마음
만을 가지고 살라.
56 그러면 너희가 천사가 될 것이요, 너
희에게 내가 천사의 날개를 달아 하늘
에 오를 수 있는 길을 비춰 줄 것이며,
내가 안내자를 내려보내 너희를 받아
들인다는 그 영광을 오로지 생각하고
살도록 그리하라, 사랑하는 나의 아들
딸들아!

6,883 번째 하나님 말씀

2003년 7월 28일 09시 06분

1 사랑하는 나의 아들아!
2 "네, 아버님! 말씀하옵소서."
3 나의 아들 예수가 세상에 나가 어떠한
백성도 갈 수 없는 길이요, 그 누구도
역사할 수 없는 길을 갔음이니라.
4 그리고 그는 그걸 지켰으며 그 모든
인간의 도리요, 인간으로서 갈 수 없
고 넘을 수 없는 길을 마다하지 아니
하고 갔음이니,
5 예수가 그 길을 지키고 간 것, 또한 이
루 말할 수 없이 위대함이요, 그리고
그 누구도 인간의 형태를 보인 자로서
는 갈 수 없는 그 길을 갔기에,
6 오늘의 나의 피조물 만백성들이 지금
도 그를 경배하며 그를 구세주라 부르
며 그를 찬양하며 그 보혈로써 구원을
받았다고 말하지 않느냐?
7 너 또한 지금 160권의 법전을 세상에
만들어 냄이니, 이 세상에 어떤 백성
도 그와 같은 역사를 할 수 없으며, 그
걸 만들어 낼 수 없을 것이며,
8 네가 죽을 때까지 하늘의 진리요, 하
늘의 뜻을 세상에 책으로 만들어 전하
는 그 역사도 예수가 죽음으로써 그
길을 선택했던 것 못지않은 더 위대한
역사의 변천사를 만드는 것을 너는 잊
어서는 아니 될 것이니라.
9 지금 예수가 그 고통스러울 때, 그 잔
을 받지 아니하고 그 길을 가지 아니
하고 어찌 비켜 갈 수 없느냐 하는 그
와 같은 애절한 기도를 드렸듯이,
10 너 또한 오늘의 힘들고 어려운 이 길
에서 네가 이를 중단하며 너 스스로
착하고 아름답게 살아 너 하나 구원을
받는 것으로써 가고자 하는 마음을 알
고 있으며,
11 또한 오늘의 이 길이 힘들고 어려워
네가 모두를 다 그만두고 싶은 마음,
모두를 접어 두고 싶은 마음, 네 제자
요, 너 자신이 어렵고 힘든 오늘의 삶
에서 그와 같은 마음으로 부르짖고 싶
은 심정도 또한 알고 있음이니라.
12 그러나 그것은 모두가 다 겪어야 할
길이고 넘어야 할 길이며 가야 할 수
순이라는 것을 잊지 말라.

13 모든 백성이요, 너를 따르는 제자 그
들이 십계명을 암송하고자 하나,
14 그들이 십계명을 암송할 때 온갖 천
가지 만 가지 생각이 다 정립되지 않
으며 그 마음이 떠나지 아니하며 마
음 하나를 잡지 못하느니라.
15 그러나 네가 그 모든 백성과 차별화
되는 것은 무엇인 줄 알겠는가?
16 너는 십계명을 암송하면서 어떠한 생
각을 하고자 해도 그 생각을 할 수 없
으며,
17 네가 기도를 하면서 만 가지 생각을
다 하고 싶어도 그 생각을 할 수 없는
것이 일반 백성과 너와의 그 차별화인
것이며, 이는 곧 내가 임하여 내 뜻을
전하기 때문이니,
18 모든 백성은 십계명을 암송할 때 천
가지, 만 가지 인간 세상의 삶의 모든
생각이 제 머리를 스쳐 가며, 기도할
때 또한 그들은 수만 가지 생각 속에
서 기도하느니라.
19 그러나 너는 십계명을 암송하면서 한
가지도 더 생각을 할 수 없으며, 네 머
릿속에 그려지는 것이 없으며,
20 나로부터 성령을 받아 기록하는 기도
하는 그 순간에 또한 너는 어떠한 잡
생각도 하지 아니하며, 생각나지 않는
것이 무엇인 줄 알겠는가?
21 그게 모든 백성과 너와의 그 차별화
됨이니,
22 나의 성령을 받아 기록하는 것이 나의
법전이요, 나의 뜻이며, 그것이 모든
것과 차별화라는 것을 너는 알아야
할 것이니,
23 네가 지금 가고 있는 그 믿음의 길이
요, 기도하는 길이요, 십계명을 암송
하는 그 마음 자세요, 그와 같은 것을
모든 백성은 그리 따라오지 못하며
그리 가지 못하는 것이니라.
24 이것을 하나 네가 알고 있으면 될 것
이니, 너는 불안해하며 두려워하지 말
라.
25 모두는 다 겪고 넘어가야 할 그 순서
라는 것을 알라.
26 다만, 예수가 생명을 바침으로써 역사
했던 그 위대함보다도, 오늘의 160권
을 세상에 기록하여 책으로 엮어 내며
네가 죽을 때까지 하늘의 뜻을 기록하
여 전함이니,
27 '하늘을 두루마리 삼고 바다를 먹물
삼아 써도 써도 못 쓴다'는 그 진리를
세상에 너를 통하여 전해 놓고 네가
만들고 네가 또 그를 기록하여 만들
어, 만세의 모든 백성이 하늘의 백성
이 될 수 있는 길은 오로지 내가 너에
게 내려 기록한 그 책 속에 모두가 다
있음이니,
28 그 역사를 이루는 네가 오늘의 힘들고
어렵다 해도 이 세상에 어떠한 누구도
네가 이루는 그 역사만큼 위대한 역사
의 일을 한 자가 없다는 네 마음을 굳
건히 그리 생각하고 너 자신을 다스
려 나가도록 그리함을 잊지 말라.

6,884 번째 하나님 말씀

2003년 7월 28일 11시 22분

1 사랑하는 나의 아들아!
2 "네, 아버님! 말씀하옵소서."
3 너를 따르는 제자들이요, 나의 법전을

읽고 깨우친 백성이요, 그리고 지금
나의 강론을 듣고 가는 그 제자들에게
간곡히 네가 전하고 깨우쳐 주어야 할
것이니라.
4 그들에게 말하라.
5 너희가 정녕 그 지옥의 문 앞에서 들
어가지 아니하려고 몸부림치는 그 길
을 면하며, 거기서 너희가 좀 더 변하
여 나의 품에 올 수 있는 그와 같은 삶
을 정녕 살아가고자 원한다면,
6 너희는 나의 피조물이라는 그것을 가
슴 깊이 새기고 살라 그리 말하라.
7 너희가 정녕 모두 창조주 나 여호와의
피조물이라는 그 자체 하나만 생각한
다면, 과연 살아가는 삶에서 가시 돋
친 그와 같은 하나의 행위를 할 수 있
는가?
8 스스로 그들이 깨우침을 얻게 될 것이
니라.
9 모든 믿음의 길을 가는 백성이요, 지
도자요, 만백성 너희가 얼마나 지금
잘못 살아가며 오만한 삶을 살고 있는
지 알고 있는가?
10 너희가 나 여호와의 피조물이요, 창조
한 나 여호와가 있으며, 너희가 나로
부터 창조된 피조물의 백성이라는 그
두렵고 무서운 것, 그 은혜를 하나 생
각하고 산다면, 너희 자신이 어떠한
것인가를 알고 있지 않은가?
11 이 세상에 수많은 생명을 가진 그 속
에서 너희는 단 하나요, 그중에 일부
인 나의 피조물이라는 것을 잊지 말라.
12 어찌하여 피조물인 나의 백성이 나를
능가하며 너희가 구원할 자, 구원하지
못할 자를 구분하여 함부로 말을 하며,
13 너희 손으로 지은 그 성전에 와 구원
을 받는다고 말하는 그 행동 모두가
다, 너희가 살아가면서 하나서부터 천
가지, 만 가지 그 모두가 다 나의 가슴
을 찌르는 가시 돋친 행위라는 것을
어찌하여 너희는 모르는가?
14 너희가 살아가는 그 행동을 아름답게
산다는 것, 그리고 또 생활하는 그 모
두요, 오늘의 삶이 과연 무엇이던가?
15 너희가 천 년을 살며 만 년을 살며 영
원히 죽지 않고 육의 세상에 있는 자
있으면 말하라 그리하라.
16 내가 오죽하면 나의 아들을 통하여 너
희에게 그리 가르쳐 주었느냐?
17 너희가 나의 법전을 믿지 아니하며
내가 존재함을 믿지 아니하거든,
18 뜨고 지는 달과 해를 마음대로 조종할
능력이 있거든 너희가 나를 대신하는
자라 내가 그리 말하라 하였으며, 나
의 법전이 잘못된 것이요, 나 여호와
가 존재하지 않는다 그리 생각하라 하
였음이니,
19 과연 내가 얼마나 애절한 마음으로 어
떤 것으로써 기록하여 전하면 깨우칠
수 있단 말이던가?
20 나 여호와가 얼마나 많은 희생이요,
얼마나 많은 고통과 시련을 참고 인내
하며 깨우쳐 주고 내려보내야만 너희
가 정녕 하늘에 오르는 길을 볼 수 있
단 말이던가?
21 너희는 나의 사랑이요, 나의 뜻만을
그리 바라보고 갈급한가?
22 이제 너를 따르는 제자들에게 가르쳐
주라.
23 너희는 창조주 전지전능한 아버지라

는 나 여호와의 피조물이라는 것, 나
의 피조물인 너희는 바로 무엇이며
어떤 마음 자세로 살아가야 하는가?
24 너희는 종과 같은 마음이요, 순종하는
마음이요, 아름다운 마음이요,
25 내가 나의 아들을 통하여 내리는 성령
의 가르침이요, 지금 내가 십계명을
지키라 하여 나의 아들로 하여금 그걸
암송하며 너희에게 내려 주는 것,
26 그리고 나의 법전대로 살라 내리는 것
을 하늘에 오르라 내려 준 것이 나의
피조물인 너희에게 주인인 창조주 아
버지라는 내가 얼마나 사랑과 은혜를
베풀면 이와 같은 역사를 이룬단 말이
던가?
27 너희는 그 고맙고 감사함을 모르며
너희가 피조물이라는 그 자체를 망각
하고 살아가는 것이니, 얼마나 오만방
자한 것인가?
28 너희가 밥 한 그릇을 먹는 수저 하나
를 움직이는 것, 잠을 자는 것, 숨을
쉬는 것, 내가 너희를 모두 통제하여
살아갈 수 있는 손과 발이요, 눈과 귀
와 청각이요, 머리카락까지 모두를 내
려 준 것,
29 그것을 다 너희가 얼마나 아름답게
써야 하며, 얼마나 곱게 써야만 되는
가를 감히 알겠는가?
30 그러한 너희가 그 손으로 상대방에게
삿대질하며, 상대방을 면박하고 공격
하며, 언성을 높이며, 하늘을 향하여
주먹질하며, 삿대질하고 사는 너희가
얼마나 가시 돋친 행위를 하고 있는
것인지를 알겠는가?
31 이제 너의 제자들이 깨우침을 얻었으
며, 나의 법전을 읽고 깨우친 그 백성
은 내가 너에게 내리는 그 뜻을 알 것
이니,
32 너희가 천 가지 만 가지 살아가는 것
이 다 가시를 들고 내 가슴을 찌르는
그와 같은 행위를 하고 사는 것이 너
희의 오늘의 삶이니,
33 그것이 얼마나 오만방자하기에 내가
이와 같은 말로써 너희에게 전한단 말
이더냐?
34 천 가지, 만 가지, 종교 집단은 집단대
로, 지도자는 지도자대로 저 자신을
모르며, 지금 저희가 세상에 영구히
살며 나를 능가하는 그와 같은 모든
역사를 하는 것처럼 그 착각 속에서
사는 행위가 다 무엇인 줄 알겠느냐?
35 그 모두가 다 나의 뜻을 위해 사는 것
이 아니요, 나의 피조물이라는 자신이
피조물이라는 그 자체를 잊어버리고
사는 불쌍한 백성이니라.
36 그러니 내 피조물이라는 것, 그 피조
물의 백성이요, 주인을 위해서 어찌
살아가야 하는가?
37 너희는 종이요, 나의 뜻에 순종하며
살아가는 낮은 자라는 그와 같은 마음
을 가지고 생각한다면,
38 감히 주인이 지키고 살라 명한 직접
쓴 그 친필인 나의 십계명을 지키지
아니할 수 있으며,
39 내가 주인으로서 아들을 세상에 내려
보내어 불쌍하게 살아가는 피조물인
너희에게 내가 원하는 길의 삶이요,
그것이 하늘에 오르는 길이요, 나를
아버지라 부를 수 있는 것을 너희에게
깨우쳐 주고 가르쳐 주고자 했거늘,

40 너희가 얼마나 오만방자하면 그가 사탄이요, 이단이요, 나의 자식이 아니다 그렇다 시시비비하면서 그를 죽음으로 몰아가는 그와 같은 행위를 할 수 있으며, 그것이 과연 창조주 나 여호와의 피조물 백성이라 생각하고 너희가 살아가는가?

41 이제 내가 너의 제자들에게 상을 내림이니, 그것이니라.

42 너희는 피조물이라는 것을 잊지 말고 살라 그리하라.

43 나의 피조물인 나의 백성이 과연 어찌 살아야 하는 것이며, 그리고 너희가 하나하나 생활하는 것이 나의 피조물이라는 것, 그리고 주인이 바라보고 있으며, 주인이 항상 부를 수 있으며, 주인이 쓰고자 하면 데려간다는 것, 너희는 내가 항상 부를 때 올 수 있다는 그것을 잊지 말고 살라 그리 말하라.

44 그러니 너희가 얼마나 조심스럽게 얼마나 아름답게 얼마나 경건한 마음으로 세상을 살아가야 할 것인가를 알아야 하거늘,

45 그걸 알지 못하며 오만방자하기에 내가 나의 아들을 통하여 160권의 장정의 법전을 내려보내,

46 그 속에 욕하지 말라, 남을 시기하지 말라, 질투하는 마음을 버리라, 욕심을 버리라, 오만방자함이 죽음이요, 나에게 대적하는 길이라 이와 같이 하늘에 있는 뜻을 내가 수없이 기록하여 전하고 전하거늘,

47 그를 보고도 너희가 하나도 깨우치려 하는 백성이 없으며 변화되는 백성이 없다 함이니,

48 이제 내가 사랑하는 나의 아들을 따르는 제자 너희에게 은혜를 내림이니, 너희는 나의 피조물이라는 것을 잊지 말라.

49 피조물인 너희는 주인인 내가 항상 불러서 쓸 수 있으며, 내가 거둬들일 수 있으며, 버릴 수도 있다는 것을 알라.

50 나에게 버림을 받는 그 피조물은 영영 나와 관계없으니, 너희가 바로 정신을 빼고 생각을 빼면 무얼 하겠느냐?

51 개에게도 먹히는 그와 같은 고깃덩어리와 같은 자라 말하지 아니하였느냐?

52 바로 너희가 죽어 나에게 영혼이 왔을 때 그와 같은 형국이 되니,

53 너희의 영혼이요, 내가 너희를 불러썼을 때 그 영혼이 어느 곳에 가느냐에 따라서 너희는 그와 같은 상상할 수 없는 그 엄격한 하늘과 땅보다도 더 무서운 차이의 결과가 나는 것이니, 너희는 항상 나의 피조물이라는 것을 잊지 말고 살도록 그리하라 이르라.

54 너의 제자들에게 이르라.

55 항상 나의 십계명을 외우며, 너희의 뛰는 심장에 손을 얹고 이 심장이 존재함은 나 여호와의 피조물로서 하나님께서 은혜를 주고 정신을 주고 생각을 주었으니, 이는 항상 그분이 거둬들일 것이며 거둬갈 것이니,

56 내가 그분의 피조물로서 그분의 뜻대로 살아가지 아니하는 것, 모두를 다 중단하고 살아가지 아니하는 것, 내 뜻대로 살아가지 아니하는 것은 너희

가 심장은 뛰며 오늘 밥을 먹고 잠을
자고 활동하며 사나 그것은 죽은 자이
니,
57 너희가 산 자 중에서 죽은 자의 삶을
살 것인가, 산 자 중에서 산 자의 삶을
살 것인가 그리 말하라.
58 너의 제자들에게 이제 가르쳐 주라.
59 십계명을 암송하고 너희 가슴에 오른
손을 얹어 조용히 심장의 맥박을 들어
보며 이 심장이 존재함은 나 여호와의
사랑이요, 은혜라는 것을 알며, 그리
하여 너희는 한 점의 부끄럼도 없이
살라 그리 말하라.
60 너희가 무의식중에 하는 행동, 마음대
로 행동하는 것, 그 모두가 창조주인
나 여호와의 뜻에 사는 것이 아니요,
가시를 들고 나를 찌르는 그와 같은
행위를 한다는 것,
61 남을 질투하고 시기하고 남을 욕하는
것, 그리고 너희가 하늘을 향하여 눈
을 치뜨는 것, 네 앞에 있는 사람에게
고성을 지르는 것, 네 앞에 있는 백성
에게 눈을 치뜨는 것, 그 모두가 나의
피조물인 너희가 분수를 모르며 하늘
을 향하여 욕하며 하늘의 뜻을 거역함
이니,
62 그 모두가 너희가 나의 가슴을 가시
로 그때마다 찌른다는 것을 잊지 말
라.
63 너희가 가시를 찔러 나에게 고통을 주
는 그와 같은 나의 피조물로서 과연
나에게 상처 낸 것만큼 내 앞에 와서
너희가 상처를 치료할 수 있단 말이더
냐?
64 그러니 이와 같은 뜻을 가르쳐 주도록
하라, 사랑하는 나의 아들아!
65 이제는 너의 제자들은 이를 들을 만하
며 이와 같은 이치를 깨달을 만하며
이와 같은 뜻을 들을 만큼 그만큼 변
화된 나의 아들딸들임이니,
66 그들을 깨우치고 강력히 다스려 그들
이 나의 피조물이라는 것만을 잊지 않
고 살라 그리하라.
67 그리 알고 사는 자는 내게서 떠나고
나의 법전을 놓고 돌아가며 고통과 시
련을 견디지 못하고 살아가도, 그래도
그들이 지옥에 가서 몸부림을 치지는
아니할 것이라 그리 전하라.
68 이제 피조물이라는 그것을 잊지 말라.
69 이것이 너희가 가슴에 안고 가야 할
삶이니라.
70 십계명을 암송하고 오른손을 가슴에
얹어 뛰는 심장 앞에 맹세하라.
71 '나는 창조주인 하나님의 피조물이요,
나의 심장은 하나님의 것이요, 내가
이 심장이 멎을 때 곧 죽음이니,
72 이 심장이 뛰는 동안 나는 아버지의
피조물로서 아버지 뜻에 의해 살아가
겠다, 그리고 모두를 다 아름답게 생
각하며 살아가겠다, 그리고 모든 가시
로써 아버지를 찌르는 그와 같은 사악
한 행위만큼이라도 하지 않고 살겠다'
는 그와 같은 마음을 갖도록 그리 전
하라, 사랑하는 나의 아들아!

6,885 번째 하나님 말씀

2003년 7월 28일 11시 35분

1 사랑하는 나의 아들아!
2 **"네, 아버님! 말씀하옵소서."**

3 정녕 나로부터 선택된 지도자요, 그리
고 나로부터 만백성을 구하라는 그 대
명을 받은 자는 바로 무엇이 다름을
알겠느냐?
4 그들은 나로부터 나의 성령이 임하여
모두를 역사해야 한다는 것을 잊어서
는 아니 될 것이니라.
5 나의 성령이 임하지 아니한 그 지도자
는 저 자신이 변함이 없으며 저 자신
이 거듭나지 못한 백성이니,
6 저 자신도 다스리지도 못하는 자가 어
찌 남을 다스릴 수 있단 말이던가?
7 성령이 임하지 아니하는 자는 지도자
가 될 수 없음이니라.
8 그리하여 성령이 임하지 아니한 지도
자가 나의 피조물 만백성을 가르치고
일깨워 인도하는 것은 바로 나의 뜻을
거역하는 행위이니라.
9 그리고 나의 뜻을 능멸하는 것이며 나
를 욕되게 하는 자가 성령이 임하지
않는 지도자라는 것을 너희는 알아야
할 것이니라.
10 성령이 임하지 못한 자, 거듭나지 못
한 그와 같은 종교 집단이요, 지도자
들이 바로 무엇이더냐?
11 나의 뜻을 거역함이니 사탄의 뜻을 역
사하는 것임을 그들은 알아야 할 것
이니라.
12 너희가 욕심을 버리고 교만한 마음을
버려 성령이 임하지 아니하고 모든 역
사를 하는 것은 인간의 생각에 따라
판단하며 인간의 생각으로써 이루어
짐이니,
13 과연 인간의 생각으로 미래를 알 수
있으며, 1시간이요, 1초 후에 이루어
지는 어떠한 역사라도 알 수 있겠느냐?
14 그것도 모르는 자가 하늘의 뜻을 어찌
가르치며, 천년만년 역사하는 그 장대
한 진리의 뜻을 어찌 가르치겠는가?
15 그러니 그들이 바로 사탄이라는 것을
알아야 할 것이니라.
16 인간의 생각으로써 모든 것을 하는 자
는 무너지게 되어 있으며 세상의 모든
유혹에 견디지 못하게 됨이니, 그는
바로 사탄으로서 전락된다는 것을 알
아야 할 것이니라.
17 너희에게 가장 중요한 것이 무엇이더
냐?
18 너희에게 성령이 임하는 것은 바로 무
엇이냐?
19 너희 마음속에 있는 욕심이 있어서는
성령이 절대로 임할 수가 없음이니라.
20 성령이 임하지 못함을 너희는 알아야
할 것이니, 그러니 나의 뜻을 전하며
나의 뜻을 깨우치지 못하는 것이 바로
종교 집단이요, 지도자들이니라.
21 그리하여 너희가 잘못 가르쳤으며 잘
못 일깨워 왔기 때문에 오늘의 이와
같은 역사가 되었음을 알아야 할 것이
니라.
22 여기서 너의 제자들과 나의 법전을 읽
고 깨우친 백성 너희는 들어야 할 것
이니라.
23 너희가 죽을 때까지 나를 경배하며 나
의 뜻에 따라 산다 해도,
24 너희가 단 한 번의 마음을 의혹하며
의심하며 그를 가지고 임한다는 것은
결코 나에게 와 상을 받을 수 없음을
너희는 알아야 할 것이니라.
25 이제 너의 제자들에게 전하라, 너의

제자들은 이를 깨우쳐야 할 것이니라.
26 너희가 나의 법전이 나의 뜻이요, 나
여호와에 의하여 역사한 것이며, 나의
아들이라 믿는다면,
27 너희가 죽어 나에게 올 때까지 단 한
번이라도 마음이 변화되며 법전을 의
심하며 나의 아들을 의심하는 그와 같
은 마음을 갖는 것은 너희는 나에게
와서 상을 받을 수 없음이니라.
28 너희가 그와 같은 길을 가는 것은 스
스로 깨달음이요, 믿음에서 오는 것이
아니요,
29 어찌할 수 없어서 이리 갈 수도 저리
갈 수도 없기에 이왕에 가는 것, 이 길
을 선택해서 가자는 그와 같은 편의주
의의 마음에서 믿음의 길을 가는 자와
같기 때문이니,
30 너희가 단 한 번이라도 의심하며, 단
한 번이라도 의혹하며, 단 한 번이라
도 성전을 떠나고자 하며 나의 법전을
놓고자 하는 생각을 했을 때, 너희 마
음은 이중적인 마음이요, 진실한 믿음
이 없음이니,
31 그리하여 어쩔 수 없이 나 여호와에게
대적할 수 없으며, 나 여호와에게 묻
지 못하며, 나에게 항변하지 못하기
때문에 한쪽에 의혹하는 마음을 가지
고 이 믿음을 간다면 아무것도 아님을
너희는 알아야 할 것이니라.
32 내가 너희에게 100퍼센트의 그 정도
의 마음을 다 바치는 믿음, 그것만이
나에게 오를 수 있다 하지 아니하였더
냐?
33 너희가 생수를 담아 만백성에게 먹이
고자 하나, 그 그릇에 작은 오물이 묻
었을 때 그 물은 먹을 수 없다 했듯이,
34 너희가 잠시라도 의혹함이요, 의심하
는 마음을 가지고 나의 성전에 와 강
론을 들으며 공부를 하며 법전을 읽는
다면, 너희는 정녕 그 의혹하는 마음
때문에 나에게 상을 받을 수 없음을
알아야 할 것이니라.
35 모든 종교 집단이요, 지도자들이 가는
믿음이 무엇이던가?
36 저희는 확실치 않다고 믿지 못하고 가
는 자들이니라.
37 그러나 저희가 그 길이 아니면 갈 수
없으며 그 길이 아니면 역사할 수 없
는 길이기에,
38 너희 인간 세상에서 말하는 '울며 겨
자 먹기'라는 마음으로 믿음의 길을
가는 것이 지금의 종교 집단이요, 신
도들이니,
39 나의 아들을 따르는 백성 너희가 그와
같은 역사를 해서는 절대 아니 됨을
알아야 할 것이니라.
40 너희가 나의 법전을 가지고 만백성에
게 전하며 세상에 눈이 내리듯이 하얗
게 덮는 그 역사를 하고 나에게 와 '주
여! 저는 그와 같은 아버님의 일을 했
습니다.' 하고 아무리 해도 너희는 나
에게 받을 상이 없음을 알라.
41 단 한 번의 배신하는 마음이요, 단 한
번의 의심하는 마음이요, 단 한 번의
마음을 돌렸다 떠나는 그 마음은 어떠
한 마음이던가?
42 어쩔 수 없이 그 길을 간 자며 어쩔 수
없기에 그 길을 간 자들이 아니던가?
43 너희가 나에게 질문을 할 수 있으며
너희가 나를 볼 수 있으며 나를 만질

수 있다면, 너희는 지금이라도 당장
나 여호와에게 물을 것이니라.
44 '아버지여! 이이가 정녕 아버지의 아
들이며 이 법전이 아버님의 성령이요,
아버님의 뜻입니까?'하고 물을 것이
니라.
45 그러니 그 묻고자 하는 마음이 의심이
며 그 묻고자 하는 마음이 믿음이 없
음이니,
46 너희는 나를 볼 수 없고 만질 수 없기
때문에 너희가 물어보지 아니하고 가
는 그 마음이니라.
47 그러니 너희가 항상 두 가지 마음이
흔들리고 있다 함이 아니던가?
48 그러니 너희는 여기서 깨우쳐야 할
것이니라.
49 내가 너희에게 성경에 기록하고 나의
법전에 기록하여 뭐라 말하였더냐?
50 성경에 기록하여 가르친 것이요, 그리
고 그를 보고 간 백성이요, 그 모든 백
성이 다 나에게 오른 자가 하나도 없
다 했던 그 마음을 알겠느냐?
51 그들이 항상 그 길을 가면서 더러는
흔들렸으며, 더러는 의심했으며, 더러
는 나에게 항변하고자 했으며, 더러는
나에게 갑론을박하고자 하는 그 마음
을 가지고 그 일을 역사했음이니,
52 너희가 나 여호와가 신이기에 대적할
수 없으며, 나에게 따질 수 없으며, 나
에게 항변할 수 없기에 너희가 그저
그 길을 그대로 간 것이 아니던가?
53 내가 보이는 기적 앞에, 내가 보이는
그 역사 앞에 너희는 그저 거기에 굴
복해서 그들이 갔을 뿐이지,
54 너희가 항복하여 순종하는 마음이요,
깨끗한 마음이요, 항상 등을 돌릴 수
있는 마음이 없어서 나에게 왔던가?
55 너희가 의혹하는 마음으로 모두를 역
사했기 때문에 한 사람도 나에게 온
자가 없다 그리 말하였음이니라.
56 예수의 제자들 또한 그 마음에 의혹을
품었으며, 구약의 모든 역사에 임했던
그 백성이 내 뜻에 따라 가장 의인이
요, 가장 아름다운 삶을 산 그들도 한
곳에 한순간에 나를 의혹하는 마음을
가지고 그 일을 역사했다면, 너희는
과연 나에게 오를 수 있는 뜻이 있고
상이 있다 말할 수 있느냐?
57 내가 나의 아들을 통하여 말하였느니
라.
58 순교자라 해도 정녕 나에게 오르지 못
한 자라 내가 그리 말했을 때, 너희는
그를 의혹을 했을 것이니라.
59 순교자가 죽어 감으로써 자신을 남기
기 위하여, 자신의 영광을 위해, 자신
을 위해서, 자신이 그 길을 죽어 감으
로써 나에게 오를 수 있기 때문에,
60 또는 자기가 그와 같이 죽어 가면서
그 순간에 죽어서 이 목숨을 나한테
나의 모든 영광이요, 많은 사람에게
지킨 그 약속 때문에,
61 '내가 순교자로 가나, 과연 죽어서 하
늘에 오를 수 있으며 내가 아버님의
뜻에 따라 죽어 가는 것인가?' 이를
단 1초라도 의혹을 품고 1초라도 의
심을 했다면, 그는 나에게 와서 상을
받을 것이 없다는 이 무섭고 두려운
하늘의 뜻을 너희가 알아야 할 것이
니라.
62 이제 나의 아들을 따르는 백성이요,

그를 따르는 제자들이요, 그리고 나의
법전을 읽고 깨우친 백성 너희는 오
늘 내리는 이 무서운 하늘의 뜻이요,
내가 너희에게 명하는 이것이 은혜요,
사랑이라는 것을 너희는 알아야 할
것이니라.
63 내가 너희를 가시나무 채로 다스리는
것은 바로 서라 함이니,
64 너희 몸에서 살이 찢기고 피가 터져도
나는 그 가시나무 채를 놓지 아니할
것이니라.
65 너희를 사랑함이니라.
66 그 고통을 느끼는 자가 나에게 올 수
있을 것이니,
67 그 고통 속에서 잠시라도 너희가 다
른 마음을 먹는다면, 너희는 나에게
와서 받을 상이 하나도 없다는 것을
명심하고 또 명심하라.
68 이것이 내가 너희를 사랑하기에 너희
가 갈 수 있고 지켜야 할 길이기에, 하
늘의 나의 뜻을 너희에게 전함을 절대
잊어서는 아니 되는 것이니라.
69 그와 같은 백성이 성령이 임하는 백성
이요, 새로 태어나는 백성이요, 창조
주 나를 볼 수 있으며, 너희가 나를 만
질 수 있음이니라.
70 너희가 나의 음성을 듣고자 하며, 나
의 모습을 보고자 하며, 나를 직접 만
지고자 하는 그와 같은 것이 이루어지
는 것이 바로 그와 같은 마음으로 갔
을 때 이루어질 것이니라.
71 어떠한 상황에서 단 1초요, 단 한 번
이라도 너희가 의심하며, 나에게 의구
심을 가지며, 내가 존재함을 믿지 못
하며, 나의 아들을 믿지 못하며, 나의
법전을 믿지 못하는 그 마음이 일순간
이라도 있을 때, 너희는 그와 같은 역
사는 절대 이루어질 수 없음을 알라.
72 그것은 너희가 나에게 와 상을 받을
수 없기 때문이니 그리 알라.
73 너희가 나를 아버지라 부를 수 있음은
지금 너희가 살아 있는 이 세상에서
나를 부를 수 있다 하였음이니,
74 그리하여 너희가 죽어 왔을 때는 나
를 부를 수 없다 내가 그리 말하지 아
니하였던가?
75 너희가 나를 부를 수 있는 그 뜻도 내
가 너희에게 일일이 가르쳐 주었음이
니라.
76 영원히 나를 아버지라 부를 수 있는
것까지도 다 가르쳐 주었으며,
77 이제는 너희가 일순간이라도 마음이
흔들리며 마음에 등을 돌리는 자는 아
무리 역사를 한다 해도 나에게 와 받
을 만한 상이 하나도 없다 하였음이니,
78 오늘 이 순간부터 너희 가슴을 도려내
는 아픔이 있다 해도 의심하며, 등을
돌리며, 의구심을 갖는 자, 성전을 떠
나고자 하는 자, 등을 돌리고자 하는
자, 그리고 나를 의심하는 자는 그 마
음을 버려야 함을 잊지 말라.
79 그를 버리지 못하고 믿음의 길이요,
나의 법전을 천 번 만 번 읽으며 너희
모든 재산을 다 털어 이 세상에 나의
법전을 다 덮는다 해도 너희는 나에
게 와서 받을 것이 없음이니라.
80 그 모든 재산은 누구 것이며 누구 것
으로 너희가 임한다 생각하는 것인가?
81 너희는 오만하지 말라, 너희 것이라
생각하지 말라.

82 네 것으로써 네가 의를 행했다 생각하지 말라.
83 그러니 너희가 의인이 없다는 말이 무엇이더냐?
84 베풀고 역사하는 모든 것은 다 나의 것으로 하고 나의 것으로 행하지 않더냐?
85 그러니 너희의 마음 자세가 중요함을 알라.
86 변화되는 마음, 그것만이 의인이 될 수 있는 길이니라.
87 그리하여 너희가 보고자 원하는 것, 그 모두는 다 그와 같이 하나의 의구심도 없을 때 너희의 소원이 이루어진다는 것, 이를 의심하지 말라.
88 이를 의심해서는 아니 될 것이니라.
89 너희가 믿음의 그 한순간에 한 번의 딴생각으로 잘못되었을 때, 너희 몸에 임했던 모든 성령이 일순간에 거두어진다는 것, 내가 거두고자 하여 거두는 것이 아니요, 임의로 거두어진다는 것을 너희가 알라.
90 나를 볼 수 있으며, 나의 음성을 들을 수 있으며, 나를 만질 수 있는 성령이 임하도록 그리하라.
91 성령에 임하지 아니하고 너희가 지도자요, 나에게 올 수 있다는 그 착각에서 벗어나야 할 것이니라.
92 성령이 임하는 것이 바로 무엇이라 말하였더냐?
93 내가 다시 너희에게 전함이니, 성령이 임하는 것은 욕심의 뿌리를 뽑아 버리는 것이요, 교만함을 버림이니라.
94 교만함이 너희를 죽게 함을 잊지 말라.

부 록

【하나님께서 가르쳐 주신 운동】

천재지변이 일어날 때, 동물이나 미물들은 미리 알고 대피하지만, 인간은 알지 못하고 큰 화를 당합니다. 하나님께서 인간에게 가장 높은 지혜를 주시고 완벽하게 창조해 주셨기에 동물들보다 더 잘 알 수 있지만, 욕심으로 마음이 혼탁해져서 한 치 앞을 보지 못하는 것입니다.

마찬가지로, 인간은 누구나 스스로 필요한 운동을 해서 건강을 지킬 수 있도록 하나님께서 만들어 주셨습니다. 우리의 머리에서 우리 몸에 필요한 동작을 해 달라고 끊임없이 신호를 보내지만, 인간이 혼탁하게 살아서 그 신호를 알아채지 못합니다. 그러니 자연스럽게 자기 몸이 원하는 그 신호를 따라서 운동하는 것이 하나님께서 가르쳐 주신 운동 방법입니다. 바로, 우리의 영이 육을 이끄는 운동입니다.

▶ 하나님 운동법

1. 눈을 감고, 발을 어깨너비로 벌리고 바르게 선다.
2. 몸에 힘을 풀고, 허리를 숙이면서 손과 머리를 아래로 내린다.
3. 허리를 펴고 싶을 때, 천천히 펴면서 하고 싶은 동작을 하면 운동이 시작된다. (사람마다 다르다.)
4. 멈추지 말고, 어떤 동작이든지 자기 몸의 느낌대로 계속 이어서 한다.

▶ 참고 사항

① 눈을 감은 상태로 아무 생각 하지 않고, 자기 몸의 느낌대로 움직입니다.

② 마음을 비우고, 욕심을 버리고, 지난날의 잘못을 반성하면서 몇 차례 시도하다 보면, 자기도 모르게 하고 싶은 동작이 끊임없이 생깁니다.

③ 운동 장소는 방 안이든 운동장이든 관계없으며, 걷거나 달리고 싶을 때는 눈을 떠도 됩니다.

④ 매일 40분 이상, 주 4회 이상, 3개월 이상 하면 음식 조절에 들어갑니다.
- 음식으로 생긴 병은 음식으로 치료하게 되며, 어떤 음식을 먹어야 하는지 스스로 알게 됩니다.
(자기 몸에 필요한 음식만 먹고 싶어집니다.)

⑤ 사랑하는 사람과 함께 운동하면 서로 치료해 주기도 합니다.

⑥ 운동을 하다가 몸의 어느 한 부분을 계속 손으로 자극한다면 그쪽에 이상이 있는 것이니, 의사에게 상담을 받고 적절한 치료를 받으면 됩니다.

⑦ 다이어트 및 기타 건강관리에 효과적입니다.

⑧ 꾸준히 운동하여 영이 맑아지면, 자신의 과거와 미래를 스스로 보게 됩니다.

누구나 스스로 하실 수 있습니다.

간 행 사

《새로운 성경》은:

· 새로운 성경은, 하나님께서 선량하고 선한 자를 선택하여 십계명을 암송하도록 하시고, 십계명을 암송한 다음에 음성으로써 들려주시는 말씀을 듣고 그대로 카세트테이프에 녹음해서 받아쓴 책입니다.

· 90분짜리 녹음테이프 700여 개에 달하는 말씀으로, 1999년 8월부터 2004년 7월까지 총 160권(권당 288쪽)을 완성하였으며, 그 이후에도 현재까지 계속 말씀을 내려 주고 계십니다.

· 새로운 성경은 "하늘을 두루마리 삼고 바닷물을 먹물 삼아 쓰고 써도 다 못 쓴다"는, 끝없이 방대한 하나님의 말씀이 두루마리로 직접 내려오는 것입니다. 이러한 새로운 성경은 구약과 신약을 폐하려는 것이 아니라 "인봉된 성서의 비유의 뜻"을 상세히 설명하여 완성하고자 하나님께서 직접 내려 주신 말씀입니다.

《새로운 성경》의 구성:

· 제 목: 2013년, 160권 모음집을 발간하면서, 본 도서의 제목을 "하나님! 말씀하옵소서"에서 《새로운 성경》으로 명해 주셨습니다.

· 단행본: 각 권당 288쪽(신국판) 책이 160권까지 시리즈로 출판됩니다.
(모음집은 단행본을 16권씩 묶어서, 총 10부로 구성됩니다.)

《새로운 성경》의 성경적 근거:

· 신약 성경 [요한복음] 16장 13절에 "진리의 성령이 오시면 그가 너희를 모든 진리 가운데로 인도하시리니 그가 자의로 말하지 않고, 오직 듣는 것만을 말하며" 하신 말씀처럼 하나님의 음성을 들은 것만 기록하였으며,

· "장래 일을 너희에게 알리시리라" 하신 말씀과 같이 개인, 나라, 인류의 "장래"일을 하나님께서 알려 주시는 것만 기록하여 책으로 만들었습니다.

《새로운 성경》의 기록 방법:

· 1999년 8월부터 하나님께서 저에게 들려주시는 음성을 기록하였습니다. 처음에는 제가 들은 말씀을 불러 주면 저의 아내가 기록하여, 2000년 1월 29일에 1권 초판이 세상에 나왔습니다. 2000년 4월부터는 주시는 말씀을 받아 녹음기에 기록하여 시리즈로 출간하기 시작하였습니다.

· 녹음을 시작하면서 하나님의 말씀을 받는 데 가속도가 붙었고, 2001년 5월 3일에 1부(1~16권까지)를 인쇄하여 출판하였으며, 2004년 7월까지 총160권 분량의 말씀을 받아 기록하였습니다.

하나님께서 저에게 주신 것은:

· 첫째, 만백성을 상대로 내려 주시는 "기도", 둘째, 수시로 내려 주시는 "묵상", 셋째, 개인의 과거, 현재, 미래를 알려 주시는 "개인 기도", 넷째, 개인의 건강을 위해서 내려 주시는 "음식 처방", 다섯째, 하나님께서 가르쳐 주신 "운동"등이 있습니다. 이 중에 첫 번째, "기도"를 책으로 편찬하였습니다. 사람의 생사, 개인의 미래에 관한 천기는 수록하지 말라 하셨습니다.

강론 안내:

· 하나님께서는 지금도 매일 저에게 새로운 하늘의 비밀의 말씀을 내려 주고 계십니다. 수시로 내려 주시는 말씀을 정리해서 제자를 육성하라는 말씀에 따라 매주 강론을 하고 있습니다. 누구나 무료로 들으실 수 있습니다. (book160.com)

《새로운 성경》을 읽는 분들에게 드리는 선물:

· 개인 기도: 개인의 과거, 현재, 미래에 관하여 말씀을 내려 주십니다.

· 음식 처방: 사람은 음식을 먹고살다가 건강을 잃으니, 음식과 운동으로 건강을 되찾는 방법을 알려 드립니다. 단, 하나님이 계심을 믿고, 십계명을 지키겠다고 진실로 서약하는 분들께 알려드립니다.

《새로운 성경》의 은혜와 기적:

· 새로운 성경 전160권은 16권씩 묶어서 총 10부의 모음집으로 구성됩니다. 모음집 한 부를 읽고 깨우치는 자에게 하나님께서 다음과 같은 기적이 있다고 하셨습니다.

· "첫째, 그가 죽어 하늘에 갔을 때 그의 죄를 묻지 아니하며, 구원을 받는 위대한 은혜가 있으며, 둘째, 그의 소원과 소망이 이루어지고, 셋째, 죽은 자(부모, 형제, 자식, 사랑하고 은혜 입은 분)의 이름으로 구입한 책을 읽고 누군가 한 사람이 깨우칠 때, 그 죽은 자가 지옥에서 천국으로 구원을 받게 되며, 넷째, 유산, 중절 수술 등으로 태어나지 못한 아이를 위하여 구입한 책을 보고 한 명이 깨우쳤을 때, 그 아이가 사람으로 다시 한 번 태어나는 은혜를 받는다."

· "새로운 성경"을 3회 이상 정성을 다해 정독하는 자, 성서의 비밀을 알게 되고, 세상의 이치를 알게 되며, 세상을 지배하고 통제할 수 있는 지혜를 다 얻게 된다고 하셨습니다. 이 책은 만백성이 정독하고 이웃에게 전하여, 평생 가슴에 묻은 슬픔과 고통의 짐을 벗고 미래를 위한 힘찬 삶을 살아가도록 하는 책입니다.

끝으로

· 하나님께서는 흰 눈이 세상을 덮듯이 새로운 성경을 온 세상에 전하라고 하셨습니다. 《새로운 성경》을 각국어로 번역해서 온 인류에게 구원의 길을 깨우쳐 주고, 그 수익으로 가난하고 어려운 백성을 구제하여, 만백성의 영과 육을 함께 구원하는 선지자의 임무를 수행하라고 저에게 명하셨습니다.

· 하늘에서 내려 주신 말씀의 보화를 만백성에게 나누어 주는 것이 선지자의 임무라고 하셨습니다. 새로운 성경을 통해서 얻는 재물을 사용할 곳도 하나님께서 일일이 명해 주십니다. 모든 재물은 저의 자의로 쓸 수 없고, 하나님께서 명하시는 대로만 쓰여집니다.

· 어떤 명분으로든 십일조나 각종 헌금을 거두어들이지 말라 하셨으며, 국내뿐 아니라 각국에 성전과 단독 서점을 운영하며, 한국의 많은 젊은이들을 전 세계에 지도자로 내보내라고 하셨습니다.

· 우리는 세계적으로 새로운 성경을 보급하며 어려운 이들을 돕는 역사를 해 나갈 것입니다. 지금까지 비록 몇 명 안 되는 제자들과 함께 이러한 일을 역사했지만, 앞으로도 계속 하나님께서 기뻐하시는 일들을 해 나갈 것입니다. 부족한 저희에게 여러분들의 지혜와 성원을 보내 주시기를 바랍니다. 많은 분들의 참여와 도움을 간절히 기다립니다. 감사합니다.

한국어로 내려온 《새로운 성경》 단행본을 출간하며
2016년 4월 10일

발행인 **김 용 철**

한국어로 내려온

새로운 **성 경** · 6부 · 제94권

지은이 하나님 말씀
대역자 김용철

초판인쇄 1쇄 2017년 4월 3일

펴낸 곳 도서출판 하얀마음
등록번호 제 10-2107호 (2001년 2월 14일)
주소 서울시 노원구 덕릉로86길5, 2층
전화번호 02) 313-1114
팩스 02) 393-5554
전자우편 book160@hanmail.net
편집위원 조나영 김미향 이석교
제작지원 김홍숙 이미숙 이미란

도서상담 1600-7527
ISBN 978-89-5875-194-6 (04230)
978-89-5875-100-7 (세 트)

값 10,000원
잘못된 책은 구입하신 곳에서 바꾸어 드립니다.

※이 책은 10부로 제작되며, 각 부 16권씩 총160권으로 구성됩니다.※

1부	2부	3부	4부	5부	**6부**	7부	8부	9부	10부
1권	17권	33권	49권	65권	81권	97권	113권	129권	145권
2권	18권	34권	50권	66권	82권	98권	114권	130권	146권
3권	19권	35권	51권	67권	83권	99권	115권	131권	147권
4권	20권	36권	52권	68권	84권	100권	116권	132권	148권
5권	21권	37권	53권	69권	85권	101권	117권	133권	149권
6권	22권	38권	54권	70권	86권	102권	118권	134권	150권
7권	23권	39권	55권	71권	87권	103권	119권	135권	151권
8권	24권	40권	56권	72권	88권	104권	120권	136권	152권
9권	25권	41권	57권	73권	89권	105권	121권	137권	153권
10권	26권	42권	58권	74권	90권	106권	122권	138권	154권
11권	27권	43권	59권	75권	91권	107권	123권	139권	155권
12권	28권	44권	60권	76권	92권	108권	124권	140권	156권
13권	29권	45권	61권	77권	93권	109권	125권	141권	157권
14권	30권	46권	62권	78권	94권	110권	126권	142권	158권
15권	31권	47권	63권	79권	95권	111권	127권	143권	159권
16권	32권	48권	64권	80권	96권	112권	128권	144권	160권